曾国藩的12堂人生智慧课

时事出版社

图书在版编目(CIP)数据

吃透曾国藩,人生必不凡:曾国藩的12堂人生智慧课/浩文著.
—北京:时事出版社,2015.3

ISBN 978-7-80232-799-3

Ⅰ.①吃… Ⅱ.①浩… Ⅲ.①曾国藩(1811~1872)-人生哲学
Ⅳ.①K827=52

中国版本图书馆CIP数据核字(2014)第301814号

出版发行:时事出版社
地　　址:北京市海淀区万寿寺甲2号
邮　　编:100081
发行热线:(010)88547590　88547591
读者服务部:(010)88547595
传　　真:(010)88547592
电子邮箱:shishichubanshe@sina.com
网　　址:www.shishishe.com
印　　刷:北京建泰印刷有限公司

开本:787×1092　1/16　印张:20　字数:240千字
2015年3月第1版　2015年3月第1次印刷
定价:35.00元

前言

历史上多少人物，在人们的谈笑、品评中，或忠或奸，或善或恶，或真或伪。章太炎说曾国藩是“誉之则为圣相，谳之则为元凶”。为什么人们喜欢把简单、对立的价值标准，强加在曾国藩身上？

一百多年来，人们对曾国藩的评价，因巨大的分歧和强烈的冲突而构成一种奇特的“曾国藩现象”，结果他原有形象和真实的人生历程，因夸大功过、凸显是非而模糊不清。他思想的声音、处世的智慧、传承中国传统文化的精神，被遮蔽，被忽略，被淡化。在多元化的今天，我们重新走近曾国藩的人生，读他的书信、日记发现：我们身上稀缺的，正是曾国藩身上拥有的，我们灵魂中需要的，正是曾国藩可以提供的，例如做人的诚信谦敬，做事的恒心毅力，做官的勤政爱民，等等。于是感到把曾国藩还归到生活处世这一层面来解读、细品更加可信，也更加有益于我们的生活。

曾国藩的处世智慧，是中国传统文化智慧的集中体现，了解了曾国藩的处世智慧，就了解了中国传统文化的现实意义，也就明白了儒家和道家思想完全可以在一个人身上整合交融，成为实用的处世方法。人自身心理的矛盾，以及内心与现实生活的冲突，都被曾国藩利用文化的力量予以解决，他自身也就成为历史上杰出的文化传承者，且与单纯著书立说、宣传先哲思想的文人区别开来。他“经世致用”，在学习、工作中，在官场、战场上，探索出了一套行之有效的处世方法，并获得了成功。

历史上有智慧的人很多，但要么离我们的时代很遥远，传奇色彩浓重，要么其生活经历不丰富，留下的事迹少，而曾国藩离现在不算远，他个人写了大量的书信、日记和文章，还有朋友、同事的书信、日记对他的记载，所以他的事迹非常丰富，并且有一定的真实性，加上意识形态的作用与反作用，使得他不像诸葛亮一样被送上神坛。他作为人而不是神的存在，也就与我们的精神距离很近，其做人、做事、做官的原则、方法和策略，也就让我们感到可以参照、学习、借鉴。

曾国藩不仅善于把握处世之道，而且擅长将其提炼、概括为内涵丰富的一个或两个字。如："立身之道，以禹墨之'勤''俭'、庄之'静''虚'庶于'修己''治人'之术。""天下古今之庸人，皆以一'惰'字致败；天下古今之才人，皆以一'傲'字致败。""士人读书，第一要有志，第二要有识，第三要有恒。"等等，浓缩之精湛，涉及面之广，是前无古人的。

曾国藩用总结的这些字，来不断提示和鞭策自己。例如一遇到烦心事，立即拿"静"字功夫，让自己的心态平稳下来，积极地应对生活；如人际交往时，就用"诚"字功夫，以诚待人，获得好的人缘；如受到委屈的时候，就用"忍"字功夫，好汉打脱牙和血吞；遇到利益纷争的时候，就用"退"字功夫，退是为了更好的进；遇到做大事的时候，就用"用"字功夫，利用人才，增强力量……曾国藩能够在为人处世、做官、打仗上游刃有余，他成功后没有从事业的巅峰上跌下来，何尝不是得益于他对中国传统文化的兼收并蓄和独到的理解，恰到好处地把握了这些功夫。

梁启超认为曾国藩"一生得力在立志，自拔于流俗，因困而知，因勉而行，历百千艰阻而不挫屈……受之以虚，将之以勤，植之以刚，贞之以恒，帅之以诚，勇猛精进……"说明梁氏对曾国藩的"功夫"非常欣赏和肯定。

本书集中展现了曾国藩生前阐述最多的、在他身上体现最突出的处世"功夫"。我们可以通过了解他在做人、做事、做官方面的理念、经验和方法，间接地获得一些智慧，也可以通过对这些"功夫"的把握，触摸博大精深的中国传统文化的精髓部分。

目录
Contents

做人篇
001 / **最要虚心——以低调的姿态融入社会**

003 **“静”字功夫**
003 养心静体：不浮不躁地面对生活
008 变化气质：书中寻找“静”字功夫的真谛
012 宁静致远：先把自己的心安顿好
017 静思默想：考虑不利因素有益于安身
022 收啬生气：冷静中不失灵活性
025 **“诚”字功夫**
025 血诚做人：最基本的原则不能丢
029 笃守诚意：扩大生存空间的办法
032 推诚守正：让自己在别人眼里诚实可信
037 天道忌贰：做人的本色保持不变
040 以诚换诚：与人交往诚心相待
044 诚者不欺：要诚实，不要虚假的诚实
049 **“谦”字功夫**
049 谦谨载福：做人厚道会带来一生的福气
054 和平虚明：好人缘比能力更重要
058 力除傲气：言语中不可夸大显摆自己

062　民胞物与：以开放的心态容纳他人

066　胸次浩大：不要用瞧不起的目光抵触他人

070　不能过谦：过分的谦虚也不好

074　**“敬”字功夫**

074　须重礼节：以平等的心尊敬他人

079　一于恭敬：以感恩的心孝敬父母

084　恭敬不懈：以慈悲的心敬爱长辈老人

088　敬人敬己：以景仰的心崇敬贤者人才

093　敬畏之心：以无私的心尊敬朋友同事

097　礼以居敬：以关爱的心尊敬家人

101　敬而远之：不是什么人都值得尊敬

做事篇

107　**尽其在我——以中庸灵活的方法打拼博弈**

109　**“志”字功夫**

109　坚卓之志：志向决定格局，态度决定高度

113　独立之志：在做事过程中树立独立意识

116　规模气象：做大做强须在关键时有主见

121　强毅之气：不断鞭策自己做得更好

125　日进无疆：考验自己是否具有坚强的意志

129　**“恒”字功夫**

129　历久不衰：一天一小步，十天一大步

134　用志不分：放弃杂事，专注一件事

138　无恒内耻：把没有恒心当作一种耻辱

143　困知勉行：恒心带来成功的希望

147　“识”字功夫
147　以识为主：胆识比才能更重要
152　先贵审力：与提携自己的领导搞好关系
155　器识为先：不是谁都能抓住天赐良机
158　识量颇远：判断力影响个人发展空间
161　毋求近功：只追求速度会丧失心智
166　“变”字功夫
166　因时变通：不拘泥于僵化的规则和方法
170　宽利严礼：在宽与严之间拿捏分寸
175　愚明柔强：在刚与柔之间变化手腕
180　能立能达：把自强与圆融结合起来
184　避长击短：在优劣比较中妥当应对

做官篇
189　／　**耐烦事功——以方圆隐忍的策略竞争官场**

191　“勤”字功夫
191　以勤报君：让上级喜欢、下级爱戴的方法
196　勤可补拙：多做事不是乱做事
201　勤思善问：“劳心”是勤政的一个方面
205　克勤小物：从日常事务上积累工作经验
210　“爱”字功夫
210　爱民第一义：把老百姓的利益放在第一位
216　如待子弟：把下属看作自己的亲人
221　见谅于下：以大度的情怀对待犯错误的下属
227　体恤之念：在生活上处处关怀身边人

232　挺膺负责：出现问题时敢于担当责任
235　留人余地：批评不等于诋毁贬低他人
239　剀切劝导：处理下属矛盾不偏袒任何一方
243　**“用”字功夫**
243　多选替手：只靠自己，再有能耐都不行
247　不拘一格：打破框框会涌现奇特的人才
252　在人不在器：选拔有用的人才壮大势力
256　不没其长：把人才的优势发挥出来
260　中兴得人：用新型人才激发团队活力
264　褒之若甘雨：以奖励手段发掘人才潜能
269　以类相求：闲时多为急时储备人才
275　**“忍”字功夫**
275　忍辱负重：会忍是领导者必具的特质
281　隐忍于中：忍耐中审视因果祸福
285　终日惕厉：功归于上，自己方可安享
290　忍是取势：危难时巧为周旋
295　打脱牙和血吞：在委屈中挺住腰杆
300　小忍待定：忍小事以保大事
305　浑含应之：得饶人处且饶人

做人篇／最要虚心——以低调的姿态融入社会

曾国藩认为，“入世”者并非都是积极的，因为人际社会太复杂，一个人以什么样的姿态和形象与人相处，则决定了其是否被社会接纳。“入世”蛮撞者，实为消极分子，即使不想“出世”，也会被人孤立。所以，做人最好低调一些，即最要虚心，才能学会在人海中游泳，“纵人以巧诈来，我仍以浑含应之，以诚愚应之，久之，则人之意也消”。这样的人，何尝不会更好地融入社会?

◎“静”字功夫◎

曾国藩语录

“静”字功夫要紧。大程夫子是三代后圣人，亦是“静”字功夫足。王文成亦是“静”字有功夫，所以他能不动心。若不静，省心也不密，见理也不明，都是浮的。

养心静体：不浮不躁地面对生活

儒道两家都对“静”字颇为重视。道家主张“清静无为”，目的是让生命得到和谐平衡；而儒家“知止而后定，定而后能静，静而后能安，安而后能虑，虑而后能得”，是为了更利于自己参与社会活动。曾国藩青少年时代勤奋苦读，博览群书，学业超群；中年率军打仗，屡挫屡战，直到胜利；晚年勤政为官，编纂古籍，致力洋务，追求不息。曾国藩在人生的征途上，能够始终保持百折不挠、矢志不移的进取精神和充沛精力，正在于其将“养其身”与“有作为”较好地结合在一起，精神作用于行为，完成了超乎常人的成就。

茫茫世界，信息纷杂，声音嘈乱，容易让人浮躁。为了克制浮躁，曾国藩下足了“静”字功夫，他说：“治身不静则身危。”然而，曾国藩并不是一开始就懂得如何清静，道光二十二年（1842年），他在写给弟弟的书信中说：“应酬日繁，予以素性浮躁，何能着实养静？”由于心浮气躁，曾国藩曾吃过大亏。

曾国藩初踏社会，血气方刚，年轻气盛。一次，他在家中为父亲祝寿，他的一个朋友前来助兴，吃饭的时候，他与朋友因为一件小事发生了冲突，结果他跟这位朋友吵了起来，双方都搞得很不愉快。后来，曾国藩也承认自己过去对人有一种掩饰不住的傲气，“好与诸有大名大位者为仇”，而缺乏“静”字功夫。太平天国起义后，曾国藩来到湖南衡州办团练，动辄指摘别人，与湖南官场的离异不合，还有在南昌与陈启迈、恽光宸的争强斗胜，都对他造成了不利的影响。锋芒毕露、刚烈太甚，必然会伤害太多人，给自己设置许多障碍，埋下许多意料不到的隐患。

咸丰三年（1853 年），因初办团练，曾国藩不敢贸然出战，皇上几次催他，他都陈述理由不出兵，但经过一段时间招募训练，湘勇人数达万人，他以为自己的实力大了，以致失去了平静，仿佛成功指日可待，一切功名利禄将信手拈来，显得有些心高气傲。他熬了一夜亲自执笔的《讨粤匪檄》绕开了太平天国的思想主张，而大谈“卫道保教”，阐述“士不能诵孔子之经，而别有所谓耶稣之说”等等。与其说曾国藩不善于抓住对方的要害，不如说他事前不够心静，没有去仔细了解太平天国。曾国藩不但不了解太平天国最有号召力的“蛊惑”是什么，更不了解太平天国的军事布署，对沿途的军事要地也没深入研究，便带水陆两万湘勇去交战，以致不知不觉地进入了太平天国设下的圈套。明明进了圈套，他还自以为旗开得胜，并在轻易地得到了岳州城后，连夜间巡逻的人都没派一个，就安枕无忧。

湘勇出师不利，连吃败仗，关键就是由于曾国藩求胜心切，太浮躁，不冷静。在对对方一无所知的情况下盲目乐观，恨不得一夜直捣金陵大获全胜，从而入朝拜相。

曾国藩的浮躁，使他从一个极端走向另一个极端。从衡州出兵时，曾国藩热血沸腾，满腔热情，要为朝廷建功立业，成为国家栋梁，达到光宗耀祖的目的。仿佛只要两万水陆湘勇打出去，这一切的功名就会轻易得到。谁知连吃几次败仗后，他既伤面子又灰心，甚至萌发自杀念头跳入了湘江。

后来，有了因浮躁而失败的一次次教训后，曾国藩渐渐明白了“静”字功夫的重要。他阅读了大量古代典籍，日日修身养性，努力克服浮躁情绪。曾国藩儒学功底深厚，但他也爱读《庄子》，以此养心静体，否则在那种险恶的生存环境下，他是很难撑下去的！

养心静体，曾国藩找到了具体的方法：“以意志统帅气”、“以静制动”等等。他在《复李雨亭》的信中说：“人疲惫不振，是由于气弱，而志向坚强的人，气也因此暂变。比如贪早睡，强制起来以振作，无聊懒，则正坐以集中精神。这就是‘以意志统帅气’。久病体虚，则常常有一种怕死的思想存在心里，即使做梦也不得安静。只要把身前的名誉、身后的事情及一切杂念铲除干净，自然就有一种平静的意味。而平静之后，活气自然产生。这就是‘以静制动’的办法。”

曾国藩做“静”字功夫的目的，是为了心性修养上的提高，这就与纯粹的养生区别开来。他力求心静，所以对自己的毛病看得一清二楚，改过迁善的愿望也就特别迫切，人格境界的提高也就非常之快。我们读读他的日记，就不得不佩服他自我认识的深刻，以及自我批评的严厉：

道光二十二年十月初二日：“午正，金竹虔来长谈。平日游言、巧言，一一未改，自新之意安在？”

初七日：“本日说话太多，吃烟太多，故致困乏，都检点过不出来，自治之疏甚矣。”

初八日：“果然据德依仁，即使游心于诗字杂艺，亦无在不可静心养气。无奈我作诗之时，只是要压倒他人，要取名誉，此岂复有为己之志？未正诗成。何丹溪来，久谈，语多不诚。午正，会客一次，语失之佞。酉正客散。是日，与人办公送礼，俗冗琐杂可厌，心亦逐之纷乱，尤可耻也。灯后，何子贞来，急欲谈诗，闻誉，心忡忡，几不自持，何可鄙一至于是！”

十一月初九日：“今早，名心大动，忽思构一巨篇以震炫举世之耳目，盗贼心术，可丑。”

初十日：“昨夜，梦人得利，甚觉艳羡，醒后痛自惩责，谓好利之心形诸梦寐，何以卑鄙若此。”

二十七日：“……又说话太多，且议人短。细思日日过恶，总是多言，都从毁誉心起。欲另换一个人，怕人说我假道学，此好名之根株也。”

在这些日记中，曾国藩意识到浮躁是产生错误行为的根源，戒除浮躁的最好办法就是让自己静下来。我们从曾国藩与王闿运的一次“密谈”中，也可以看出曾国藩“静”字功夫了得：

咸丰九年（1859年），湘军攻克安庆后，在肃顺身边做幕僚的王闿运跑到安庆拜见曾国藩，说朝廷早晚必有大乱，建议曾国藩站出来反对慈禧太后垂帘听政。曾国藩虽也反对“女主临朝”，但是如果毫无顾忌地公开反对，就可能招致祸患，他对王闿运说：“肃中堂才干，世上少有，有他和其他七位王公大臣辅佐，哪里还要太后操心。”

曾国藩认为肃顺尽管重用汉人，但他权欲太重，心胸狭窄，他要是执掌大权，岂会自请恭王当摄政王？与肃顺谋此事，无异与虎谋皮，自讨苦吃。想到这里，曾国藩拒绝道：“你的想法很好，可我一个外臣，岂能干预朝政？再说前线军事瞬息万变，也不允许我离开。”

如果不能戒除浮躁，曾国藩得到的又是什么呢？曾国藩修炼“静”字功夫，其中一个重要内容就是克制浮躁情绪。静才能识人，才能审势，才能把冲动的情感控制住，做出理性而正确的选择。

曾国藩语录

变化气质：书中寻找“静”字功夫的真谛

人之气质，由于天生，本难改变，惟读书可变化气质。

曾国藩认为，大丈夫立身处世，应以“静”字功夫来提高自己的精神境界，以朴素来培养自己的道德，生活简朴、恬淡、寡欲，才能显示出自己的志趣；心境安定冷静，精神专一不杂，才能见识深远。要想学习有成就，心境就必须保持绝对的宁静。要想增长才干，就必须刻苦学习。不学习怎能增长才干？不静又怎么能进行学习呢？轻浮懈怠就不能思虑深远，心境险恶烦躁就不能陶冶性情。

曾国藩有严格的读书计划，9岁就读完了四书五经，接着学习八股文章。14岁那年，有一位从衡阳来的读书人欧阳凝祉看到了曾国藩的文章，觉得写得不错，为了试一试小家伙的学问到底如何，便出了一道题，让曾国藩当场做一首诗。曾国藩拿着考题，稍作思考，很快就把诗作好了。欧阳先生读罢诗作大为惊叹，说这少年如此有心向学，将来必成大器。

道光十六年（1836年），曾国藩上京参加科举考试名落孙山，盘缠几乎用尽，好不容易向同乡借了一百两银子充作回乡路费，经过金陵的时候，他在一家书店看见一部《二十三史》，一问价钱，这套书要价正好是他身上所有的银两。曾国藩对这套史书爱不释手，决定倾囊而出买下它。他心中盘算开了：好在从金陵到湘乡全是水路，船票既已买好，沿途所费不需要太多，而随身的一些冬衣这时已穿不着，不如把它当了，换回路上吃饭的钱。

想好后，曾国藩买下了书，然后去当铺把自己的冬衣全部当了。回家后，他父亲曾麟书见他花了上百两银子买回了几箱书，带去的衣箱都装满了书，衣服却不见了，很是纳闷，但得知情况后不仅没有责怪他，反而备感欣慰，鼓励他说："你借钱买书，我愿意为你还债，只要你好好读它，也就不辜负我了。"从此，曾国藩闭门不出，发愤读书，并立下誓言："嗣后每日读十页，间断就是不孝。"

曾国藩发愤攻读一年，把《二十三史》全部阅读完毕，此后便形成了每天圈点史书 10 页的习惯，一生从未间断，一部《二十三史》烂熟于胸。这样，自京师会试以来，就使曾国藩养成了对古文和历史的爱好，为以后更为广泛地研究学术问题，总结历代统治者的经验教训，参与治理国家和社会打下了基础。所以，他后来回顾自己的读书治学过程时说："及乙未到京后，始有志学诗、古文并作字之法。"

曾国藩要求自己"无事时整齐严肃，心如止水"。道光二十二年十月二十四日，京城忽然刮起大风，这样恶劣的天气曾国藩仍不能待在家中，他在日记中记载，"无事出门，如此大风，不能安坐，何浮躁至是"！曾国藩在京城居翰林之位，主要做的事情便是读书，而要真正深入研读必须做到心无旁骛。曾国藩的读书状态又如何呢？他在日记中记录了研读《易经》时的情形："丹黄几十页书，如勉强当差一样，是何为者？平生只为不静，断送了几十年光阴。立志自新以来，又已月余，尚浮躁如此耶！"认识到自己的缺点，改正就容易了。

后来，曾国藩通过读书修炼了过硬的“静”字功夫，他对儿子曾纪泽说：“你近来写字总是失之薄弱，字的骨力不够坚挺劲拔，墨气不够丰腴，这与你身体向来就轻的缺点正是一路的毛病。你应用油纸摹写颜字《郭家庙》，柳字《琅琊碑》、《玄秘塔》，以求改正这个缺点。每天都留心习字，专心从‘厚重’两个字上用功夫。否则字质太薄了，体质也会因之更轻的。人的气质，由于是天生的，本来很难改变，只有读书可以改变人的气质。”为什么读书可以改变人的气质呢？因为读书需要一颗宁静的心。心浮读不了书，也读不好书！

曾国藩对弟弟同样鞭策其学习，以养其心、约其性、遂其志。他说：“澄弟去年习柳字，殊不足观，今年改习赵字，而参以李北海云麾碑的笔意，大为长进。温弟时文已是才华横溢，长安各位朋友都称赞。书法的命意大高，笔不能跟着表现，所以温弟自己不满意，而别人也没什么可称赞。所以论文，则温高于澄，澄难以为兄；论书法则澄高于温，温难以为弟。子植书法，驾涤、澄、温而上，可爱之至！可爱之至！但不知家中就有徐浩书《和尚碑》及颜真卿书《郭家庙》，如能参以两帖的沉着，那直追古人不难……”

人生时有变故。湘勇与石达开部交战，三战三败，这让曾国藩非常痛苦郁闷，接着父亲去世，又给他沉重打击。咸丰七年（1857 年），曾国藩在老家治丧期间，又从头至尾读了一遍《左传》、《史记》、《汉书》和《资治通鉴》，让自己的心静下来，并希望从这些史学著作中找到处世行事的方法。读了史书后，他接着读《道德经》和《庄子》，“人之生也柔弱，其死也坚强，草木之生也柔脆，其死也枯槁。”是啊，天下万事万物，归根结底莫过于以至柔克至刚。曾国藩突然兴奋地拿起笔，在《道德经》上写下八个字：“大柔非柔，至刚无刚！”他琢磨罢老子五千言，又一头埋进《庄子》，越读心里越明朗，原来道家与儒家并不是截然相对立的，入世出世，可以相辅相成，互相补充，如此既能做出壮烈奋进的事业，又可保持宁静谦退的心境，实在太好了。

学问让曾国藩得到开悟，知识给了他新的动力。曾国藩任直隶总督时，认真总结了自己一生的成就，深刻认识到：世上最重要的一件事就是读书，读书决定学养。读书不仅给人知识，也锤炼了人的精神、人的灵魂。养成读书的习惯，不仅一辈子不寂寞，而且会给自己带来发展的机会。

曾国藩尤为可贵的是，把读书学习作为一生之事，没有书，其“静”字功夫也就没有了着落。同治十年（1871 年），曾国藩的身体每况愈下，可以说一天不如一天，但他在病体难支之时，照旧读书不废，直到平静地离开人世。

曾国藩语录

宁静致远：先把自己的心安顿好

非静无以成学，非学无以成才，宁静已以致远。

曾国藩用“静”字功夫来磨练自己的恒心和毅力，勉励自己：“吾辈既知此学，便须努力向前，完养精神，将一切闲思维、闲应酬、闲语言扫除净尽，专心一意钻进里面，安身立命，务要另换一个人出来，方是进步功夫。”

曾国藩 28 岁中进士，初授翰林院检讨一职。一天，道光皇帝来翰林院巡查，随意地翻了翻眼前的日课，看到“饱食甘眠无用处”几个字，不由得随口问道：“曾国藩，你有什么新作没有？翰林院检讨已是极重要的差事了，怎么说‘饱食甘眠无用处’啊？”

道光帝虽没有发怒，但说话的语气是很重的，在场的人听了都为曾国藩捏一把汗。同事们知道，湘乡曾国藩只是一个刚升授四个月又三天的翰林院从七品检讨，这个官太小了。

曾国藩从右侧的检讨行列里一步跨出，往地上一跪，说自己有罪，请皇上开恩。道光帝见曾国藩的装束虽浆洗得干干净净，但在肘弯儿处却明晃晃缀了对大补丁，和周围人比起来不仅寒酸，简直就是故意出丑！道光帝厉行节俭，但讨厌投其所好的人，他认为曾国藩有些过分了。

道光帝说话的语气更重了，他质问曾国藩，“既然官服已经很旧了，为什么不换一件呢？翰林院不仅要学仪天下，还要威仪天下。身为七品检讨，就是大清的官员。你现在这个样子在翰林院出出进进，让天下人怎么看大清国?”

曾国藩极冷静地回答皇上，说皇上升授他做翰林院检讨，无非是让他在专心编史著书的同时，研究古今圣人治世治人之理，饱读圣贤之书，以备将来到地方上做一个清正廉洁、爱民如子、造福一方的好官员。如果抛弃学问操守而光靠仪表服饰来装点翰林院的门面，那样做就有负皇上的天恩和大清国的期望，何况他也不愿举借装扮自己而刻意讨好皇上。

听了曾国藩的话，道光帝微微怔了怔，接着问曾国藩，现在身为检讨，已从国库领取薪俸了，难道薪俸除掉日常用度还买不到一件新衣服吗？做人要笃实，不能取巧啊！

曾国藩略一思忖，平静地回答皇上，说自己自引见得蒙皇上天恩实授检讨后，当日即从国库领到全年俸禄三十三两白银。他因过班引见拖后半年，已欠会馆食宿银七十贯。他用庶吉士服改裁七品官服费银三十贯，做补服裤靴费银一两三贯。余下的银子除了交给会馆，又为祖上祠堂捐香火银二两，孝敬高堂祖父母六两，孝敬父母四两。至于两个袖子上缝上大补丁，是想写字时减少磨擦，让官服多穿一些日子，这样就可以挤出些银钱为他和湘乡的子侄购一些得用的图书。曾国藩最后说：“微臣得蒙天恩在翰林院办差，万万不敢存有丝毫侥幸心理，更不敢在皇上面前取巧。请皇上明察。”

道光帝听到这里，心里高兴起来，笑了一声，说：“曾国藩，这件事就过去了。朕来问你，‘饱食甘眠无用处’是怎么回事啊?”

曾国藩边叩头边说自己有负圣恩，望皇上恕罪。道光帝长叹一口气，他自登基以来，无一日不苦心积虑想恢复大清康乾盛世。惟望臣子们用心读书、办事，君臣同心同力维系国运。皇上说罢，起驾回宫了。

事后，曾国藩虽为自己的沉着应对感到几分得意，但同时也后悔自己的确不该胡写什么“饱食甘眠无用处”的话。这是内心不满现实而不平、躁动之举，如此做人是非常有害的。

曾国藩本打算用功读书，韬光养晦，但一开始总是毅力不够坚强，日记往往无可记录，40多天“日日玩憩”。这种状态使曾国藩感到空虚，晚上回到寓所将自己检讨一番，立誓明日洗心革面。孰知明日复明日，许多光阴空蹉跎。道光二十二年十月十七日，曾国藩读了一会儿《易经》，心不能静，放下书出门会友。上午与杜兰溪谈学论道，留在杜家吃中饭，下午为何子敬祝寿，晚上于何宅赏听昆曲，直至初更时分才回到寓所，一天时间就这么打发掉了。

静夜思过，曾国藩充满愧疚，提笔写起日记：“明知尽可不去，而心一散漫，便有世俗周旋的意思，又有姑且随流的意思。总是立志不坚，不能斩断葛根，截然由义，故一引便放逸了。”交友聊天本是年轻人的常性，曾国藩也不例外。他平时忙于交际应酬，酒酣耳热之际更是忘乎所以地高谈阔论，哪里还记得“静”字功夫？曾国藩对京城的一切都充满好奇，甚至连菜市口斩决犯人，他也要去凑热闹，所谓“欣然乐从”。途中，他才意识到观赏杀人乃“仁心丧尽”之举，于是徘徊了一会儿后就回去了。

一次，曾国藩晋见道光皇帝，只见皇上正在对进京任太常卿的唐鉴大加赞赏。唐鉴为什么受皇上如此好评呢？原来他是个在程朱理学上有所成就的人，也就是说唐鉴是个笃实诚敬的君子。曾国藩心想，皇上看重的是德行的修养，我得像唐鉴一样研究义理之学。

几天后，曾国藩打听到了唐鉴的住址，然后亲自去拜谒唐鉴，说：“唐大人，弟子特来拜见。”说罢下跪。唐鉴把曾国藩扶了起来，见同乡后辈如此谦卑，自投门下，便乐意地收下了这个新门生。

曾国藩拜唐鉴为师，就是为了修性治心。唐鉴告诉他，读书之法当以《朱子全书》为宗，为什么呢？此书最宜熟读，当作一门课程，身体力行，切不可翻一翻就算了。唐鉴送曾国藩八个字：“整齐严肃，主一无适”。曾国藩把这八个字念了又念，说：“请老师诠释一下。”唐鉴笑了笑，说：“检摄在外，在‘整齐严肃’四字；持守于内，在‘主一无适’四字。至于读书之法，在专一经，一经果能通，则诸经可通；若遽求专精，则万不能通一经。”

曾国藩提了不少问题，经唐鉴逐一指点，于学问之道和修身之法似乎一下子全明朗了。唐鉴把自己治心的经验告诉曾国藩，说督促自己修身的最好办法是写日记。曾国藩接受了老师的建议，开始注意自己的一言一行，并立下日课，分为主敬、静坐、早起、读书不二、读史、写日记、记茶余偶谈、日作诗文数首、谨言、保身、早起临摹字帖、夜不出门十二条。又作《立志箴》、《居敬箴》、《主静箴》、《谨言箴》、《有恒箴》各一首，高悬于书房内。其中《主静箴》是这么写的：

“斋宿日观，天鸡一鸣，万籁俱息，但闻钟声。后有毒蛇，前有猛虎。神定不慑，谁敢余侮？岂伊避人，日对三军。我虑则一，彼纷不纷。驰骛半生，曾不自主；今其老矣，殆扰扰以终古！”

一个人把自己的心安顿好了，就会对事情看得更远，对问题了解得更透。

在曾国藩看来，道家与儒家既有智慧的交锋，也有思想的结合。交锋，让他感到中华文明的鲜活；结合，让他感到传统文化的博大包容。儒家要求人们“自强不息”，君子的“德”像大地一样，承载着万物。

庄子一生追求自然的和谐、身心的平衡，他把这种信念安置在自己平静的心里。各种事物都不能动摇和扰乱他的内心，因而心神才虚空宁寂。庄子以自然为喻：水在静止时便能清晰地照见人的须眉，水的平面合乎水平测定的标准，高明的工匠也会取之作为水准。水平静下来尚且清澄明澈，又何况是人的精神！庄子认为，人的心境虚空宁静，可以作为天地、万物的明镜。

曾国藩认为，虚静、恬淡、寂寞、无为是天地的基准，是道德修养的最高境界。具有了这一境界，便心境空明虚淡，空明虚淡就会显得充实，心境充实就能合于自然之理了。心境虚空才会平静宁寂，平静宁寂才能自我运动，没有干扰地自我运动也就能够无不有所得。反过来，心不宁静，就不知道自己真正需要什么，即使知道了，也不能得到它。

静思默想：考虑不利因素有益于安身

曾国藩语录

静坐克己，静坐反思。

人喜欢往好处想，对待问题多半会考虑有利因素。曾国藩的思维是逆向的，遇到什么事他先把不利因素考虑到，这就使他显得格外镇静，有准备地应对局面。

曾国藩镇压太平军，功高震主，此时有人说他弟弟曾国荃军中有哥老会组织，这可是个企图颠覆政权的组织，曾国藩很是震惊。朝廷派官文来查这个案子。

官文是满洲正白旗人，由蓝翎侍卫晋升，现虽是户部郎中，却是正三品顶戴。官文曾在京师官场以圆滑著称，左右逢源，虽不是特别受皇上宠爱，却也无人敢惹他。

官文告诉曾国藩，得知军营里竟然出现哥老会组织，朝廷觉得事关重大。官文亲自到蕲州，命令副将管威务必严办此事，顺藤摸瓜，一个不漏地把所有哥老会匪徒挖出来进行审讯，把他们的来头和靠山找出来。结果搜出了30多个哥老会匪徒，为首的名叫屈正良，居然还是个把总。

曾国藩听到这里，心想，这明明是冲着自己来的，他有些紧张，但仍然保持着端坐的姿势，使官文看不出来。他一边听官文说话，一边思量，会不会是湖北的哥老会与鲍超霆军中的哥老会有什么瓜葛牵连?

官文见曾国藩抚须端坐，脸色没有一丝变化，接着说："屈正良交待，哥老会在蕲州还只是个开始，大本营在湘军。为立功赎罪，他交出了一份湘军哥老会的名册。鄙人看到名册，委实吓了一大跳，竟有 400 多人，并且还都是九帅吉字营的人!"官文眼睛死盯着曾国藩，心想，这下你该被唬住了吧。

曾国藩还是那副眯合眼睛、昏昏欲睡的样子。官文索性取出花名册，把它递给曾国藩。曾国藩这时才动了一下身子，把花名册拿过来，仔细地看了起来，名字有的熟悉，有的陌生，籍贯大多是湖南。他合上花名册，放到茶几上，沉静地说："谢谢官中堂送来这个花名册。这些家伙是国家的祸害，也是湘军的败类，下官必将一一清查出来，严惩不贷!"曾国藩停了一下，严肃地望着官文，加重语气说："官大人，此事牵涉面广，关系重大，下官不能轻率动作，必须与各营官查实后再说。"

曾国藩看出了花名册背后一定有文章，也许弟弟曾国荃吉字营中真的有哥老会匪徒，但如此详细地列出了花名册，分明有一种故意操作的迹象。官文离开后，曾国藩一直思考到深夜，他把亲信赵烈文、彭寿颐召来商量对策。他们也大为惊讶，但同样纳闷，从来没有听到一点风声，怎么会一下子冒出这么多哥老会匪徒?

曾国藩对他们的怀疑表示认可，叮嘱他们不能轻信，先查核再说。第二天，曾国藩就派人进行暗中核查，发现花名册上的人是属实的，一个个都对得上号，均在吉字营中。曾国藩一下子被震住了，他很恼火，又很恐惧。这件事要是皇上知道了，湘军的处境将非常危险。曾国藩做出决定，对湘军中的哥老会成员严加审讯，依法惩办。

这时官文又跑来说："曾大人，依鄙人之见，这个命令不必下达，审讯之事就免了吧。"

曾国藩觉得奇怪，不由得问为什么。官文把他的道理说了出来：湘军打了十多年的仗，劳苦功高，天下人都很敬佩，湘军里面混进几百号哥老会匪徒，也不是什么大不了的事。如果要在各个军营里公开清查审讯，会把事情闹大，把这件事传出去，皇上知道了，对湘军和曾国藩都不利。

曾国藩知道官文在做人情，可是，谁能保证他官文不邀功请赏禀报皇上？所以，曾国藩觉得还是主动惩办哥老会匪徒为好。

这时，官文告诉曾国藩，这些哥老会匪徒都出自曾国荃的嫡系部属，曾国荃不在这里，惩办他的部属他会很难受的。倒是官文这句话让曾国藩为难了，曾国荃抱病离开金陵时，本已心情抑郁，如果此时再在其吉字营清查哥老会匪徒，不是在他离去后乘机拆他的台吗？那样做，岂不是害得弟弟心情更痛苦。作为哥哥，对弟弟如此动手，等同于把他推向悬崖，不是会造成兄弟反目成仇吗？

曾国藩不想让官文看出自己矛盾的心理，他说："坚决惩办！不可让他们逍遥法外！"

到这时，官文终于把自己的"最终目的"讲了出来，他先大加夸赞曾国藩对太后、皇上的忠心，然后说："听说侯爷主动奏请太后、皇上裁撤湘军，大功之后不居功要挟，反而自翦羽翼，实在令人钦佩。"

曾国藩心里一震，同时读懂了所谓哥老会花名册背后的文章，他笑了笑，对官文的劝说表示感谢，他内心对这位与皇家关系极为密切的大员所说的每一句话，都得仔细地倾听，认真地琢磨。不过话说到节骨眼上，曾国藩已猜出官文接下来会说什么了，无非是裁湘军。皮之不存，毛将焉附？

曾国藩明白官文的意图后，就愈加觉得哥老会匪徒花名册有假。果然，彭寿颐来报，哥老会匪徒的花名册是上面授意官文捏造的，官文派人从吉字营中偷出花名册，从中抄下了400多人的姓名、履历。事情已经很清楚了，所谓屈正良招供的哥老会匪徒名单，其实都是从盗去的吉字营花名册上抄的，怪不得都对得上号。赵烈文和彭寿颐都忿恨不已，骂官文是个小人、伪君子。曾国藩也在心里骂着官文，但他更多的是静思默想，考虑接下来将如何选择。

将错就错，惩办哥老会？但不能冤枉湘军子弟兵、伤害弟弟国荃！

彭寿颐说："曾大人，门生拟一个状子，向太后、皇上告官文用卑劣手段诬陷湘军！"

赵烈文立即赞同，但曾国藩没有答应，他坐在那里反反复复地思考着每一种选择带来的后果，这不是优柔寡断，而是深思熟虑，两者具有本质上的区别。他喃喃道："官文为什么要这样做呢？他为什么要诬陷我？他这样做能得到什么好处？他哪来这么大的胆子敢诬陷一个功臣？"如果告官文，即使皇上给了自己清白，又能得到什么好处？他决定不告官文，而是及时落实裁减湘军的计划。

人生处处有选择，曾国藩想起了自己写过的几句话："但患不通达，不患不能立；但患不稳适，不患不峥嵘。""总从波平浪静处安身，莫从掀天揭地处着想。"

曾国藩的做法对我们是个重要启示：遇事不要激动，不可急于说"是"

或“不是”，在静思默想中建立自己的逻辑，才不至于说话时破绽百出。在制定或选择方法时，多把不利因素考虑进去，以最坏的打算做稳妥的周旋，才能在不慌不忙中解决问题。

收啬生气：冷静中不失灵活性

曾国藩语录

余之志事，颇近秋冬收啬之气。

曾国藩认为，要想做人保持冷静的态度而本性不乱，必须在平时修身养性，培养清晰敏捷的头脑，即使面对重大困难也毫不畏惧。他写信对弟弟曾国荃说：“弟弟的志趣接近于春夏发舒之气，而我的志趣接近于秋冬收啬之气。弟弟的意思是认为只有既发才会生机旺盛，我的意思是凡事收啬反而生机厚实。平日喜欢古人说的‘花未全开月未圆’七个字，觉得惜福之道，保泰之法，没有比这句话更精当的了。”这段话是很有人生哲理的。心如止水，止水当为秋水，秋水最清静，与长天一色，且蕴涵深刻。

曾国藩在道光二十五年（1845年）二月十四日的日记中写道：

“早起，至愿学堂读《史记》二十页。饭后记《茶余偶谈》，记《过隙影》。旋至彭筱房处，久谈，晚饭，酉正归。夜再集《离雄记》字，作《诸葛武侯赞》。”

可见，曾国藩非常敬重诸葛亮，尤其推崇他的“收啬之气”。例如，曾国藩欣赏诸葛亮的“空城计”，并不是此计本身如何惊心动魄，而是诸葛亮的“至静”功夫让他顶礼膜拜。他进一步明白了老子所言“躁胜寒，静胜热，清静为天下正”的道理。

曾国藩在《治心经》中说：“心欲其定，气欲其定，神欲其定，体欲其定。治心之法，而人力可以自为主持者，约有二端；一曰以志帅气，一曰以静制动。”

儒家推崇“知者动，仁者静”的人品气质。动不是盲动、躁动，静不是一潭死水，而是动中有静，静中有动，达到一种和谐圆融的状态。

咸丰十年（1860年），英法联军攻入北京，咸丰帝逃往热河，下谕曾国藩援兵前往。而与此同时，因李元度的徽州之失，曾国藩的祁门大营也岌岌可危。按照曾国藩的本意，北上勤王当属义不容辞，但此时带兵北上可能会于事无补，因为从安徽到北京至少要走一个月才能抵达，而一个月后的形势如何很难预测。最重要的是，这么一来将彻底打破曾国藩攻打太平军的部署。这道谕旨真是令曾国藩左右为难。

当时，李鸿章认为：英法联军也已逼近北京，“入卫实属空言”，英法联军之役必将以“金帛议和”而告终；危及大清社稷的不是英法联军，而是造反的太平军；湘军“关天下安危”，应把刀锋对准太平军，至于北援，应“按兵请旨”，静待时局之变。

曾国藩受此启发，一面给朝廷去信，问在他与胡林翼两个人中究竟由谁带兵北上合适，一面在实际行动上采取拖延观变战术。结果不出所料，十月便接到“和议”已成、毋庸北援的谕旨。

静则能守，静则能观，静则能制动。虚静的优势还在于能成己、成物，曾国藩做到了这一点。他给我们的启示是：在事情不利于自己的情况下，做到“收啬”，即不盲动，从而让内心充满活气。这活气使自己处于一种静与动的临界状态，既可以进亦可以退。危急时刻以静守住自己，使对方以为“深不可测”而畏惧；两难之时静等局势变化，并警醒地做出必要的准备，以灵活的方法应对。

◎“诚”字功夫◎

曾国藩语录

血诚做人：最基本的原则不能丢

天地之所以不息，国之所以立，圣贤之德业所以可大可久，皆诚为之也。故曰：“诚者物之终始，不诚无物。”

要做一个有品位、有涵养的人，先得牢牢地抓住“诚”字。“诚”作为一般概念，具有真诚、无妄、纯正等含义。《中庸》的作者子思认为“遵道而行”，要有“择善而固执之”的主观精神——诚。诚也表示人们精神专一的状态，但诚的这种主观精神状态，又被子思夸大为贯通天人的绝对精神。曾国藩以“诚”为本体，认为“诚”就是天道。掌握做人学问，诚是最基本的原则和思想。

曾国藩作为将帅，威风凛凛，权势显赫，但他待部下却处处不忘一个“诚”字，并且向手下人强调，“诚”必须出自内心，内心之诚乃“血诚”。曾国藩强调：“精诚所至，金石亦开，鬼神亦避”，“须有一诚字，以之立本立志”。

曾国藩的“血诚”精神贯穿了他的一生。我们来看一个故事：

咸丰二年（1852 年），曾国藩的母亲去世了，曾国藩请假回到老家荷叶塘服丧。一天，他在一家饭店写对联，被一位叫韦永富的太平军看见了，太平军要曾国藩帮忙抄几份告示，并说："我们太平军尊重读书人，你归顺我们，包你有吃有穿，仗也不要你打，日后我们天王坐了江山，给你一个大官当。"

曾国藩先是紧张，但马上镇定下来寻思对策，这告示是绝对不能抄的，否则曾国藩就是不"诚"的人了。那人见曾国藩犹豫，说不跟我们走就算了，帮我们抄完告示就放行。按理说曾国藩可以答应，但他没有这样做，因为替太平军抄告示，岂不是在为反贼做事？

韦永富把曾国藩带到了一个村庄，将他安置在一间屋子里。一会儿，太平军端来了饭菜，说："先生，吃饱了，然后抄三份告示。"说罢将写着告示内容的纸展开放到曾国藩的面前。曾国藩一看，见是《奉天讨胡檄》。曾国藩看完后，气愤地拍起桌子，骂道："胡说八道！天诛地灭的贼长毛！"他把告示推向一边，做出打死也不抄的架势。

我们且不论太平军是否顺历史而为，但曾国藩内心之诚却是真实的，这也与他做人的基本原则相符合。他常常告诫自己："知已之过失，毫无吝惜之心，此最难之事。豪杰之所以为豪杰，圣贤之所以为圣贤，便是此等处磊落过人。能透过此一关，寸心便异常安乐，省得多少纠葛，省得多少遮掩装饰丑态。盗虚名者，有不测之祸；负隐匿者，有不测之祸；怀忮心者，有不测之祸。天下唯忘机可以消众机，唯懵懵可以祓不祥。破天下之至巧者以拙（诚），驭天下之至纷者以静。"

他在日记中写道："文员之心多曲，多歪，多不坦白，往往与武员不相水乳。必尽去歪曲私衷，事事推心置腹，使武人粗人坦然无疑，此接物之诚也。以诚为之本，以勤字、慎字为之用，庶几免于大戾，免于大败。"

以上这些，说一说或许容易，能做到却不容易，但曾国藩做到了。他装病不抄告示，恪守“血诚”。罗大纲听说军中来了一位读书人，连夜跑来看望，希望他归顺太平军。可曾国藩却以敌意的目光看着罗大纲，不为所动。罗大纲是个爱惜人才的将军，他没有计较曾国藩的态度，在他身旁坐下，以尊重的口气说：“老先生路上辛苦了，兄弟们少礼，你受委屈了。看样子，你是个饱学之士，我们太平军中正缺你这样的人，你留下来吧。我向天王举荐，你就做我们的刘伯温、姚广孝吧！”

曾国藩回答道：“刘伯温辅助朱元璋打江山，姚广孝却是朱棣篡夺侄儿位子的帮凶，这两个人怎能并称？”

罗大纲哈哈大笑，他说：“先生，你也太认真了。刘伯温、姚广孝都是有学问、有计谋的好军师，如何不能并称？至于是侄儿做皇帝，还是叔叔做皇帝，那是他们朱家自己的事，别人何必去管！方孝孺不值得效法。我看成祖也是个雄才大略的英明之主，建都北京便是极有远见的决策。老先生若是对此有兴趣，以后我们可以在一起商榷。”

曾国藩没料到太平军中也有人才，谈起历史人物是颇有见地。罗大纲临走时希望曾国藩抄几份告示，因为第二天要用。曾国藩说自己病了，头昏脑胀，无法胜任。罗大纲上前摸了摸曾国藩的额头，果然滚烫，便不再为难他，叮嘱手下人去找医生来给先生看病。

谁知与罗大纲一起来的一个湘乡籍士兵认出了老先生不是别人，而是名声响亮的曾国藩，他把这一情况告诉了罗大纲。罗大纲惊讶不已，他冲到曾国藩面前吼道：“你原来是个大清妖头，险些被你骗了！你不在北京做咸丰的狗官，为何跑到这里来了？”

面对杀气腾腾的罗大纲，曾国藩知道自己只要向反贼乞求饶命，不仅性命可保，还会捞个官当当，但那就不是曾国藩了，宁做方孝孺，不做姚广孝，大不了一死罢了。儒家讲中庸，但并不提倡明哲保身，“大丈夫士可杀不可辱”，“三军可以夺帅，匹夫不可夺志”！儒家一直把“诚”视作中庸德性观的轴心，它是联结天人，使之合一的规范，它是人无条件地依此规范而行的存在，是人的道德思索与行为规范的凭借；“诚”是贯通天地人的普适规范，它能够将三者有效连接，从而使人的生存处在一种相互和谐的格局之中；“诚”既允诺了在具体的、不完满的伦理实践中，达到全体的、完满的道德理想的可能性，从而开启了中庸作为实践伦理的大门。

想到这里，曾国藩平静下来。他任凭罗大纲训斥与劝规，就是坚守“诚”字功夫，让罗大纲无可奈何。后来，曾国藩在侠士康福的帮助下逃出太平军军营。假如曾国藩没有逃脱，我们也有理由相信他会心怀“血诚”慷慨赴死的，因为他咬定了不能丢失的做人的基本原则。

“诚”体现在人的身上就是“性”，人们修养到“至诚”的境地，就能通达天德、懂得万物的道理，以及懂得什么才是最佳的为人处世之道，从而成为一个真正有作为的人。

在曾国藩看来，诚可表现天地之真，充实天地之美，完成天地之善。有了真诚，才见天地之所以为天地，神明之所以为神明。诚为人性中第一美德，为英雄豪杰、伟大人物立德立言的第一要素。有了真诚，才见人之所以为人，英雄豪杰之所以为英雄豪杰、伟大人物。

曾国藩语录

笃守诚意：扩大生存空间的办法

吾友吴竹如格物功夫颇深，一事一物，皆求其理。倭艮峰先生则诚意功夫极严，每日有日课册，一日之中一念之差，一事之失，一言一默皆笔之于书。

曾国藩非常推崇儒家的中庸思想。《中庸》说："唯天下之至诚，为能尽其性，能尽其性，则能尽人之性；能尽人之性，则能尽物之性；能尽物之性，则可以赞天地之化育；可以赞天地之化育，则可以与天地参矣。"曾国藩明白，人只有诚，并且通过诚，才能认识自己的真实本性，同时也才能认识其他人的本性以及整个世界的本性。

曾国藩觉得自己一身毛病，百孔杂处，而各种毛病的根源在于不诚实。他认为天地之所以运行，国家之所以建立，圣贤的德业之所以光大，可以持久，都是因为诚实的缘故，所以说，"诚者，物之始终，不诚无物"。

真正做到诚实不欺又谈何容易，对人诚实，对己诚实，而且只有做到对己诚实，才能做到对人诚实。曾国藩的天地观和心物观统统围绕"内圣"之学来立论，所以他与其他的理学家一样，强调个人的涵养功夫。他认为涵养功夫当以"诚"为本，他认为对于君子，没有比忠诚更重要的了；如果真诚而不自欺欺人，则再没有比这更好的了。他坚信，"圣学正道"的核心就是一个"诚"字。

据梁溪坐观老人所著的《清代野记》所述，彭玉麟收复安徽后，立刻派单舟送密件给曾国藩，全信寥寥12字："东南半壁无主，老师岂有意乎？"曾国藩此时已笃定心思，没有觊觎皇位的想法，所以生气地说："不成话，不成话，雪琴还如此试我，可恶，可恶！"说完，当即把信撕成了碎片，囫囵吞进肚子里去，以免贻人口实。可见，曾国藩的"诚意"是不以自己的身份改变而改变的。

曾国藩在安庆搞洋务时，有个叫王韬的名士跑来对他说："大人精通典籍，熟读史册，当知蒯通劝韩信事，而今日事正与当年同。清廷、太平天国、湘军好比当年的刘、项、韩。湘军助清廷，则清廷强；助太平天国，则太平天国兴。大人何苦要为别人出力？不如既不为清廷，也不为太平天国，让他们两虎相争，最后由大人来收拾残局。这是大人你的选择。"

名士的谋划自有他的道理，但曾国藩听了却不舒服，以为是"坏人"劝他行非分之举，黑着脸说："你我素不相识，你不了解鄙人！鄙人是宁愿遭到韩信那样的下场，也不会背叛朝廷！"说罢，把王韬轰了出去。

曾国藩一生读书涉猎广泛，除了儒道两家著作外还有史书，他从中吸取有价值的东西，其中就有"诚"的精神。咸丰九年（1859年）十一月初七，他在日记中写道："二更，阅《左传》数篇。思身世之际甚多，抑郁不适于怀者，一由褊浅，一由所处之极不得位也。"

曾国藩或许有能力颠覆清王朝，但他认为得天下靠的是"诚"，而自己得到"第一臣"的位置已经很不错了，这是曾国藩不"举事造反"的根本原因。他说："吾辈总以诚心求之虚心处之，心诚则志专而气足，千磨百折，而不改其常度，终有顺理成章之一日，心虚则不客气，不挟私见，终可为人共谅。凡正话实话，多说几名，久之人自能共亮其心，即直话亦不妨多说，但不可以讦为直，尤不可背后攻人之短。驭将之道，最贵推诚，不贵权术。”这是对“诚”字功夫的最好诠释！

曾国藩的“诚”字功夫告诉我们：鸟往亮处飞，人往高处走，我们可以追求更高的位置，但不可踩在别人的肩膀上，尤其不能背叛诚信，使规则本身失去公信力。诚信乃为人之本！诚信比金钱、地位更具有吸引力，比美貌更具有可靠性，比荣誉更有时效性！笃守诚意，才能扩大自己的生存空间。孟子说：“诚者，天之道也；思诚者，人之道也。”孔子说：“言必行，行必果。”诚信，是一种美德，是一种源源不断的财富；诚信是一种取之不尽、用之不竭的智慧。

曾国藩非常推崇朱熹的一句话：“谓之风者，以其被上之化以有言，而其言又足以感人，如物因风之动以有声，而其声又足以动物也。”意思是说，凡是自己用什么办法来对待别人，别人也会用什么方法来对待你，可以说是分毫不差，一报还一报。所以最聪明的做人就是讲诚信！讲诚信会使自己越来越有市场，生存空间越来越大，也就变得越来越聪明。

曾国藩语录

推诚守正：让自己在别人眼里诚实可信

推诚守正，委曲含宏，而无私意猜疑之弊。

《大学》说："所谓诚其意者，毋自欺也，如恶恶臭，如好好色。"荀子则强调即使是普通的谈吐也一定要诚实可信。曾国藩认为诚实就是彻底地卸掉所有的伪装或技巧，把自己像一朵花那样打开，自然、朴实、亲切。

曾国藩训诫弟子李鸿章，多次讲到"诚"字。有一次李鸿章从南洋调到北洋接替曾国藩，曾国藩问他今后用什么方式与洋人打交道。李鸿章回答道："门生也没有什么打算，我想，与洋人交涉，不管什么，同他们打痞子腔是最合适的。"

曾国藩一愣，心里很不舒服，沉默一会儿，他说："痞子腔我不知道是如何打法，你试着打给我听听。"李鸿章是个精明人，见老师对自己的说法不满，连忙改口道："门生信口胡说，还求老师当面指教。"曾国藩拂了一下胡须，说："依我看来，还是要用一个'诚'字。诚能打动一切物，我想洋人也是人，他们也通人情。虚伪造作不如老老实实，推诚相见，想来这比痞子腔靠得住一点，你说是不是？"

曾国藩像孔子一样反对"多言"，也像老子一样反对"善辩"，但人生了一张嘴不可能做哑巴，话还是要说的，很多时候都需要靠说话与对方沟通，靠号召激励人心，靠言论推行主张，但是“一言欺诈，终不可久”。要让自己的话使人相信，就得把握一个“诚”字，这是人能立下大业、成就大业的根基。他说：“古代英雄的事迹都是有基础的。当年的汉高祖刘邦在关中，光武帝在河内，魏在兖州，唐在晋阳，都是先占据根据地，然后进可以战，退可以守。一个规模宏大的基业是必不可少的。《易》说，‘宽大居之’，说的是宏大，而一个诚字就是根本。道之浩浩，从哪里下手？只有立下诚才可以有居住的场所。诚就是忠信，修省言辞，便是要立住这忠信。如果口不择言，逢事就说，那么忠信也就被埋没动摇站不住了。我曾国藩认为立得住，就是所说‘居业’，现在俗话说‘兴家立业’就是这个意思。子张说：‘掌握的德不宏大，信的道不专一，还能叫有吗？还能叫无吗？也就是说，如果不能宏大诚信，那么我的知识浮泛动荡，说我有不行，说我无也不行，这样终身没有可居之业，这就是程子所说的‘立不住’了。”

曾国藩把“诚”字作为自己立身的根本，他一向以“诚”来训导自己的下属，要他们从日常生活做起，说实话，做实事，以诚相见。他还专门举了北魏高允的故事，用以说明“诚”字的重要。

北魏太武帝让崔浩负责编写魏国历史，太子的老师高允也参加了编写，他为了扩大影响，竟把国史刻在石碑上让百官阅读，这使皇帝非常不高兴，责问高允说：“国史都是崔浩写的吗？”

高允老老实实地回答说：“不，崔浩管的事多，只抓个纲要，具体内容都是我和别的著作郎写的。”

太武帝转过头来对太子说："你看，高允的罪比崔浩还严重，怎么能饶恕呢?"

太子对太武帝说："高允见了陛下心里害怕，就胡言乱语。我刚刚还问过他，他说是崔浩干的。"

太武帝又问高允："是这样吗?"

高允说："我犯了罪，怎么还敢欺骗陛下。太子刚才这样说，不过是想救我的命。其实太子并没问过我，我也没跟他说起过这些话。"

魏太武帝看到高允这样忠厚直率，心里有点感动，对太子说："高允死到临头还不说假话，这确是难能可贵的。我赦免他的罪就是了。"

曾国藩说完故事，感叹："信人者，人未必尽诚，已则独诚矣；疑人者，人未必皆诈，已则先诈矣。"意思是说，一个肯信任别人的人，虽然别人未必都是说话算数的，但是自己却先做到了说话算数；一个常怀疑别人说话不算数的人，别人虽然未必都是虚诈，但是自己已经先成为虚诈的人了。

曾国藩初建湘军的时候阻力很大，尤其是筹集军饷非常困难。他找到地方势力，想得到他们的帮助，但对方有条件，说："可以给你一些军饷，但得帮我们做事。"曾国藩答应了，只要能把湘军组建起来对付太平军，与地方势力讲"诚"是必要的。这时有人反对曾国藩向地方势力妥协，曾国藩便把《礼记·曲礼》上一段形象的比喻说给大家听：

鹦鹉虽然能学人说话，但仍然脱离不了飞禽的种群；猩猩虽然能学人说话，但仍然脱离不了走兽的种群。现在有人如果不明礼仪，他的心不也是禽兽之心吗？只有禽兽不懂得礼仪。因此，圣人兴起，教人知礼明礼，并使人们懂得道德仁义，使他们明白作为一个人和禽兽的唯一区别在于“明礼”。明礼便为万物之灵长，不明礼便与禽兽无异。所以，古人、今人都为一个做人难、难做人、人难做而艰难地活着。殊不知，全在一个“诚”字上下功夫。诚者会做人，会做人者明礼；明礼者，为人所崇敬，为人崇敬者有人助；诚者，能为社会树立成功的典范，成功者的思维、言行和事业都在“诚”之中，不违礼而合于理，合于理而能成于礼。

曾国藩说话算数，他的诚心感化了地方上的很多乡绅豪强，他们纷纷慷慨解囊，助曾国藩渡过了难关。

曾国藩非常欣赏与他同一时代的胡林翼说的话：“诚信的最好道理，能够挽救人走出欺诈的极端。一个人能欺骗一件事，不能欺骗所有的事；能欺骗一人，不能欺骗所有的人；能欺骗一时，却不能欺骗万代。”他常把这句话讲给手下人听。

曾国藩说话的可信度非常高，这使他的身边聚集了不少诚实的朋友和耿直之士，这对他的成功起到了关键性的作用。从“诚可以格天”这一点来看，一个人的道德力量如果影响了整个团队，形成一股正气，那么对于一项大事业的完成就容易多了。

后来，曾国藩的幕僚薛福成对曾氏做出了这样的评价：“曾国藩讲求先儒之书，剖析义理，宗旨极为纯正，其清修亮节，已震一时。平时制行甚严，而不事表暴于外；立身甚恕，而不务求备于人。故其道大而能容，通而不迂，无前人讲学之流弊。继乃不轻立说，专务躬行，进德尤猛。其在军在官，勤以率下，则无间听宵；俭以奉身，则不殊寒素，久为众所共见。其素所自勖而勖人者，尤以畏难取巧为深戒，虽祸患在前，谤议在后，亦毅然赴之而不顾。与人共事，论功则推以让人，任劳则引为己责。盛德所感，始而部曲化之，继而同僚谅之，终则各省从而慕效之。所以转移风气者在此，所以宏济艰难亦在此！”

天道忌贰：做人的本色保持不变

吾尝言，“天道忌巧、天意忌盈、天道忌贰”，若甫在向用之际，而遽萌前却之见，是贰也。

什么叫做“诚”，在曾国藩看来，当然有“专心纯一”的意思，他以孔子为例，认为孔子是专心诚意的典范。至诚，可以产生神奇的功力。一日，曾国藩收到弟弟曾国荃的信，原来曾国荃是对哥哥因多病不能任江督一职发表个人看法。

曾国藩回信说：“贤弟信中说，宠荣利禄利害计较很深，确是如此。但天下人物众多，事情滔滔，当今的疆吏中不信赖倚仗这样的人，还有什么人可以信赖倚仗的呢？我近年专以至诚待他（筱泉），这次也必定要把江督一职让给他。我仍请求自己以散员留营，或者先开星使、江督二缺，而暂留营协办治军也可以，乞归林泉也非容易啊。贤弟在家住了一年多，适逢次山、筱泉都是至好，所以能够优游如意。如果地方大官与我们小有隔阂，就使我们阻碍多多，寸步难行了。如果辞官住京养病，更容易招来怨恨谤议。我反复考虑仍以散员留营为中下之策，其他都是下下之策。贤弟得罪了军机处，朝中凡有廷寄，都不写寄贤弟处，一概由官相转送咨行弟处，也是令人奇怪。如果说到圣恩，对于贤弟，也未见有减薄的表现，贤弟只顾诚心竭力做去。

我曾说过：‘天道忌恨伪诈，天道忌恨自满，天道忌恨不一’，好比刚刚是准备做事的时候，而马上又萌发出退后的想法，这就是‘贰’了。与他人并往时，也要时时省悟自己不足之处……”

道光二十一年（1841年）九月十五日，曾国藩在日记中写道：“早饭后，阅《汉书》外戚传、元后传、王莽传上卷。”结果被王莽为人不诚的事迹败坏了心情。他说：“人必虚中，不著一物，而后能真实无妄。盖实者不欺之谓也，人之所以欺人者，必心中别着一物，心中别有私见，不敢告人，而后造伪言以欺人，若心中了不着私物，又保必欺人哉？其所以自欺者，亦以心中别着私物也。所知在好德，而所私在好色，不能去好色之私，则不能不欺其好德之知矣。是故诚者，不欺者也。事上以诚意感之，实心待之，乃真事上之道，若阿附随声，非敬也。”曾国藩自己是怎样做好“诚”字功夫的呢？“至诚不欺，英雄基业。”他如是说。

在晚清大臣中，曾国藩的直谏是出了名的，但他并不是想猎取一个“慷慨直谏”的名声，“天威不测”，直谏是十分危险的，所以大多数人都愿三缄其口，然而在曾国藩看来，不说实话也是一种诈，作为臣子就得忠诚，忠诚不是一味地随声附和，如果君王执行的政策和行为存在错误，臣子就应该大胆陈言，加以规劝。曾国藩认为这样才能体现一个臣子的忠诚之心，做官如果不诚，那么连人都没做好，又如何做一个好官？

当别人对他的直谏表示不解时，他说：“我谏疏的言词非常尖锐，而皇上气量如海，尚能容纳，这难道是汉唐以来的君主所能比拟的吗？我想，自己受恩深重，官至二品，不为不尊；父母被皇上诰封三代，儿子也荫任六品，不为不荣。如果我还不能尽忠直言，那要等到什么时候才能谏言呢？皇上的美德乃自然天禀，满朝文武竟然不敢有一句逆耳之言，将来万一皇上一念之差，产生了骄傲自满的思想，并且逐渐发展到只喜欢听奉承话，而厌恶听任何逆耳忠言，那么满朝文武大臣都有不可推卸的责任。所以，我今趁皇上元年新政伊始之时，把这骄傲自满的机关说破，以便使皇上兢兢业业，断绝骄傲自满的苗头。这是我的区区本意。现在人才缺乏，民心不振，大家都在小事上谨小慎微，在大事上却马马虎虎，每个人都习惯了唯唯诺诺、阿谀奉承的风气。我想用这篇谏疏稍稍挽救一下江河日下的风气，希望朝中的大臣们都耿直起来，遇事谁也不推脱……我早已将福祸置之度外……”

曾国藩的这种“天道忌贰”的精神，源自儒家修身之道，但作为一代大儒，曾国藩与那些白首穷经、空谈性理的宋儒相比，更注重的是如何经世致用，也就是如何“理论联系实际”，这就使他大大高出了那一帮寻章摘句的腐儒，他所说的“诚”，也就让人信服。

以诚换诚：与人交往诚心相待

曾国藩语录

以诚换诚，无人不诚。

“以诚感人者，人亦以诚而应。以术驭人者，人亦以术而待。”人的毛病就是在于用智用权过分了，聪明反被聪明误，都是“不诚无物”的表现。曾国藩曾经有所感慨地说：“天地之所以不停止，国家之所以建立，圣贤之所以高大长久，都是诚来体现的。”

诚，就是最真，最真就能达到最美，最美就能达到最善，这样便是天地的大德。做人没有诚信，也就失去了社会人际关系的基础。曾国藩提出“以诚换诚”，是相信人是可以被感化的，他说：“宜以真心相向，不可常怀智术，以相迎距。凡人以伪来，我以诚往，则伪者亦共趋于诚矣。”

曾国藩朋友很多，他说：“现在朋友愈多，讲躬行心得者，则有唐镜海先生、倭仁前辈以及吴竹如、窦兰泉、冯树堂数人；穷经学理者，则有吴子序、邵惠西；讲习文学而艺通于道者，则有何子贞；才气奔放者，则有汤海秋；英气逼人、志大神静者，则有黄子寿。又有王少鹤、朱廉甫、吴莘畬、庞作人，此四君者，皆闻余名而先来拜；虽所造有深浅，要结有志之士不甘居于庸碌者也！京师为人文渊薮，不求则无之，愈求则愈出，近来闻好友甚多，予不欲先去拜人，恐徒标榜虚声；盖求反以匡己之不逮，此大益也！标榜以盗虚名是大损失也!”

书信中所提到的何子贞，是著名书法家何绍基。曾国藩与其交往，觉得何绍基所长正是自己的不足，从此以后，他虚心诚意地向何绍基请教，提高自己的写作和书法水平。书信中没有提到一个叫刘传莹的人，其实这个人对曾国藩的帮助也挺大。刘传莹专攻古文经学，精通考据。清朝主流文化非常重视考据学，一个学者如果不善于考据，那是很遭人白眼的。曾国藩通过与刘传莹的交往，大大弥补了自己古文经学上的不足。道光二十六年（1846年），曾国藩在城南报国寺养病，有时间向刘传莹请教古文经学与考据之学。刘传莹见曾国藩待友真诚，不是自己想象的只顾攀附权贵的势利之人，于是愿意帮助曾国藩，同时他也看到了曾国藩在学识上的长处，例如对理学的精通，于是两个人互相切磋，取长补短，成为挚友。

曾国藩通过与各种学有精专的朋友交往，拓展了自己的学识，在学术领域的道路越走越宽。中国历史上纯粹的文人率兵打仗而功勋卓著的不多见，曾国藩便是其中一位，或许正是这一点，曾国藩在中国近代史上尤为引人注目。人们这样评价他：“德比诸葛，功过萧、曹，文章无愧韩、欧，实为近百年来难得的圣贤。”

与人交往贵在以道相合，以义相聚，以信相守，以心相应；贵在互相敬重，互相信赖，互相体谅，互相爱护，互相帮助。而最要禁忌的是，以权力相交、以势力相交，权势倾倒就会绝交；以利益相交的朋友，利益没有就会疏散；以富贵、功名相交的朋友，利害相背就会离开。唯有以道义相交、性情相交、肝胆相交、真诚相交，才会深切长久。

曾国藩交友没有门户之见，他的朋友罗泽南家境非常贫寒，曾国藩没有嫌弃他，他被罗泽南刻苦读书的精神所感动，十分敬重他，常在书信中表示敬慕之意，称他为家乡的颜渊。罗泽南与曾国藩同一个县，他年轻时连遭不幸，母亲去世，接着又是兄嫂去世，继而自己的三个儿子连续夭折，他老婆哭瞎了眼睛，但罗泽南却"益自刻厉，不忧门庭多故，而忧所学不能拔俗而入圣；不忧无术以资生，而忧无术以济天下"，他有如此抱负，所以"溺苦于学，夜无油灯，则把卷读月下，倦即露宿达旦"。曾国藩发现了他，走近了他，举荐了他。后来，罗泽南以儒生的身份带兵打仗，立下了累累战功。

曾国藩在《冰鉴》中写了不少观人之法，其实他知道人是最难看透的，所以他说："吾辈总以诚心求之，虚心处之，心诚则志专而气足，千磨百折，而不改其常度，终有顺理成章之一日；心虚则不客气，不挟私见，终可为人共谅。凡正话实话，多说几句，久之人自能共亮其心，即直话亦不妨多说，但不可以讦为直，尤不可背后攻人之短。驭将之道，最贵推诚，不贵权术。"

有个叫周寿昌的人善于交际，可他生活不检点，经常逛妓院，与妓女饮酒赋诗弹唱。有一天，曾国藩听到人们对周寿昌的议论，感到周寿昌如此下去会把光阴和前程耽误掉，于是出于朋友的关心他找到周寿昌，狠狠地把他批评了一番。周寿昌听了朋友的批评，心里很不舒服，往后见到曾国藩就远远地绕路走，两个人的关系渐渐淡漠了。后来，周寿昌意识到曾国藩对自己的指责，是出于对朋友的关心与爱护，于是感到对不起曾国藩。他在京城信息灵通、路子宽广，一次得到一个绝密的消息，皇上一直在考虑起用曾国藩，但未最后拿定主意，皇上分别召见了恭王奕䜣和内阁学士肃顺，二人都主张起用汉人来镇压太平军……得到这个情报，曾国藩非常感激周寿昌，因为自己一直在为能否出山忧虑，这下吃了定心丸，他立即向朝廷上了一道奏折，建议在长沙建湘勇大团，很快得到了批准。

还有一位叫朱尧阶的人，也是曾国藩“以诚换诚”的朋友，朱的父亲善于经营生意，所以家境较为富裕，而曾国藩家由于人口众多，相比之下要比朱家的经济能力差很多。朱尧阶为了尽朋友之情，时常慷慨资助曾国藩，希望好友能安心科举。曾国藩有人资助，没有了后顾之忧，非常感激朱尧阶，他在家书中说：“朱尧阶每年赠谷四十石，受惠太多，恐难为报，今年必当辞却。”

当曾国藩在京城为官时，他的几个弟弟如曾国潢、曾国荃、曾国葆、曾国华等，都先后当过朱尧阶的学生。这段时间里，曾国藩与朱尧阶交往频繁，情同手足。后来，曾国藩的官越做越大，但他与朱尧阶的交情并没因两人的地位悬殊而淡化疏远，始终保持着深厚友谊。朱尧阶 60 岁的时候，时任两江总督的曾国藩虽然公务非常繁忙，但他还是从百忙中抽出时间，向老友写了一副寿联，特地从南京寄到北京，寿联说：“铁杖寄怀二千余里，金兰结契三十五年。”

到了同治十年（1871 年），曾国藩 60 大寿，朱尧阶也写了一副寿联祝贺：“祝寿于四千里外，挺生在五百年间。”

曾国藩与朱尧阶的友情维持了 40 年之久，令人感佩，这其中的“诚”，起到了重要的作用。

以诚换诚，即以自己的真诚与人相处，一定会交到心性相通、志趣相投的朋友，一定会赢得好的人缘。这是曾国藩的认识，也是他身体力行的信条，所以他获得了成功。

曾国藩语录

是故诚者，不欺者也。事上以诚意感之，实心待之，乃真事上之道，若阿附随声，非敬也。

诚者不欺：要诚实，不要虚假的诚实

蔡锷编辑《曾胡治兵语录》时写道：“吾国之心，断送于‘伪’之一字。吾国人心之伪，足以断送国家及其种族而有余。上以伪驱下，下以伪奉上，同辈以伪交，驯致习惯于伪，只知伪之利，不知伪之害矣。……由伪生疑，由疑生嫉。嫉心既起，则无数恶德从之俱生，举所谓伦常道德皆可蹴去不顾。呜呼！伪之为害烈矣。军队之为用，全恃万众一心，同胞无间，无容有丝毫芥蒂，此尤在有一诚字为之贯串，为之维系。否则，如一盘散沙，必将不战自焚。社会以伪相尚，其祸伏而缓；军队以伪相尚，其祸彰而速且烈。吾辈既充军人，则将伪之一字排斥之不遗余力，将此种性根拔除净尽，不使稍留萌蘖，乃可以言治兵，乃可以为将，乃可以当兵。”

曾国藩在家书中说：“陈岱云与我处处痛痒相关，这是九弟知道的。写到这里，接到家信，知道四弟、六弟没有入学，很遗憾！但是科名的有和没有，早或迟，总是生前注定的，一点不能勉强。我们读书，只有两件事：一是进德，讲求诚正修齐的道理，以做到不负一生；一是修业，操习记诵词章的技巧，以做到自立自卫。”

曾国藩非常喜爱那些诚实质朴的人。他在做侍郎的时候，有两个门生都取得了直隶知县的职位，这两个人在赴任前一道去看望自己的老师。曾国藩热情地接待了他们，几个人一边品茶，一边说话。曾国藩问他们赴任的日期定没定，其中一个姓杨的门生立即说："已经雇好了车，马上就要动身了。"曾国藩愣了一下，这么快就去赴任，难道就不做些准备，收拾收拾东西？

这时，另一位门生说："还得再等一等，我还要准备行装哩。"

曾国藩觉得姓杨的门生是故意在自己面前表现"一心为公"的样子，于是怀疑他将来会成为一个奸巧的官吏，当几天后听说先去赴任的竟是另外的那一位门生，而不是姓杨的门生，他不禁感叹道："人真是难以看透啊。这个姓杨的门生所回答的，正是他朴拙的体现。"后来，这个姓杨的门生又到了曾国藩家，曾国藩便问上司对他怎么样，杨门生说："上官待属吏都很好，待我也好。"曾国藩大笑起来，然后说："你真诚实啊。"就是这位姓杨的门生，后来一直官至大名知府，另一位门生却因事被参劾。

真诚者只有首先对自己真诚，然后才能对他人真诚。真诚可使自己立于与天地并列为三的不朽地位。《中庸》说："诚则形，形则著，著则明，明则动，动则变，变则化。唯天下至诚为能化。"

曾国藩多次在家书中说，他最讨厌那些狡诈的人。他在做两江总督时，官署里有个很高的亭子，人在里面可以看见官署的内外情景。这一天，曾国藩在亭子附近散步，听见说话声，他站住了循声望去，原来是一个头戴官帽的人在与自己的仆人说话，好像在请求什么事。仆人连连摆手拒绝，神色非常傲慢，那个戴官帽的人最后失落地离去了。

第二天，曾国藩又来到亭子里，奇怪，他又看见了不远处那个戴官帽的人和仆人，情景与昨天完全一样，一个求情，一个拒绝。曾国藩不由得纳闷起来，本能地向他们靠近想看个究竟，可他们很快便散了。

第三天，曾国藩还是在亭子里看到了那两个人，不过这一回，头戴官帽的人将一包什么东西塞给了仆人，仆人的脸上露出了笑容。曾国藩心想，这两个人搞什么名堂呢?

过了不久，曾国藩正在签押房办公，仆人拿着手版进来，通报说新补的某位监司求见。曾国藩同意那人进来，一抬头，原来就是自己在亭子里看到的那个头戴官帽的人，不禁问道："什么时候来的?"对方回答已来三天了。曾国藩又问："既然来了三天，为什么现在才来见我?"新来的监司面带难色，说不出话来。

曾国藩打量了一下监司，然后说："你府上缺什么办事的人吗?"

监司回答："现在是人满为患，但如果您有推荐的人，我也会从命的。"

曾国藩说："那好。我的这个仆人实在是太狡诈了，万万不能派给他重要的任务，让他有口饭吃就行了。"停了一下，曾国藩召那位仆人进来，瞥了他一眼，说："现在我把你推荐给这位大人，希望你好好侍从新的主子，不要怠慢。"

仆人听到这话，腿软了，不知道曾国藩为什么这样做，他支吾了两声，只得无奈地答应了。当这个私下要挟新官、收受好处费的仆人离开之后，曾国藩问手下人："你们知道我为什么让他离开吗?他是个不诚实的人!"这时有人说："我看他平时很顺从大人的。"曾国藩回答："顺从我也是假的，有讨好的目的。真正顺从我的人，该是诚者不欺的人。他今天要挟新官，我让新官带他去，以后有他好日子过!"大家不由得哈哈笑了。

曾国藩突然吟起了一首词："'斜阳独倚西楼，遥山恰对帘钩。人面不知何处，绿波依旧东流……'你们知道这是谁写的吗?"他见有人说出了晏殊，便点了点头，说："晏殊做人，我最欣赏!"

"晏殊的词的确写得不错，曾爷为什么说欣赏晏殊做人呢?"有人问。曾国藩知道大家在等待着自己说欣赏晏殊的理由，便讲起了晏殊的故事：

宋真宗特别喜欢晏殊的诚实。有一年，宋真宗允许臣僚们挑选旅游胜地举行宴会，各级官员都踊跃参加。晏殊这时手头拮据，没钱参加这项活动，便留在家里读书。这天，宋真宗在大臣中挑选人来辅佐太子，大家没料到皇上竟在百官中看中了晏殊。有人直接问皇上是什么用意，真宗解释说："我听说各级官员无不游山玩水，大吃大喝，通宵达旦，歌舞不绝，惟有晏殊闭门与兄弟读书，如此谦厚，正可担当辅佐太子的重任。"晏殊听说后，便老老实实对真宗说："我并不是不喜欢游乐吃喝，只是因为我实在没钱。如果有钱，这些旅游宴会我也会参加的。"宋真宗一愣，继而一笑，越发佩服晏殊的诚实。晏殊以诚实为做人之道，受到皇上的重用，到宋仁宗时，晏殊被任命为宰相。

听了曾国藩所讲的晏殊的故事，大家对曾国藩的"诚"字功夫又有了更深刻的了解：诚实是人性中最高贵的东西，不能掺假。曾国藩告诫身边人说："勤能医治懒惰，慎能医治骄傲。在这两个字的前面，必须有个'诚'来立足根本。立志要把这件事懂得透彻，辨得明白，专心诚意去做，就是坚如磐石的难事也能做到，鬼神也会避让，这就在于自己的诚意了。除尽自己的私心，对待什么事都能推心置腹，让人们都明白无疑，这是待人接物的诚实。以'诚'字为根本，以'勤'字为实用，大概可以免除罪过吧。"

诚实正直做人，可以得到生活的信心和力量。曾国藩绝对相信这一点，他告诉儿子曾纪泽：一个人如果心存虚伪邪恶的念头，那他只不过是空有人的形体架势而已，肉体虽存，其实灵魂早已经死亡，由于心术不正，与人相处，也会使人觉得面目可憎而惹人讨厌。

曾纪泽后来成为清末著名外交家，出使英、法、俄等国，他恪守“替国家保全大局”，获得非常好的名声，莫不是得益于父亲的影响和教育，继承“诚”字功夫，较好地维护了“诚信做人”的价值。

◎“谦”字功夫◎

曾国藩语录

谦谨载福：做人厚道会带来一生的福气

天地间惟谦谨是载福之道。骄则满，满则倾矣。

在为人处世上，曾国藩不仅自己时刻保持谦逊谨慎的态度，而且不时要求家人及身边人、手下人戒骄戒躁，厚道做人。

他写信给曾国荃说：“弟弟对于世事，阅历逐渐加深了，但信里不免有一种骄气。天地之间，只有谦虚谨慎才是通向幸福的路。一骄傲，就满足；一满足，就倾倒。凡属动口动笔的事，讨厌人家太俗气，嫌弃人家鄙恶，议论人家的短处，指斥人家失败，是骄傲。所指所议的未必正当，就是正当切中要害，也为天道所不许可。我家的子弟，满腔骄傲之气，开口便说别人这个短那个长，讥笑别人这个鄙俗那个粗陋，都不是好现象。贤弟要告诫子弟除去骄傲，先要把自己喜欢议论别人的短处，讥讽别人的失败的毛病痛加改正，然后才可叫子弟们事事处处警惕改正。”

我们知道，权贵穆彰阿是曾国藩的靠山，他为什么要支持曾国藩？虽然穆彰阿是曾国藩会试的主考官、大总裁、阅卷大臣，算得上曾国藩的老师，但像曾国藩这样的门生太多了，穆彰阿为什么独喜欢曾国藩？重要的一点就是欣赏曾国藩厚道而不拘谨，谦和而不虚伪的人品气质。穆相在满人贵族里素有才名，有几件军国大事处理得比较漂亮，曾国藩对他特别敬仰。

曾国藩在长沙岳麓书院读书时，闲暇对古玩字画也颇有研究。他还特意拜湖南翰宝斋老掌柜齐师傅为师，专门学习鉴定古玩的知识。翰宝斋是一间老字号古玩店，齐家三代经营，后堂收藏有上千件古字画真迹。唐摹本《兰亭序》，曾国藩就是在齐家看到的，他自己也收藏了唐伯虎及宋徽宗的小幅真迹。所以，他对古字画的用笔、用纸、用绢及装裱等等，还是比较精通的。

曾国藩来京里会试时,有个朋友为了鼓励他，特意选了一件宋丞相蔡京的斗方送给他。点翰林的第二天，他来穆府感谢座师。行礼之后一抬头，他看见座师的墙上挂了一幅中堂，古色古香的很像是一幅古字画。在声震寰宇的大学士家里，刚刚入翰林的曾国藩不敢有丝毫的越轨举动，但是又禁不住那画的诱惑，告辞的时候，他终于鼓起勇气对座师道：“恩师，学生有一个请求，但又怕恩师怪罪。”

穆彰阿说：“曾翰林，你讲吧，我是信任你的，老夫焉有怪罪之理？”曾国藩得到许可，忙指着墙说：“学生想好好看一看墙上这幅画。”穆彰阿一听这话，惊愕地瞪大了眼睛，他没有想到眼前的这位年轻人竟跟自己有相同的嗜好，于是就欣喜地说：“好，你走近前来看吧。”

曾国藩大着胆子走到墙边，这才看清这是一幅唐朝的仕女图。从用笔用纸用绢看，都是唐时风格。曾国藩见过摆扇仕女图，而这幅却是鼓琴仕女图。曾国藩一路看过去，渐渐地便沉浸在这幅画当中，他边看边道：“快把放大镜拿过来。”

穆彰阿既诧异又惊愕，只得把案上的放大镜递过去。曾国藩接过来，看了许久，才道："实在可惜！"穆彰阿瞪大眼睛问："什么？"曾国藩两眼望着画，边摇头边说："可惜我看不到落款。"

穆彰阿拿过画杆，亲自将画摘下来，小心翼翼地放到案台上。曾国藩把放大镜贴在画上反复观看，许久才直起身，自言自语："可惜了这幅赝品！"穆彰阿简直不敢相信自己的耳朵，瞪大了眼睛。曾国藩一下子清醒过来，知道自己闯祸了，他忙跪下，边磕头边道："学生该死！请恩师恕罪！"穆彰阿不高兴地说："你说这幅画是赝品？哼！老夫眼拙了？"

曾国藩早就听说穆中堂是京师八旗子弟中鉴定古字画的高手，所以只管磕头，再不敢言语。过了一会儿，穆彰阿越发觉得曾国藩为人实在厚道，如果他像那些奸猾之人，赝品也说成真品，岂不是蒙住了老夫，他自己也免受喝斥。这样的人值得交往，值得信任！穆彰阿平静下来，对曾国藩说："国藩，你起来吧，老夫并没有怪罪于你。来来来，你给老夫说说这幅画。"

曾国藩有些胆怯，不好意思再说，这时穆彰阿哈哈笑起来，把他拉到画前，求他说。曾国藩道："整个画卷，学生都没有看出什么，只是这落款有些疑问。恩师知道，唐时宣纸较粗糙，而落款处的宣纸纹路却较细腻，这定然是把原款弄掉，后补的款。看这宣纸的成色，像是明人所为，请恩师明察。"

穆彰阿拿起放大镜认认真真地看起来，看了足有一袋烟的时间。穆彰阿突然抬起头，冲藏室外喊："管家，快快摆酒，老夫要与曾翰林一醉方休！"

曾国藩以自己的厚道谦逊赢得了穆彰阿由衷的赏识，从此两个人的距离拉得更近。后来，穆彰阿凡是得到藏品，都要让曾国藩辨一辨真伪。

一次，曾国藩去看望老师，穆彰阿正坐在太师椅上一边吸着水烟，一边和两位道士模样的人拉闲话。曾国藩上前边施大礼边朗声道:“下官曾国藩叩见恩师!”

“国藩来了，很好，很好，坐坐……”穆彰阿放下水烟袋，赶忙招呼曾国藩，“最近怎么不来看老夫啊?”曾国藩站起来，毕恭毕敬地回答：“回恩师话，下官目前正在向唐镜海先生学习义理之学，向倭仁倭大人学习国学，向何绍基先生学习书法。请恩师见谅。”

在别人眼里，曾国藩是个貌不出众、语不惊人的平庸之流，但穆彰阿阅人自有独特的眼光，他觉得曾国藩将来必有作为，所以每次见到曾国藩都很快乐，这次同样如此，他笑道：“如果天下士子都像你这样，何愁国运不隆、文运不盛啊！涤生，在老夫看来，唐鉴是天下皆知的理学大师，而倭仁又是大清公认的国学高手，不要说你，就是老夫也是经常请教的啊。不过，要讲书法嘛，你的字已经很有功底了,好像大可不必再从楷书入手。”停顿了一下，拿起水烟枪吸了一口，接着说：“纵观我朝，圣祖的一手好字自不必讲，除圣祖外，老夫惟对乾隆年间大学士刘墉石庵先生的一手好字赞赏不已。涤生，你不妨也寻本帖子临临看。”

曾国藩立即说：“恩师指点的是，下官记住了。”这时，佣人递上茶，曾国藩提了提手袖，接茶，不经意地露出了手腕上的一块癣疤。坐在穆彰阿右边的老道突然站起来，惊异地冲曾国藩问:“敢问阁下，翰林公可是湘乡曾麟书先生的大少爷?”

曾国藩一愣，回答道:“晚生正是，您认得家父?”

老道又问:“贫道在长沙云游时，听湘乡的人传说，老夫人生大人之时，乃祖竟希先生曾梦有巨蟒入怀，院中一棵百年老槐无因而枯，可是真的?”

曾国藩也站了起来，谦和地说：“晚生的曾祖父梦巨蟒入怀纯属湘乡人谣传而已，子虚乌有，院中老槐干枯倒是真的!”

穆彰阿对曾国藩这样的回答表示满意，巨蟒入怀可是喻意深刻，让皇上听到了可不是小事，作为曾国藩的老师，也难免受累。穆彰阿决定把话题引开，他哈哈大笑道：“你们说什么呀，倒把老夫讲糊涂了！国藩，有人从长安给老夫送了一样东西，你来看一看。”说着拿出一幅古字。

曾国藩靠近穆彰阿，看起字来。穆彰阿兴致很高，说：“说是西晋陆机的真迹，我也拿不准了。国藩，你给老夫好好看看。”

曾国藩见是《平复帖》，这可是贵重之物，他拿起放大镜一点一点地看起来，穆彰阿与两位道长都屏住呼吸等待结果。看了半天，曾国藩长出一口气，兴奋地说道：“恭喜恩师，这确是西晋陆机的《平复帖》!”

穆彰阿高兴地连说几个“好”字，他太相信曾国藩了，而这种信任是建立在曾国藩人品基础上的。曾国藩后来不断升迁，都有穆彰阿的举荐之功。

这里，我们也许会反对一个人为了往上爬，拼命找靠山的做法。但是，凭厚道谦逊的人品赢得领导赏识，从而拥有宽敞的发展平台，又何尝不是好事。“天地间惟谦谨是载福之道”，可以说是一种真理。坚守这个真理，一定会带来一生的福气。世道再坏，时风再差，人心向善终会是主流。

曾国藩语录

和平虚明：好人缘比能力更重要

胸襟必能自养其淡定之天，而后发于外者有一段和平虚明之味。

曾国藩对弟弟曾国荃说：“没有‘人和’的意识与行为，不会有太大的成就。”

同治二年（1863年），曾国荃进军南京雨花台，立下战功，这时曾国藩立即要求他“此等无形之功，吾辈不宜形诸奏牍，并不必腾诸口说，见诸书牍”，叫弟弟不要表功，认为这是“谦字真功夫”。

曾国藩为人平和，是与祖父星冈公的熏陶有关。道光十九年（1839年），曾国藩离家进京之前，他来到祖父的跟前，陪老人说会儿话，并向祖父请示：“爷爷，我此次进京，你有什么教导于我吗？”星冈公握着孙子的手，说：“孩子，你的官是做不尽的，你的才是好用的，但做人要与人和气，不可有一分的傲气。古人说：‘满招损，谦受益。’”说到这里，星冈公向孙子讲起了故事：

孔子在鲁桓公的庙里参观，看见一种倾斜而不易放平的容器。孔子向守庙人询问道：“这是什么器具？”守庙人说：“这大概是人君放在座位右边的一种器具。”孔子说：“我听说这种器具空着的时候就倾斜，灌进一半水就正立着，灌满了就翻倒了。”孔子回头对学生说：“灌水吧。”学生就舀水灌进容器里面，水灌到一半，容器就正立着，注满水就翻倒了，空着的时候就倾斜。孔子喟然长叹：“唉！哪有满了不翻倒的呢？”子路问道：“请问保持富贵的地位，如同保持水满而不翻一样，有什么办法呢？”孔子回答：“自己聪明智慧，要保持怯弱的样子；功劳覆盖天下，要保持谦让的样子；既勇敢而力气盖世，又要保持怯弱的样子；财富拥有全天下，要保持谦逊的样子，这就是所谓谦让了再谦让的办法。”后来，子贡又问孔子道：“我想做到对人谦虚，但不知如何做才好？”孔子说：“对人谦虚吗？那就要像土地一样，深深地挖掘就可以得到甘泉；种植，就可以五谷繁茂；草木繁殖了，禽鸟和野兽就在这里繁育；草木禽兽生长时就立在地上，死了就埋进土地中；土地的功劳很大，但它不自认为有德行。对人谦虚就该像土地一样。”

这个故事，曾国藩并不陌生，不过听爷爷一说，他有了更深刻的认识。只见星冈公清了清嗓子，接着说：“《颜氏家训》上有一句话：‘天地鬼神之道，皆恶满盈。谦虚冲损，可以免害。’孩子，你若做到谦和待人，会越来越聪明，越来越进步。”

曾国藩向爷爷点了点头，他当然知道孔子的弟子冉有的那句名言：“礼之用，和为贵。”继孔子之后，孟子也倡导“和”。孟子重人，重“人和”，他认为，“得到者多助，失道者寡助”。以民心所向作为战争胜负和政治成败的关键，做人也是如此。孟子重“和”，还在于他在天人关系上提出系统的“天人和一”观点，这是中华民族深邃智慧的结晶，是人类文化宝库中一颗灿烂夺目的明珠。

后来的荀子也说要“上得天时，下得地利，中得人和”，还说：“天有其时，地有其财，人有其治，夫是之谓能参。”《易传》则明确讲天、地、人三者的统一，提出“三才之道”。

曾国藩一生谦和待人，然而他的可贵之处是，他觉得自己在现实生活中，并没有完全做到谦和待人，他的日记中写过这段文字：“近岁在外，恶人以白眼蔑视京官，又因本性倔强，渐进于愎，不知不觉做出许多不恕之事，说出许多不恕之话，至今愧耻无已。”

曾国藩有个朋友叫冯卓怀，他是个很有才能的人，出于对曾国藩的敬重和佩服，当曾国藩兵败祁门时，他毅然辞官，投到曾国藩的幕府中。不久，因为有一事不合，曾国藩当众训斥了冯卓怀。冯卓怀感到曾国藩没给他面子，伤了自尊心，决心离开他的幕府。曾国藩出面劝留，冯卓怀还是走了，他宁可不要职位，也不能忍受别人对自己的不尊之举。

曾国藩在这件事上明白了一个道理：一个人的能力再大，也比不上集体的力量。天时不如地利，地利不如人和。一个城池，内城城墙方圆三里，外城城墙方圆七里，包围着攻打却不能拿下。既然能够包围着攻打，交战双方必有得天时的；如果得了天时仍没有打胜，证明这一方的天时不如另一方的地利。城墙不是不高，护城河不是不深，武器不是不锋利，盔甲不是不完备，但是却放弃了城池，逃走了。证明地利之便，不如人和重要。因此说，欲让民众安居乐业，不在于划定边界，限制来往；欲使国家稳固，不在于山川河流的险要。得道的人自然会得到众人的拥戴，失道的人自然会受到众人的摒弃。失道到了极点，就连亲人也会背叛他。得道到了极点，整个天下都会归顺他。带领整个天下的归顺之人去攻打那众叛亲离者，贤人君子不打则已，如果攻打，肯定获胜。曾国藩后半生都在自勉“只宜抑然自下”。他在现实的磨砺下，“谦”字功夫日趋纯熟。咸丰九年（1859年）四月初七，曾国藩因身体不适，起床比平时晚，他吃早饭的时候突然想起项羽，于是饭后重读起

《项羽本纪》，感叹“武力难赢天下”！项羽在为人处世上居高临下，盛气凌人，他对手下人疑心太重，不能知人善任，使部属多生离心，致使名将韩信、英布等人纷纷离去，投靠了刘邦。谋士范增是个很有计谋的人，可项羽越到关键时越不采纳范增的建议。鸿门宴是除掉刘邦的一次极好的机会，可项羽犹豫不决，失去了机会，气得范增说：“竖子不足与谋！”

接着，曾国藩又重读起《高祖本纪》，刘邦自己并没有多少武功，但他身边聚集了很多能人，而且不看出身，都能以诚相待，高级谋士和大将中，张良是贵族，陈平是游士，樊哙是卖狗肉的，周勃是吹鼓手，灌婴是卖布的，娄敬是车夫，韩信是流氓，彭越是强盗。刘邦虽也摆过架子，瞧不起读书人，但经别人一规劝，他的态度明显谦和了许多。曾国藩写道：“庄子曰：‘美成在久。’骤而见信于人者，其为信必不固，骤而得名于时者，其为名必过情。君子无赫赫之称，无骤著之美；犹四时之运，渐成岁功，使人不觉；则人之相孚，如‘桃李不言，下自成蹊’矣。除却进德修业，乃是一无所恃，所谓把截四路头也。若不日日向上，则人非鬼责，身败名裂，无不旋踵而至矣，可不畏哉！”意思是说，为人谦逊，人缘将是长久的，朋友会自远方而来，这样，做什么事不成呢？如何达到这一点呢？那就是做事先做人，把“谦”字功夫学到家，加强个人的修养，以自己的魅力去赢得别人的尊重，别人的支持，别人的合作。

力除傲气：言语中不可夸大显摆自己

又有当名士者，鄙科名为粪土，或好作诗古，或好讲考据，或好谈理学，嚣嚣然自以为压倒一切矣。自识者观之，彼其所造，曾无几何，亦足发一冷笑而已。故吾人用功，力除傲气，力戒自满，毋为人所冷笑，乃有进步也。

曾国藩说，自古以来凶德致败者大约有二端：一是傲慢，一是多言。他并总结历史的经验说："我看历代那些著名的大官，大多数都是因为这两个原因而败家丧命的。"

据说，曾国藩曾经有个幕僚叫李鸿裔，四川人，风流倜傥，不拘小节，曾国藩很喜欢他，把他像自己的儿子一样看待，曾国藩的秘室只有李鸿裔可以随便出入。当时曾国藩的幕僚中有所谓"三圣七贤"，都是名极一时的理学大家。曾国藩仰慕他们的名声，把他们都召进来，然而只是安排他们的衣食住行，并不让他们担任具体的职务。

一天，曾国藩与李鸿裔在室中谈话，正好来了客人，曾国藩便出去接待客人，留下李鸿裔自己在室中。李鸿裔闲来无事，便翻看桌上的文稿，看到一篇《不动心说》，诗文中有一段话，翻成白话文是："你把我放在美丽的姑娘面前，我会动好色之心吗？我不会。你再把我放在大红的顶戴面前，我会动高官厚禄之心吗？我不会。"李鸿裔年轻好盛，看到这里觉得十分可笑，就拿起笔在上面题了一首打油诗讽刺道："美丽姑娘前，大红顶戴旁，你心都不动，只想见中堂。"写完，掷笔而去。

曾国藩送走了客人回到书房，见到所题的文字，说了一声"这小子"！便让侍卫叫来李鸿裔，对他说："我也知道这些人难免有欺世盗名的成分，言行也不见得一致，然而，他们能达到今天的地位，正是靠的这个虚名。现在你一定要公开揭破它，使这些人失去衣食的来源，那他们对你的仇恨，岂能是平常语言之间的仇怨可比的？杀身灭族的大祸都隐伏在里边了！"李鸿裔顿时出了一身冷汗，很敬畏地接受了教诲，从此以后便深深地收敛锋芒，不敢再出言不慎了。

咸丰四年（1854年），湘军攻下武昌，曾国藩写信给四个弟弟说："十一日武昌克复之折，奉朱批廷寄谕旨等件，兄署湖北巡抚，并赏戴花翎。兄意母丧未除，断不敢受官职，则二年来之苦心孤诣，似全为博取高官美职，何以地吾母于沧下？何以对宗族乡党？方寸之地，何以自安？是以决地具折辞射，想诸弟亦必以为然也。功名之地，自古难居，兄以在籍之官，募勇造船，成此一番事业，名震一时，人之好名，谁不如我？我有美名，则人必有受不美之名者，相形之际，盖难为情；兄惟谨慎谦虚，时时省惕而已，若仗圣主之威福，能速将江西肃清，荡平此贼；兄决意奏请回籍，事奉吾父，改葬吾母，久或三年，暂或一年，亦足稍慰区区之心，但未知圣意果能俯从否？"

曾国藩最担心弟弟们一有成绩就狂傲自大，所以每次得到捷报就写信叮嘱他们保持低调，不可得意忘形。一天，他在读《古文辞类纂》时，突然感叹："为何诗人很少显达，而多不得志者？"原来，诗人多恃才傲骨，清高自负，这让曾国藩想起了“唐初四杰”之一的王勃。

王勃在文章中说自己“命途多舛”，但他的命运与他恃才傲物的性格有很大关系。当时，年纪轻轻的他就颇有名声，使得高宗的几个儿子都争相礼聘，要网罗他进入自己的王府。后经高宗批准，王勃来到刚刚受封的沛王李贤府中担任修撰，充当谋士和指导教师的角色，深得沛王信任。其时宫中盛行斗鸡之戏，沛王也是一个积极分子。他有一只体高性烈、毛色鲜美的公鸡，多次比赛中都大获全胜，唯独被英王李显的“鸡王”所战败。英王神色飞扬，无限得意，而沛王却十分尴尬。年轻气盛的王勃当即产生了创作冲动，援笔立成一篇《檄英王鸡》的游戏文章，当场吟诵，博得阵阵笑声。后被高宗发现，盛怒不已，指责说，无比庄重的文体竟以儿戏出之，如此放肆，这还得了？文章说是“檄鸡”，实则有意挑拨兄弟不和，真是可恶得很！于是，高宗下令免除王勃官职，并逐出王府。

曾国藩发现一些有才华之人不得志的原因之一，是他们喜欢虚荣和夸大，在言语上显摆自己。于是，曾国藩在“谦”字功夫中加上“力除傲气”的警戒。他说，为人处世最忌讳自表其功，自矜其能，凡是这种人，十有八九要遭到猜忌而没有好下场。当年刘邦曾经问韩信：“你看我能带多少兵？”韩信说：“陛下带兵最多也不能超过十万。”刘邦又问：“那么你呢？”韩信说：“我是多多益善。”这样的回答，刘邦怎能不耿耿于怀？

虚荣和夸大，其实是自我欺骗的表现。虚荣和夸大，是有许多地方值得怀疑的，因为这种人把自己的才能估价得太高，所以别人觉得他在其他事物上的估价难免也是错误的。反而才能不是很高，但为人谦虚的人，对其他事物上的估价往往容易被人接受。从这一点来看，谦虚的确让人进步，因为他的“估价”有被人们认可的市场。

曾国藩语录

民胞物与：以开放的心态容纳他人

有民胞物与之量，有内圣外王之业，而后不忝于父母之所生，不愧为天地之完人。

曾国藩31岁那年（1841年，道光二十一年），在经理学大师唐鉴的点拨指教下，开始写日记以“检身之要”，并致力于程朱理学的研究，从此他的家书也越写越多。道光二十四年十二月十八日，他在家书中写道：

“家中的事务，弟弟们不必去管。天破了，自有女娲氏去补天，洪水大了，自有禹王爷去治水，家事有堂上大人管，外边的事有我管，弟弟们只宜管自己的功课罢了，何必去过问其他事情呢？至于宗族里的人，娘舅那方面的人，不管他与我们有没有嫌隙，对于你们只适宜统统地去爱他们、敬他们。孔子曰：‘爱民众，和有仁义的人亲近。’孟子曰：‘我爱别人，别人却不亲近我，自己要反躬自省，自己的仁爱是否有不到的地方；我们以礼待别人，别人却不理睬我，自己要反躬自省，自己的礼数是不是不周到。’现在没有管理家事，如果还生嫌怨，将来当家立业了，岂不是个个都成了仇人？自古以来，没有和宗族、乡党缔仇的圣贤之人，弟弟们不要老是专指责别人。”

从这里我们可以看出，曾国藩“民胞物与”的思想已经形成。“民胞物与”的意思是说，天下民众都是同胞，世间万物都是同类，用以表示仁爱之至，关心和同情人民，爱惜万物。这一思想是宋朝张载提出来的，但其源头是庄子的“天地与我并生，万物与我为一”。

曾国藩在写奏章前常读《庄子》。如咸丰十年（1860年）十月二十日，他在日记中说：“夜写凯章信，清理文件，校对《庄子》二篇。”他为什么如此喜欢庄子？因为庄子首先提出“心斋”，即“虚以待物”。谦逊地待人，则必然“形莫若就”、“心莫若和”，归根究底是因为“无己”——不能太自私，而要以开放宽容的心态容纳别人。

如果一个人想有更多更好的朋友，就应该养成开放宽容的心态。这个世界上的每个人都具有与其他人不完全一样的性格、气质、爱好、秉性和思想，性格没有谁好谁坏之分。

曾国藩说，在有权力责罚却不责罚的时候，才是一种宽容；在有能力报复而不报复时，才是一种饶恕。测度一个人的成功大小，必须以宽恕的大度去衡量他，只有能宽容人，才能饶恕人；只有能宽恕人，才能掌管人、使用人；只有能掌管人、使用人的人，才能成就他的事业。

曾国藩用人，首先要看这个人是不是大度的谦谦君子。事物都有对立关系，都有正反两面。有对立的关系，人才能感受到自己的存在。所以，与其苦思如何去排除那些挥之不去的东西，还不如去接纳、调和它们。一般人往往认为人与人之间的关系，可以凭自己的意志来促成或断绝。但曾国藩知道事实并非如此，人与人之间的关系并不是个人的“意志”或“希望”所能左右的，而是由一种超越个人的意志或希望的力量来决定的。

为了让自己的部下明白这个道理，曾国藩还列举了班超为官之道的故事来说明这一点：班超有显赫的武功，但是很少有人知道他的大度。当班超决定把事业的基础建筑在西域后，便统兵远征。李邑却在汉帝面前进他的谗言，说他西域的远征难以成功，并说他携着爱妻、带着爱子在外享受安乐，没有归汉的心思，又编说了一些子虚乌有的故事，请皇帝下诏书让班超回国。

事情被班超知道后，他便遣送妻子回国以示归汉之心。后来，李邑因事奉旨到西域，诏书中指示，班超可以留李邑做自己的助手。如果常人来处理这件事，就会奉诏留下李邑，追究他从前的谗毁之罪，并为朝廷除去心腹之患。然而，班超却并不因李邑的馋言而耿耿于怀、斤斤计较，反而让李邑护送家属回京师。当时徐干劝班超按照诏书的旨意留下李邑，以免再为自己添加麻烦。班超说："我从内心省视，没什么内疚的，何必顾虑他人的说法?"

只从这一点就可以看出班超为人的大度，这也正是曾国藩希望自己和部下能做到的。他认为，要有"谦"字功夫，就得"听言"、"明察"，能接受他人的诤谏，就是"听言"；认识到身处高位，不可骄傲和奢侈，就是"明察"。

曾国荃曾写了一封信给曾国藩，说了不少奉劝哥哥谦逊"听言"的话，曾国藩当即写信表示赞赏，他说："古代君主有诤谏的良臣，今天兄长有诤谏的贤弟。我近来做官太高，虚名太大，我常常为听不到规劝诤谏而深深忧虑。如果弟弟果真能随时规劝谏阻，再加上一二位严厉的朋友，时时以正言相劝相勉，这样我就内有耿直的弟弟，外有敬畏的朋友，那么我也许能避免大的灾难啊！凡身居高位的人，谁不败在自以为是，不能谦恭容人上？谁不败在厌恶听到正直的进言上？过去你对我的劝诫，我总是不肯虚心接受，动辄辩论一番，这最不可取!"

可见，曾国藩深悟"君子泰而不骄，小人骄而不泰"的道理，明白了这个道理，就能够珍惜自己的人际关系，心中常怀感激之情，在任何不平或不满之前，先以谦虚的态度想到彼此的缘分，然后以喜悦的心情、热忱的态度对待对方。对方说过自己的坏话，干过对不住自己的事，此一时彼一时，犹如水往低处流，以谦让的胸怀接纳对方，自己终将成为大海。

曾国藩语录

于广大中再加一段谦退功夫，则萧然无与，人神同钦矣。富贵功名皆人世浮荣，惟胸次浩大是真正受用。

胸次浩大：不要用瞧不起的目光抵触他人

有一次，曾国藩决定打趣一下一位以怕小老婆出名的幕僚，随口说了副上联：“代如夫人洗脚”。他以为某君平日虽才思敏捷，但这回肯定会当众犯窘，大出洋相。谁知某君情急之下，不再考虑嘲谑自己的人是湘军大帅——自己的顶头上司和衣食父母，而是想给这位悍然来犯的“对手”以致命的还击。于是，某君应声对出下联：“赐同进士出身”。曾国藩听了后，脸刷地红了，因为他的进士身份是“赐同”，也就是考试成绩没达到一甲、二甲，而属三甲，为三等进士身份。曾国藩自取其辱，大感惭愧。

事后，曾国藩很后悔，虽然自己比人家官大权高，但每个人的人格是平等的，怎么可以随便取笑对方呢？人不是万能的，不可因为别人暂且没有获得成功就轻视他，即使从功利的角度来考量，自己也应该尊重他人，何况尊重更是体现美好品德的一个方面。

“小角色”的力量汇在了一起，足以推翻任何一个“大角色”。所以不要轻易得罪“小角色”，不要轻易与人发生正面冲突，以免留下后患。

曾国藩在事业上的成功，与胡林翼的支持有很大关系。咸丰四年至咸丰六年，湘军连连受挫，曾国藩陷入了人生的低谷。咸丰八年，胡林翼约官文向皇上奏请，让曾国藩再度出山，对此，曾国藩心里非常感激他对自己的关心和信任。

曾国藩在胡林翼身上学到了不少做人的方法。当年官文年纪轻轻就坐上殿前蓝翎侍卫，许多人不把他放在眼里。谁知官文官运亨通，一路升迁，从头等侍卫突然变成广州汉军副都统，然后又是湖广总督。湖北司道府县大部分官员平日对官文没有好感，作为巡抚的胡林翼却不愿得罪官文，尽管对方对胡林翼事事横加干涉，常说些无理的话，可胡林翼仍旧谦让着他。

不久，官文的六姨太过生日，总督衙门向武昌官场发了很多请柬，目的是收些礼金并热闹一下。可是那天将近中午了，也没有人上门，官文府前冷冷清清。官文心里很难受，感到自己在湖北被人孤立了起来。死要面子的官文左等右等，等来的却是稀稀拉拉的几个没分量的人物，他愈加感到羞愧。"他们不来，上门去请!"官文此话刚一落音，只见一辆绿呢大轿抬了过来，前面仪仗森严，后面跟着几辆花呢绣轿。官文见此不由得心头一热，有些感动。正在这时，一个家丁飞奔来报，湖北巡抚胡林翼大人来了。官文喜出望外，立马上前迎接。

胡林翼完全可以像别人一样不来，因为官文不是自己的顶头上司，总督、巡抚两个人谈得来就谈，谈不来各干各的，井水不犯河水，何况胡林翼知名度比官文高、影响力比官文大、资格比官文老。然而胡林翼却不这样想，他认为以后需要官文支持的地方一定不少，于是带着母亲、夫人一起来祝贺六姨太生日，当然还送上了一份厚礼。正委屈得抹眼泪的六姨太，见胡巡抚来给自己撑脸面，顿时笑逐颜开，获得了一些安慰。

胡巡抚到官文府上庆贺六姨太生日的消息很快传开，不到一个时辰，湖北藩司、臬司、盐道、粮道、汉阳知府、武昌知府大小官员全都赶来了。由此，官文非常感激胡林翼。宴席上，胡林翼老母、夫人对六姨太说了不少好听的话，让六姨太喜得合不拢嘴。临别时，胡母郑重邀请六姨太到胡家去做客，六姨太乐意地接受了。第二天一早，一辆花呢大轿将六姨太抬进了胡府。胡林翼老母、夫人设宴热情款待，陪着玩牌听曲，谈七扯八，非常开心。六姨太自幼丧母，见胡巡抚的老母这样喜欢自己，便提出要认胡母为干娘。胡母立即答应了，说认这么好的义女是自己的福气，说罢送给六姨太一副金镯，一对耳环、一枚金戒指，算是给义女的见面礼。

从此，官文不再给胡林翼找岔子，两家夫人经常来往亲如一家了。后来当胡林翼提出想奏请皇上让曾国藩出山，官文马上表示了支持。

有人对曾国藩说起这事，认为胡林翼太软弱了，竟然用讨好一个姨太太的手腕来换取官文的合作，岂不是有失堂堂大丈夫的气节！曾国藩摇了摇头，心想，胡林翼对官文如此谦和礼让，其高明之处胜过了自己。

曾国藩是把儒家和道家从对立位置放到互补的位置后，看到了胡林翼的高明之处。儒家思想也好、道家思想也好，入世也好、出世也好，都有它的局限性。独尊某一种思想、某一种哲学，而排斥另一种思想和哲学，这是幼稚和不成熟的表现。他在日记中写道："谦者，众善之基，傲者，众恶之魁。"他认为智和愚、善和恶，这都是截然对立的东西，但是，对这些截然对立的东西却不能用截然相反的态度去对待，因为对智愚和善恶的爱憎分明的立场往往会落于俗见，给具体问题的处理带来负面影响。所以，《荀子·非相》中提出了"兼术"，意思是：君子贤能而能容纳不贤的人，聪明而能容纳愚笨的人，博学而能容纳浅薄的人，精纯而能容纳杂驳，这就是所谓的"兼术"。

简单地说，“兼术”就是包容，即一种好的美德能包容不好的东西，因为君子立身正直，所以这种包容不仅不会损害自己的美德，反而会给君子的美德增辉。

“知而能容愚，博而能容浅”，这事实上也反映出了一个人的胸怀，也是做人处世的雅量。雅量体现着一个人的修养，其中虽有天生的成分，如有的人生来就心平气和、不急不躁，有人生来就是急脾气，但它更多地还是体现着后天的品行。

不能过谦：过分的谦虚也不好

曾国藩语录

不能过谦，过谦则下无敬畏之心。

道光二十六年（1846 年），曾国藩 36 岁，在文渊阁工作，他在书房里贴上三个字："求阙斋"。这年夏秋之际他生了一场病，请假到城南报国寺养病，与刘传莹一起研讨汉学、宋学，懂得了"学须返本务要"，领悟"执两用中"是最佳的处世方法。

在宋儒看来，所谓"中"，就是本体，就是方法；所谓"庸"，就是实用，就是实行。中庸，就是用于中、行于中的大道。所以，什么事都既不能不及，也不能过分，例如谦虚过分了就是虚伪，不能使人接受。曾国藩三任两江总督，数次辞职未准，面对后生的竞争，他采取了培养后进、急流勇退的策略，但身居上位，接到唯唯诺诺的求见信，常常感到用词谦虚过分，他觉得这样不好，"特是从军日久，资望弥深，虚名弥盛，旧交则散如落落之星，新知或视如岩岩之石，用是誉言日多，正言日寡，每一念及，悚怵无地"，于是他认为不如读书爽快。

在史书上，他发现那些过于谦虚的人，往往是十分危险的家伙！

例如唐朝的李林甫本是个嫉贤妒能、睚眦必报的家伙，但他表面上故意装作一副谦和的样子，好像什么事情都特别为别人考虑，实际上他是个地地道道的伪君子。原中书侍郎严挺之早年被李林甫排挤出京城，后来，唐玄宗想起他，问李林甫："严挺之现在在哪儿？此人可用。"李林甫当晚就把严挺之的弟弟严损之召到府中"叙旧"，虚伪地以老朋友自居，说："应当授你为员外郎。"李林甫又进一步套近乎说："皇上对你哥哥很关心，须作一计，入城面见，当有大用。"并教严损之为其兄写一状纸，以身体不好为名，恳请入京就医。严损之不知是计，反倒心怀感激，一切照办。李林甫拿着严损之写的状纸面奏玄宗说："严挺之年事已高，近患风疾，急需辞官就医。"玄宗听后，叹息良久，只好令严挺之到东京养病去了。一起被安排去东京"养疾"的还有李林甫憎恨的汴州刺史齐瀚。

曾国藩感叹道："李林甫、卢怀慎何尝不位极人臣，得势一时，讵得谓之贤肖哉？"两面三刀、阳奉阴违的人惯用的"巧诈"方法是阿谀奉承，其奉承他人是有目的的，他会捧一个人，也会毁一个人。想到这里，曾国藩提笔写起家书："季弟信亦谦虚可爱，然徒谦亦不好，总要努力前进，此全在为兄者倡率之，余他无所取，惟近来日日不恒，可为诸弟倡率……"

曾国藩害怕自己流入对人过分谦虚的田地，他对穆彰阿、肃顺表示尊重，但跑得并不勤，在他们面前说话也不完全低三下四，他找到了防止过谦的方法，是用"实、诚"二字加以纠正。所以，该直言的一定直言，不一味言听计从，而以实诚之心待之。

曾国藩第一次到穆彰阿家，穆彰阿在书房里客气地接见了他，曾国藩步履稳重，举止端庄，不卑不亢，没有像"过谦"之人那样见到老师和大官就不自然地满脸堆上笑容，腰弯得像虾子一样。穆彰阿说："足下以三甲进翰苑，实不容易。老夫读足下诗文，以为足下勤实有过人之处，然天赋却只有中人之资。但自古成大事立大功者，并不靠天赋，靠的是勤实。翰苑为国家人才集中之地。雍正爷说过，国家建官分职，于朝林之选，尤为慎重，必人品端方，学问纯粹，始为无忝厥职，所以培馆阁人才，储公辅之器。足下一生事业从此地发祥，愿好自为之。”

曾国藩得到前辈这样的勉励，当然感激，他说：“中堂大人，门生永远铭记您山高海深的恩情，铭记您今晚的谆谆教诲，做一个对国家有用的人才，报答中堂对门生的知遇之恩。”

这是谦敬之言。接下来他与穆彰阿聊着聊着谈到了对时局的认识和看法，他说：“中堂大人，这几年英夷向我天朝大肆倾销鸦片，害我人民，吞我白银，对我中国犯下大罪，且陈兵海疆，意欲威胁，更无耻之尤。中堂大人受朝廷之重托，以怀柔之策处理之，对于此种举措，门生在湖南时，也曾闻见有人非难，这次亲到京师，又听到外省举子中有讲闲话的，但门生却以为这班人貌为爱国，其实对国事不负责任，不明事理，最终将堕为清淡误国之辈，对于中堂大人老成谋国之苦心全然不知。”

如果话说到此为止，仍然只是让人觉得曾国藩善于说好听的话，但紧接着曾国藩发表了一番没有投其所好的个人言论，他说：“自南宋以来，君子好诋和局，以主战博爱国美名之风兴起，而控御夷狄之道绝于天下者五百年矣！今之英夷，船坚炮利，国力强盛，更非历来入侵夷狄可比。我朝宜开放码头，与之交易，以行和抚之策为上。若凭一时意气，妄开边衅，以今日中国之船炮，门生以为，不可能全胜英夷；既不可全胜，又劳民伤财，国家不宁，故居枢垣者，当以国家千秋大局为重，决不可凭一时意气办事。门生深为钦佩大人虑远谋深，以国事为重的宰相气度。我朝与英夷交往，应持一种忠信态度。圣人云：言忠信，行笃敬，虽蛮貊之邦行矣。门生以为，与夷狄相往来，忠信笃敬是基础。至于鸦片一事，宜与英夷讲妥，此种东西不能作为正常贸易品。对内，则给予勾结英夷私贩鸦片、从中牟取暴利的官民以严刑峻法，对那些吸食者亦要加以从重处罚。只要我们自己内部严行禁绝，门生想，英夷之鸦片在中国市场上就会自然消除，此为釜底抽薪之策。而与英夷作刀兵交锋，不过是扬汤止沸罢了……”

这里，我们且不管曾国藩的政治见解有没有道理，他说的确是自己的心里话，没有因过于谦虚而遮遮掩掩。他说出心里话非常开心，所谓“朝中有人好做官”，但这人“朝中人”是要符合自己心意的人，即理解、同情和支持自己政治抱负和理想的人，而不是让自己做一个百依百顺、言听计从、没有主见的人。他说：“事上以诚意感之，实心待之，乃真事上之道，若阿附随声，非敬也。”

剔除虚假成分，谦虚有度，人才显得堂堂正正。谦虚不等于阿谀奉承，它是出于对人的真实的诚意。所以曾国藩主张的“收啬之气”，是为了“还我真面，复我固有”，使得谦虚真实可信。

◎“敬”字功夫◎

曾国藩语录

须重礼节：以平等的心尊敬他人

敬之一字，孔门持以教人，春秋大夫亦常言之，至程朱则千言万语不离此旨。内而专静纯一，外而整齐严肃，敬之功夫也。

“持身敬肃”，是曾国藩一生做人修法的重要课目之一。衣冠外貌保持整齐，心思神情端正严肃，时时刻刻都要警惕、检查自己的念头、举止中有无背离义理之处。平日闲居无事的时候宁静安泰，保养德性，一旦投于事务之中则专心致志，不存杂念。精神状态清澈明朗，就如同旭日东升，光彩照人。

曾国藩写了一篇《居敬箴》：“天地定位，二五胚胎；鼎焉作配，实曰三才。严恪斋明，以凝汝命；女之不庄，伐生戕性。谁人可慢？何事可弛？弛事者无成，忧人者反尔。纵彼不反，亦长吾骄；人则下女，天罚昭昭。”

常言道：“半部《论语》治天下。”曾国藩一生不弃《论语》，他读《论语》，始于学做人，及至学做事、学做官。他说：“作人之道，圣贤千言万语，大抵不外敬恕二字。《仲弓问仁》一章，言敬恕最为亲切。”

仲弓问孔子，什么是仁？孔子告诉仲弓说：“出门如见大宾。”出门到外面去，对任何一个人要恭敬，有礼貌，不能看不起任何一个人。看到任何一个人都像看到贵宾，很有礼貌，很诚恳，尊重任何一个人。另外，只有仁者才能喜好人，才能厌恶人。为什么只有仁者才能喜欢人、厌恶人呢？因为仁者爱人，不怀偏私。仁人，当自己爱别人却得不到别人的亲爱时，他会反问自己是否有问题；治理别人却未能治理好时，他会反思自己是否聪明；以礼待人却得不到相应的回答，反而他会更加敬爱别人。

孔子见到穿丧服的人和残疾人，虽然他们年纪比自己小，但他也要站起来，以示敬意。有一次，一个盲人乐师来见孔子，孔子迎接他，走到台阶上时说："这是台阶。"走到座席边时说："这是座席。"大家都坐下后，孔子告诉乐师自己在这里。对老弱病残者的关爱与尊重，难道不是我们现在所需要的？仁在现代社会，就是对人的普遍尊重，不怀偏见。

《汉书·董仲舒传》说："仁人者，正其谊不谋其利，明其道不计其功。"

说了这些，我们再来看曾国藩是如何修炼"敬"字功夫的：

李鸿章是曾国藩的得意门生，咸丰十一年（1861年），曾国藩率湘军攻陷九江，李鸿章从镇江前去投奔曾氏，可曾氏却借口军务繁忙，竟然没有相见，甚至在别人面前对李鸿章出言相讥。其实，曾氏并不是不愿接纳李鸿章，而是看李鸿章心气高傲，想挫一挫他的锐气，磨圆他的棱角。这也是曾氏培养学生的一片苦心。此后，曾氏对李鸿章进行了严格打磨。李鸿章后来对人说："过去，我跟过几位大帅，糊糊涂涂，不得要领；现在跟着曾帅，如同有了指南针。"曾国藩的苦心栽培，终于把李鸿章磨砺成了晚清重臣。

曾国藩在家书中说，如果我们所交往的朋友都是懂得尊敬的人，那么我们的生活也一定会幸福自在的。否则，我们的朋友全是奸猾狡诈之徒，整天都是尔虞我诈，我们自己又怎么能安心生活，享受人间的美好生活呢？所以，孔子才会发出感叹道：“里仁为美!”

不“敬肃”的人，是不从心底上热爱他人的人，是不遵守礼仪道德的人，这样的人决不会长久地处在困窘的地步，一定会想方设法使自己富有起来，膨胀起来；他不会长久地处在欢乐之中，因为安乐一久，他就会心生邪念，叫做饱暖思淫逸，一旦放纵自己，就可能害人害己。所以，“敬肃”对于一个人来讲很重要，那就是它可以决定一个人的本性或者素质。

“敬肃”的人心存善良，热爱同类以及其他，所以会安于仁道。即使是自己长久地处在穷困之中，那也没有关系，只要不妨碍自己做人就行了。他们没有贪欲，所以无处、无时不能生活幸福；纵然生活富有，那么他们也不会因此而放纵自己，或者铤而走险，或者依势凌弱。而智慧的人，正是因为认识到仁义道德有利于自身或者人类的发展，所以才会义不容辞地去实践。小聪明的人为财而害人，终于害己；大智慧的人为仁而富贵，利人终于利己。

在曾国藩眼里，真正的君子是把“持敬”放在重要的位置。一旦离开了“敬”，那么君子也就不会是君子了；没有了“敬”，自然也就没有了与他人互动的基础。因此，即使是一顿饭的时间，君子也不会丢掉“敬”；即使是匆忙急遽之间，颠沛流离之际，他也不会离开“敬”。

提高自己的境界，一方面是自我向内的，即心里的空间要大，一方面是向外的，即思维的格局要大。有一次，曾国藩的弟子向他请教说：“先生，您讲的诚、谨、敬都是极好的。人人相爱，以仁义待人，确实是一种美德。我想敬重别人，但我活在世上也是有欲望的，假如敬重与利益两者发生了冲突，该怎样处理呢?”

曾国藩严肃地回答道：“这还有什么可犹豫的呢？孔子说过，凡是真正的志士仁人，都不会因为贪生怕死而损害仁义，应该为了成全仁德，可以不顾自己的生命。”

弟子恭敬地给曾国藩施礼，表示敬服。

一个人是否敬重别人，能反映其处理个人利益与群体利益关系时境界的高低。曾国藩有一条很重要的人生体会：“称许不绝于口，揄扬不停于笔，人谁不欣欣向荣!”所以，他做到与人相处，隐藏人家的坏处，宣扬人家的好处。隐藏不是护短，而是选择恰当的时机指出人家的缺点；宣扬不是成天奉承人家，而是视别人的优点为自己行为的参照。

曾国藩这样做，并不是没有是非观，相反，他力主治政和治军都必须严格，但在方法上则必须着眼于表扬和鼓励，而在批评缺点的时候也必须注意选择适当的场合，照顾对方的自尊。

还是拿李鸿章为例。他赴上海练淮军时，曾国藩对他说：“你这一去，我高枕无忧矣。惟此间少一臂助，奈何?”听了这话，李鸿章心里暖暖的，劲头也更足。

在人和人的交往中，适当地恭维对方，总能创造出一种热情友好、积极肯定的交往气氛。恭维还具有引人向善的作用，促使对方形成良好的行为规范。孔子说：“君子成人之美。”丘吉尔曾经说过：“你想要人家有什么样的优点，你就怎样去赞美他吧。”适当地恭维对方，能够很自然地赢得对方同样的回报。

恭维本身往往并不是交际的目的，而是为双方进一步交往创造一种融洽的气氛，从而找到双方的共同语言。与人说话千万不要用挑剔的口吻，即使看到某些不足，也不必过于认真，以免使对方情绪不快。

语意恳切，可以增强恭维的可信度。在恭维的同时，明确地说出自己的愿望，或者有意识地说出一些具体细节，都能让人感到你的真诚，而不至于使人以为你说的是过分的溢美之词。恭维时措词精当，不使人产生误解。在现实生活中往往会出现这样的事：说话者好心，而听话者却当成恶意，结果弄得不欢而散。因而恭维的语意要明确，避免听话者多心。恭维时注意场合，不使旁人难堪。有多人在场的情况下，恭维其中某一人必然也会引起其他人的心理反应。

曾国藩说："礼文不可不敬也。"总而言之，恭维时要掌握分寸，不要弄巧成拙。不合乎实际的评价其实是一种讽刺。违心地迎合、奉承和讨好也有损自己的人格。适度得体的恭维应建立在理解他人、鼓励他人、满足他人的正常需要以及为人际交往创造一种和谐友好气氛的基础上，那种带着不可告人的目的曲意迎合是曾国藩所不认同的。

曾国藩语录

一于恭敬：以感恩的心孝敬父母

上下一于恭敬，则天地自位，万物自育，气无不和，四灵毕至。聪明睿知，皆由此出。

曾国藩的母亲和父亲去世时，他都在外面，政务繁忙。当时不回家守丧可以奏请皇上批准，叫“夺情”。可曾国藩顾不了什么权力、利益，一定要卸职回籍奔丧。

“万德孝为先”，因为人类来到世间，最初也是最深的就是父母的亲情。没有父母，就不可能有自己的生命。所以，伴随一个人一生的各种复杂的关系和感情，都是从父母这里开始的，其次的关系便是兄弟之间的情谊了。一个人在自己的家庭生活中，首先培养的便是这两种关系。

儒家主张“孝悌”。父母双亲生养了我，我应该报答他们，这就是“孝”；兄弟姐妹是我的手足，同我一起玩耍学习，相互扶助，所以应该相互帮助，这就是“悌”。做好了这两种关系，那么将来到了社会上，对于各种关系才有可能处理好。

他认为家庭关系是个本，社会关系是个末。本正而末立，本坏而末乱。不爱父母兄弟的人，就不会有敬爱君王朋友的心理；敬爱君王朋友的人，一定是孝敬父母兄弟的人。真正的君子明白认识了这个道理，所以凡事都讲究一个本，从人生的根本做起。这人生的根本，就是“孝”和“悌”。

我们来看曾国藩的几封家书：

道光二十三年（1843年）正月十六日写给父母的信：

“儿子国藩跪着禀告：父母亲大人万福金安，正月八日，恭敬地庆贺祖父母双寿，儿子去年冬天做了寿屏两架。今年同乡送寿对的五人，拜寿的来宾四十人，早面四席，晚酒三席。没有吃晚酒的，于十六日和二十日补和羡慕的。

“儿子身体如常，新年应酬太多，几乎是一天到晚应接不暇。媳妇及孙儿女都平安。正月十五，接到四弟、六弟的信，四弟想跟季弟一起从汪觉庵老师学习，六弟想跟九弟到省城读书。儿子想父母大人家里的事越来越烦杂，不能经常在家塾学堂照管几位弟弟。并且四弟天分平常，一定不可以一天没有老师讲解课文和修改诗文，一定不可以耽搁一课。请父母大人就听从儿子的请求，叫四弟、季弟从觉庵老师，他们的学费，儿子在八月汇款回来。两位弟弟自然会更加发奋学习了。

“家庭和睦，那福泽自然产生。如果一家之中，哥哥说了的话，弟弟无不奉行；弟弟有请求，哥哥总是答应，充满和气而家道不兴旺的，从来没有见过。相反的，如果不失败，也从来没有见过。希望大人体谅儿子的心志！就以这封信禀告叔父大人，恕我不另写了。六弟将来必定是叔父家的能承提家事和祖业的人，为我们族上争光，可喜可贺。谨向大人禀告，其余内容以后再禀告。”

道光二十六年十二月，曾国藩从曾国荃的来信中得知母亲经常睡不好，儿媳妇也犯这种毛病，立即回信，叫家人用熟地、当归蒸母鸡吃，很有效验，叮嘱曾国荃可经常做给母亲吃，乡里鸡肉、猪肉最养人，如果经常和黄芪、当归等蒸着吃，稍微有点药性，又没有药味，堂上五位老人吃了很有益处，希望弟弟们留心办理。

曾国藩写给弟弟的家书中，总是要求他们孝敬父亲长辈。咸丰四年(1854年)八月十一日写给弟弟的信：

“初三日接皇上廷寄，我被赏赐了三口顶戴，现在写奏折谢皇上恩典，寄谕和奏折寄回去，我正在服母丧，并没有在家里守制，夜深人静的时候，自己想起来，真是局促不安，如果仰仗皇上的天威，江面上的敌人次第肃清，马上奏皇上，回家侍奏父亲，祭奠母亲，稍微尽为人之子的一点孝心，诸位弟弟和儿、侄辈，务必体谅我这一份心意，在父亲饮食起居方面，要十分检点，不要出什么疏忽不到之处，对于母亲的祭品、礼仪，一定要清洁，要诚心诚意，对叔父那边要做到敬爱双全，没有一点隔阂，兄弟姑嫂之间，总不可以有半点不和气，凡属一个家庭，勤、敬两个字，能遵守到几分，没有不兴旺的，如果一分都不遵守，没有不败落的，和字能遵守到几分，没有不兴旺的，不和没有不败的，弟弟们试着在乡里把这三个字到家族亲戚中去一个一个验证，一定会觉得我所说的没有错。”

咸丰二年八月二十六日写给长子曾纪泽的信：

“我于八月十四日，在湖北起程，十八日到岳州，由湘阴、宁乡绕道，于二十三日到家，在家里新屋，痛悼我的母亲，二十五日到白杨坪老屋，敬谒了我祖星冈公坟墓。家中老小平安。地方安静，到处办团练，武艺很好，土匪可以不必担心。我奉父亲大人的命令，于九月十三日，暂时安葬我母亲在屋后，等将来找到吉祥坟地再行改葬。家眷在京城，暂时不要离京，等长沙的事平定后，再有信来。王吉云同年在湖北主考回京，我交他三百二十两银子，托他带京，想必近日可到。我将发各处讣告，眼下没有空儿，等九月再寄。你寄信回，可交湖北常大人处最妥当，岳父岳母都于二十五日来我家，身体很好，你可告诉你母亲，余不一一写了，国藩手示。”

咸丰四年九月十三日写给弟弟的信：

“弟弟们在家，总要教育子侄辈遵守‘勤、敬’二字，我在外，既有了权势，那么家里的子侄最容易产生骄傲奢侈、放荡不羁。‘骄侈’二字，正是败家之道，万万希望弟弟们时刻留心，不要让子侄们近这两个字，至关紧要啊！”

咸丰四年十月廿二日写给弟弟的信：

“……一切军事的详请，都在具奏报告。现抄录寄回，敬祈呈父亲大人、叔父大人一阅，刘一良于二十日到田家镇，得悉家中老幼都平安，十分欣慰。”

同治二年（1863 年）六月初一日写给弟弟的信：

“我对于家庭，有一个高兴的开端，听说姑嫂和子侄和睦非常，有汉朝姜肱兄弟友爱同被共眠的风气。爱敬都做到，这就可以预期家道兴旺，但这也全靠老弟在分家时布置得妥当，才能如此完满。我等江西的案子办好了，便去金陵。弟弟千万不要忧虑焦灼，嘱咐你啊！”

儒家倡导以孝治天下。《孝经》是孔子学生曾子著的。《孝经》中说，不单是对父母要孝，还要扩而充之，大孝于天下，爱天下人，谓之大孝。为政的人以孝子之心来为政，所以发展下来，唐宋以后的论调为：“求忠臣必于孝子之门。”一个人真能爱父母、爱家庭、爱社会，他也一定是忠臣。因为忠臣是一种情爱的发挥，假使没有基本的爱心，他还会对国家民族尽忠吗？

所以，曾国藩说：“余能尽忠，弟能尽孝，岂非一门之祥瑞哉？愿诸弟坚持此志，日日勿忘，则兄之志可以稍释。”

恭敬不懈：以慈悲的心敬爱长辈老人

若人无众寡，事无大小，一一恭敬，不敢懈慢，则身体之强健，又何疑乎？

人类社会的进步是一代又一代人努力的结果，如果没有上一辈人艰苦跋涉，社会岂不成了无源之水、无本之木？老人劳苦功高，没有功劳还有苦劳；老人富有生活和工作的经验；老人的滴水之恩，后人要涌泉相报。

道光十八年（1838年），曾国藩第三次进京会试，这时候他家经济并不宽裕，七拼八凑，总共只有二十千钱。他父亲向人借贷，一个铜子也没借到。时间越来越紧迫，曾国藩心里难受极了，今年已28岁了，若此次耽误，又要赔进几年光阴等下次会试。就在曾国藩郁闷不安的时候，住在离他家15里路远的桐木冲南五舅来了，他直奔曾国藩，说："孩子，我这里有十二千钱，凑起那二十千，就有三十二千了，节省点用，也可以到达京师。"

曾国藩感动得潸然泪下，他从南五舅手上接过钱，连说谢谢，但由于一时兴奋竟忘了问南五舅怎么一下子会有这么多钱。曾国藩到了京城后才想起这件事，写信问家父，才知道南五舅把仅有的一头小黄牛卖了。读信时，曾国藩又不禁泪水直流。

曾国藩始终没有忘记南五舅的恩情，道光二十三年（1843年），他奉命到四川任主考官，得了三千两银子的津贴，连忙寄回家一千两，信中特别指明从中分出一百两银子给南五舅。道光二十七年，曾国藩升为内阁学士兼礼部侍郎，俸金多了，他每年都要送二十两银子给南五舅。

如果说曾国藩对南五舅好只是知恩图报，那么他对乡亲邻居们的热情帮助，就是“老吾老以及人之老”的体现了。他回家守丧期间，没有一点官架子，像个农民一样与村民们生活在一起，对老人嘘寒问暖。他知道荷叶塘种田人这些年来日子过得很艰难，田里出产不多，捐派却年年增加，遇到天灾人祸有的甚至家破人亡，几年来减少十多户。向曾国藩家借贷的，只要对方开口，只要自己家有，他都说服父亲救济人家。他说：“廉俸若日多，则周济亲戚族党者日广，断不蓄各银钱为儿子衣食之需。”不仅如此，他还上《应诏陈言疏》、《敬陈圣德三端预防流弊疏》，针砭时弊，入木三分，同情百姓，言词恳切，甚至惹得咸丰帝“怒掷其折于地”，要治他的罪。

《清人笔记》上有个“曾国藩敬待干爹”的故事，说是曾国藩小时候认过一位干爹，中举出仕后就一直没有再联系过。一日，他的干爹找到他，要他帮个忙。原来干爹的农田被乡里的一个恶霸占去了一块，干爹气愤不过，与他打官司，却受到了县官的一番奚落。无奈之下，干爹从湖南来到金陵，找到时任两江总督的曾国藩，请求他写张条子给那县官。

曾国藩十分为难。一方面，他感到地方官员欺压百姓，干爹明显是占理的；另一方面，他一向不愿公私搅在一起，从不写条子给下面的官员判案。曾国藩先让干爹住下来，并让夫人陪干爹在城里玩一玩。可干爹哪有心思游玩，他只是一个劲地催着要回去。曾国藩夫人是个悯老惜贫的女人，她对曾国藩说：“你不是标榜以理学为修养的法门吗？”曾国藩回答：“是呀，我做错了什么吗？”夫人说：“先生难道不记得张横渠在《西铭》中所说：‘百姓与我是同胞，万物与我是一体'？《西铭》中还讲到，一个人如果尊重年纪大的人，就能赡养他人的长辈以及自己的长辈；慈悲孤儿，就能抚爱他人的小孩，也能爱护自己的小孩。圣人的仁德贤惠而清秀。凡是天下的残疾人、孤寡老人，都如我的长辈兄弟一般。时时保护他们，时时帮助他们，使他们快乐而不忧愁，纯粹是一片孝心，一片兄弟之情。违背了仁就是逆德，损害了仁就是盗贼。做恶的人没有才能，这是因为他践踏了自己做人的形象。”

曾国藩为夫人能如此知书达理很是欣慰，笑了笑，没说什么。第二天，他请干爹出席一个晚宴，说好第二天就让他回去。出席宴会的人都是两江总督府的大员，席间曾国藩请干爹上座，并拿出一把扇子，在上面签好名，并请每个与会的官员也都签上名，然后郑重地送给干爹，以表孝意。干爹收了扇子，心中仍有不满，因为这毕竟不是条子。但曾国藩夫人提醒他说，上堂时你就拿出这把扇子，一定会管用的。

干爹回去后，上堂那一天，果真拿出扇子来自扇。县官见状，愤然大怒，说：“大胆刁民，竟敢在大堂上冒犯本官，立将扇子收缴上来。”干爹不慌不忙地说：“这是我干儿子送给我的。”县官收上扇子后，本想一撕解气，却发现上面签的尽是朝廷命官的名字，顿时目瞪口呆，宣布休堂。然后恭敬地将老人家接入后堂，了解情况……

曾国藩夫人是否真的说过上述那段话，暂无考证，但那段话的确说到了曾国藩的心坎上，拨动了他那根“敬”的心弦。

曾国藩一次次对兄弟、子侄们说：善待老人，就是要做到耐心、细心，讲究方法。要多为老人办实事，尽力为老人排忧解难，多为老人做奉献。老人多心，有时很敏感、脆弱，又力不从心，有求于人却难于启齿，怕对方为难，怕对方不给面子。因此，对老人的事无论大小都要想方设法去办，并办好；即便再小，也不能忘了或应付了事；即使有困难不好办，办不好，也要耐心地予以解释。

善待老人，就要多容忍、多理解、多谅解。老人因为有经验、有功、有恩而摆功，而自以为是，而让别人报恩也在情理之中。即使有时会不讲理，但凭养育之恩，足以证明对老人让着些也是应该的。和老人争高低、论是非，太认真、太计较都是不明智的。多给老人一些面子，多给老人一些台阶下，才通人情，才合天理。

敬人敬己：以景仰的心崇敬贤者人才

曾国藩语录

自敬方能自尊，敬亲方能齐家，敬人方能使人敬己，敬业方能事业有成。

老师唐鉴建议曾国藩读读道家著作。曾国藩从《道德经》中读到“善人，不善人之师；不善人，善人之资”这句话时，明白它的意思，即善于发现别人的长处、优点而学习，对照别人的短处和缺点进行自查，看看自己是否也有类似的短处和缺点，有则改之，无则警惕。

这个道理很对，也应该这样做。可是人们多半有一种傲慢的心理，不愿去做。曾国藩认为不少人由于傲慢心理的作用，使其不能以尊敬之心待人。在他看来，“敬”字功夫的好处太多了，“敬字切近之效，尤在能固人肌肤之会筋骸之束。庄敬日强，安肆日偷，皆自然之征应。”

那么，曾国藩是如何做到“善人，不善人之师；不善人，善人之资”的呢？我们来看看他与师长贤者的交往，便知道他的“敬”字功夫下得怎样。

曾国藩早年在岳麓书院读书时，与一个叫黄廷瓒的同学结交。黄廷瓒为人迂直，他的仕途走得很不顺畅，在江苏候补知州，一等就是三年，比他后来的人都已赴任，他却一直得不到位置，结果弄得经济窘迫，生活艰难。曾国藩不仅同情黄廷瓒，还非常欣赏他的人品，觉得像他这样真正的贤者，现实中太少了。他主动找到黄廷瓒，要他到审案局当负责人。黄廷瓒感激不已，上任后尽心尽力地办事，替曾国藩分担了不少重任。曾国藩见他办事不辞辛苦，又追求公正，很感动地说："叔康兄，有朝一日国藩能任一方督抚，一定请你前去襄助，我们齐心协力，清除贪官污吏，打击奸商恶棍！"曾国藩说话兑现，他当上两江总督后，把整治腐败的担子交给了黄廷瓒。

曾国藩见黄廷瓒，还有彭玉麟、康福、杨载福等人都如此敬重自己，一次次真情油然而生，他在日记中写道：《孟子·离娄下》说："爱人者，人恒爱之；敬人者，人恒敬之。"世当如此，能够爱别人的人才会得到别人的爱。子路，别人指出他的过错，他就很高兴；大禹听到有教益的话，就给人家敬礼；舜与别人共同做善事，舍弃自己的缺点，学习人家的优点，非常快乐地吸取别人的长处来行善，他种地、做陶器、捕鱼一直到做帝王，无时无刻不向别人学习，他对天下人尊敬，反过来得到了天下人的爱戴。

曾国藩与穆彰阿交往，人们往往喜欢把其定性为"攀附靠山"。穆彰阿对曾国藩的帮助的确很大，但穆彰阿是看好曾国藩的资质人品，才喜欢上他的。"师爱生敬"，互相作用，并且以"大义"为宗旨，而不是狼狈为奸。曾国藩原名叫曾子城，穆彰阿认为"子城"这个名字小气了点，曾国藩就让老师重起个名。穆彰阿希望曾国藩做国家的栋梁之材，建议把"子城"改为"国藩"，取作国家藩篱的意思，曾国藩非常乐意地接受了。咸丰帝上台后，穆彰阿被免除了一切职务，宣告政治生涯结束。靠山一倒，小人多半落井下石，常人多半弃而远之，而曾国藩却仍然悄悄地到穆府看望他，在穆彰阿一再叮嘱他避嫌后，曾国藩才去得少了，但他永远感激穆彰阿，当他挂帅湘勇为朝廷尽忠时，还派亲信康福代他去看望老师，得知恩师病重，他非常难过。穆彰阿让康福捎给曾国藩一张条幅，上书八个大字："好汉打脱牙和血吞！"曾国藩感动得泪水当即就流下了。

在曾国藩看来，真正的敬，不仅是向善，而且其本身就是善。他说：“古圣人之道，莫大乎与人为善，以言诲人，是以善教人也；以德薰人，是以善养人也。皆与人为善之事也。然徒与人，则我之善有限，故又贵取诸人以为善。人有善则取以益我，我有善则与以益人。连环相生，故善端无穷；彼此挹注，故善源不竭，君相之道，莫大乎此；师儒之道，亦莫大乎此。仲尼之学，常无师，即取人为善也；无行不与，即与人为善也；为之不厌，即取人为善也；诲人不倦，即与人为善也。”

孔子主张向一切有长处的人学习，他曾以郯子、苌宏、师襄、老子等为师，真正做到了“无贵无贱，无长无少，道之所存，师之所存”。孔子这样描述过自己：“我不是生来就是有知识的人，而是由于爱好古代文化，靠了勤奋和敏捷求得知识的。”他的学生子贡也说孔子并没有固定的老师，而是随处学习。

我们不妨暂时放下这些理论，来看看曾国藩是如何从实践中“德无常师，主善为师”的。

咸丰三年九月，湘勇移师衡州后，曾国藩依然张榜招募人才，同时遍访当地贤能之士。他想起了自己的老师汪觉庵，立即请老岳父欧阳凝祉带路去拜访了老师，喜得汪觉庵合不拢嘴，把自己的学生比作诸葛孔明，是羽扇纶巾之辈，这对刚出山的曾国藩是极大的鼓励。在愉快的交谈气氛中，汪觉庵提到了住在衡州的王船山的六世孙王世全，这一年正逢其六十大寿。曾国藩读了不少王船山的书，《思问录》、《老子衍》、《庄子通》、《周易外传》等等，推崇备至。船山公的后裔就在衡州，哪能不去拜访？吃过午饭，曾国藩就率罗泽南、曾国葆一同往城南王衙坪王世全家而去。

王世全见到曾国藩专程来拜访自己，又惊又喜。曾国藩送上一百两封银作为贺寿之礼，要王世全收下。王世全不好意思收下银子，说曾大人屈尊光临寒舍，就已让他非常感激了。船山公虽著作传世，读者众多，作为他的后裔，王世全平生的确还是第一次见到曾大人这样的高官来访。曾国藩说，略表我对船山公的一点敬意。王世全见曾国藩说得如此恳切，只得收下银子。

王船山是明末的思想家，一生清贫，晚年隐居曲兰湘西草堂读书著述，后来穷得连买纸的钱都没有，就把别人不要的陈年账本翻过来装订成册，灵感来了，随时写在这些册子上。王船山在临终时，写的文章数不胜数，可是却无财力把其刻印出来。王船山望着自己的书稿，迟迟不愿瞑目。于是，把船山公的书稿刻印出来，也就成了其儿孙的心愿。时光迁延到了道光十九年，湘潭欧阳小岑先生慷慨出资五千余金，由新化学者邓湘皋整理编辑，王船山经学方面的著作刻印出十多种，一时影响三湘乃至全国。

曾国藩听说后，心里很钦佩欧阳小岑和邓湘皋。在陈列王船山旧物的一间厢房里，曾国藩从一面墙上看到了几位名人题字，一边读一边缓缓移步，为前辈的敬贤之心感慨万千。当老师唐鉴的一副对联跃入眼帘时，更是激动不已，“自抱孤忠悲越石，群推正学接横渠。”读罢，沉思了一会儿，心里也有了一副对联：“笺疏训诂，六经于易尤尊，阐羲文周孔之遗，汉宋诸儒齐退听；节义词章，终身以道为准，继濂洛关闽而后，元明两代一先生。”

立德、立功、立言是曾国藩追求的三不朽的事业，拜访了王世全之后，他的心里就埋下一桩心事，什么时候牵头校勘船山公全集，既使船山公一生宏愿得以实现，又可光扬我朝学术。同治三年（1864 年），湘军攻克金陵，曾国藩立即恢复了江南科举，并于第二年主持整理《王船山遗书》，共 320 卷，交金陵书局出版，成为一项盛事。

梁启超在《曾文正公嘉言钞》一书的序言中说："曾文正者，岂惟近代，盖有史以来不一于睹之大人也已；岂惟我国，抑全世界不一二睹之大人也已。然而文正固非有超群绝伦之天才，在并时诸贤杰中称最钝拙；其所遭值事会，亦终身在指逆之中。然乃立德、言功、立言，三并不朽……荀卿亦有言：'庸公驽散，则劫之以师友。'而严师畏友，又非亟得之于末世，则夫滔滔者之日趋于下，更奚足怪！其一于有志之士，其亦惟乞灵典册，得片言章义而持守之，以自鞭策，自夹辅，自营养，犹或可以杜防堕落而渐进于高明。古人所以得一善，则拳拳服膺而日三复，而终身诵焉也。"

梁启超对曾国藩的评价是公允的，我们通过历史的眼光看，是恰如其分的。

敬畏之心：以无私的心尊敬朋友同事

或师或友，皆宜常存敬畏之心，不宜视为等夷，渐至慢亵，则不复能受其益矣。

曾国藩对交友之道颇有见地，他认为交友贵雅量，要“推诚守正，委曲含宏，而无私意猜疑之弊”，“凡事不可占人半点便宜。不可轻取人财”，要尊重对方，朋友的话要听得进去。

道光二十二年（1842 年）九月十八日，曾国藩写信给几个弟弟谈求学之法，陈述如下：

“吴竹如近日往来很密，来了便要做整天的谈话，听说都是关于身心健康、国家大事的。他说有个叫窦兰泉的，云南人，悟道非常精当平实，对我也很了解。彼此之间还没有详访过。竹如一定要我搬进城里住，因为城里的镜海先生司以师事，倭艮峰先生和窦兰泉先生可以友事，师友夹持，就是一个懦夫也要立志。我想朱子说过：‘做学问好比熬肉，先要用猛火煮，然后用慢火温。’我生平的功夫，全没用猛火煮过。虽然有些见识，是从悟境得到，偶尔用功也不过优游玩索罢了。好比没有煮熟的汤，马上用温火温，越温越不热。因此，急于想搬进城里去，排除一切杂念，从事于‘克己复礼’的学问。

“镜海、艮峰两先生，也劝我快搬。城外的朋友，也有想常常见面的几个人，如邵惠西、吴子序、何子贞、陈岱云。惠西常说与周公谨交，如喝醇酒，我们两人有这种风味，所以每次见面就长谈舍不得分手。子序的为人，我至今不能定他的品味，但是见识却是博大精深，常教我说：‘用功好比挖井，与其挖好几井而看不见泉水，不如老挖一口井，一定要挖到看见泉水，那就取之不尽，用之不竭了。’这几话正切合我的毛病，因为我就是一个挖井而不见泉水的人……”

曾国藩的“敬”字功夫告诉我们：人与人之间理应是平等和互惠的，正所谓“投之以桃，报之以李”。那些敬让而豁达的人才能赢得更多的朋友。相反，那些妄自尊大，高看自己、小看别人的人总会激起别人的反感，最终使自己变得孤立无援，别人都敬而远之，甚至是“厌”而远之。

在交往中，任何人都希望能得到别人的肯定评价，都在不自觉地强烈维护着自己的形象和尊严，如果他的谈话对手过分地显示出高人一等的优越感，那么无形之中便是对他自尊和自信的一种挑战与轻视，排斥心理、乃至敌意也就不自觉地产生了。

曾国藩与左宗棠的交往过程闹过不愉快，但纵观他们几十年的关系，不难发现，曾是敬重左的，并且以他的敬重最终感动了朋友。当时知道他们俩交往经历的人说：“曾公眼中有左宗棠，左公眼中无曾国藩。”曾国藩听了一笑，道：“左公有时对鄙人颇有微词，我略闻一二，但要让我以牙还牙，我还真做不到。就让那些说法自生自灭吧。”咸丰六年（1856年），曾国藩举荐左为兵部郎中。可是咸丰七年，当曾国藩在江西听说父亲去世，立即请假回家，左宗棠对曾国藩“弃军返乡”之举表示不满。咸丰十四年，曾国藩初次出兵即遇大敌，在靖港一战惨败。他心灰意冷，想一死了之，投水后被人救起。左宗棠来见曾国藩，直言批评他说："国事尚没有到此不可收拾的地步，你这样消极，不是不义之举吗？"

一次，湖南巡抚陈宝箴去南京办事，去看望曾国藩。曾国藩见陈宝箴满脸都是汗珠，忙问是什么原因。陈宝箴讲了路上的经历：

"我来的路上乘船，舵工和橹工因操作意见不一致而争吵，两个人越吵越厉害，竟然都跑到岸上，不再开船。船上没有船工，水流冲击，眼看船都快翻了，我非常害怕，赶紧登了岸，对两个船工说：'你们是因船而怒，可见都是爱船之人。现在你们舍船争斗，船没有人管，都快翻了。你们为什么不同舟共济，把船客送到目的地，得到应得的利益呢？'这两个人都被我的话说愣住了，然后两个人相互望一眼，笑了，他们把我拉到一家酒店，非要请我喝酒，感谢我使他们明白了一个道理。我喝酒耽误了时辰，下船后使劲跑，你看，满头大汗……"

听了陈宝箴的话，曾国藩也愣住了，想起前些日子与左宗棠的分歧，不禁哈哈大笑，说："难道我还不如一个船工吗？"从那以后，曾国藩就有意改变自己，多敬左宗棠一分，不至于惹起军事计划上的冲突，而损失共同利益。

左宗棠为什么值得曾国藩尊重？曾国藩看人看主体，看大的闪光点，而不放大其缺点。当朝廷向曾国藩打听左宗棠这个人如何时，曾国藩没有以小人之心挤兑左宗棠，而是说："左宗棠刚强能干，能吃苦耐劳，而且通晓战法。现在正是用人之际，我想让他协助办理湖南团防事宜，他一定会感恩于朝廷，拼死报效。"

当湘军与太平军处于胶着状态，战事紧迫，杭州将军瑞昌与浙江巡抚王有龄等战死，地方军、政领导队伍必须尽快补充完善，曾国藩再次保举左宗棠："以臣遥制浙军，尚隔越于千里之外，不若以左宗棠专办浙省，可取决于呼吸之间。左宗棠前在湖南巡抚幕中赞助军谋，其才干实可独当一面……”没过一个月，左宗棠就被朝廷命为浙江巡抚。

曾国藩的“敬”字功夫，打动了左宗棠。同治十一年（1872 年），曾国藩去世，左宗棠在写给自己儿子的信中说：“对于曾公的辞世，我内心充满了悲痛。不但时局令人忧虑，而且在交游和情谊方面，我也难以无动于衷。我已经赠费四百金，并撰挽联一副：‘知人之明，谋国之忠，自愧不如元辅；同心如金，攻错如石，相欺无负平生。’这说的也是实话。我看到江苏巡抚何景代恳请皇上加恩，抚恤曾公的奏折之后，感到对于曾公的心事很中肯地做了叙述，阐发其中内容不遗余力，知道曾公的儿子纪泽也能有其父亲那种实际的作风，可以说无愧其父了……”他还交代儿子，当曾国藩的灵柩经过湖南时，一定要前往吊丧，以敬重父亲的朋友，祭祀用的牲畜和甜酒以及丰盛的菜饭都不可少。

左宗棠性格刚强，但品质不坏，曾国藩尊敬他，他不是不知道，也不是故意以怨报德，而是性格导致他经常会不经意地话语伤人，所以他如下的表白，他说：

“君臣朋友之间，居心宜于正正，用情宜于厚道。从前我与曾国藩之间的争论，每次写好奏折送到朝廷后就立即抄录稿子送给曾公一份，可以说是除去世事的变化，一点也没有待人处世富于心机的意思……我与曾公所争的是国事与兵略方面的问题，而不是争权竞势所能比拟的……”

礼以居敬：以关爱的心尊敬家人

礼以居敬，乐以导和。阳刚之恶，和以宣之；阴柔之恶，敬以持之；饮食之过，敬以检之；言语之过，和以敛之。敬极肃肃，和极雍雍，穆穆绵绵，斯为德容，容在于外，实根于内。

一提起家人，曾国藩的内心颇不平静，他认为自己一生于五伦中，对兄弟一伦心中愧疚最深，因为父亲把自己的学识都教给了他，而作为老大，他却不能把自己的学识尽数教给弟弟们。他说："是不孝之大者也！"

曾国藩父亲去世，他回家守丧的那段日子，因兵败于石达开，咸丰帝免了他的兵权等事，弄得他的心情很不好，以致经常因为小事而大骂自己的弟弟和弟媳妇。他在家的一年中，与曾国荃、曾国华、曾国葆都闹过别扭，发生过争执，而且这些冲突都是曾国藩惹起的。曾国藩后来为这段经历感到十分后悔。咸丰八年（1858年）十月，弟弟曾国华、爱将李续宾战死于三河之役，曾国藩更是陷入了深深的自责之中，认为正是由于自己的情绪化反应才导致了这场灾祸。

其实，曾国藩对家人的关照特别多，对弟弟的教育更是苦口婆心，循循善诱，批评指正，丝毫没放松过。弟弟们到了青壮年，他仍然把自己的处世做人的思想灌输给他们。"家国一体"是儒家的伦理纲常原则，"一室不扫，何以扫天下？"家庭不和谐，社会将失去和谐的基础，所以，慎重处理与家人的关系，也成为曾国藩“敬”字功夫的内容之一。

无论身在京城忙于公务，还是征战疆场戎马倥偬，曾国藩都对湖南老家亲人十分牵挂，道光二十五年（1845年），曾国藩听说老乡朱啸山将回湖南探亲，急忙跑去，托他带一百两银子、一斤半高丽参、一包书共九套给父母兄弟。不久，朋友冯树堂告诉曾国藩，他将回湖南，问有没有什么事向家人交待。曾国藩托他带寿屏一架、狼毫笔二十枝、鹿胶二斤，还有对联、堂幅一包，对联、堂幅送给哪些人还做了安排：金耀南年伯四条，朱岚暄四条，萧辛五对一幅，江山母舅四条，东海舅父四条，父亲横批一个，叔父折扇一柄等等。他还捎信交待，送江氓山东海高丽参六两，送金耀南年伯参二两，都是一定要送的。

曾国藩的四妹因习惯性流产，生育很难，由于农村人的愚昧，种种闲话给四妹的精神造成了压力，常往娘家跑。曾国藩写信说，生育这件事最大，断断不可用人力勉强为之。听说四妹每天起得最迟，往往是她的婆婆来服侍她。曾国藩最讨厌懒惰之人，生气地说：“反常之事，最足折服！”他希望弟弟们在家里晓之大义，时时劝导四妹，使她改变过来。

曾国藩敬家人，有一个“道德精神”的前提。何为道德精神？道德精神是天道与人道，即天人合一的精神，是人与社会、人与人、人的心灵冲突融合而和合的精神。和合是天地万物存有的根据或原因，是存有的方式，是动态的、开放的过程，是心情宁静安详、心绪和平恬淡、心灵充实愉悦的境界，可以达到人和而天和、人合而天合、人乐而天乐的天人和乐的和合境界。

一个有道德修养的人，在日常生活当中，没有什么过高的要求，只要过得去就行了。饮食方面，不需要大鱼大肉，山珍海味；居室无所谓雍容典雅，富丽堂皇。在工作方面应当勤劳敏捷，谨慎小心，而且能经常检讨自己，请有道德的人对自己的言行加以匡正。作为君子应该克制追求物质享受的欲望，把注意力放在塑造自己道德品质方面。平时只要有空余的时间，就会到有学问、有教养的仁人志士那里去请求帮助，向他们讨教做人的标准，提高自己，充实自己。学习永远不晚，奋起永远不晚，如果在逆境中重新审视自己，端正人生态度，生活上低标准，在学习、工作、道德上对自己高要求，“皇天不负苦心人”，终有一天会达到理想的境界，获得全新的感受。

基于这种观念，曾国藩敬重家人就包含了一种道德的责任，他说：“至于兄弟之际，吾亦惟爱之以德，不欲爱之以姑息。教之以勤俭，劝之以习劳守朴，爱兄弟以德也；丰衣美食，俯仰如意，爱兄弟以姑息也。姑息之爱，使兄弟惰肢体，长骄气，将来丧德亏行，是即率兄弟以不孝也，吾不敢也。”

曾国藩曾下决心做一部《曾氏家训》，他与弟弟们详细地谈论过。后来因为要采择经史书籍，发现如果不是对经史烂熟于胸，那么选择起来就会割裂先哲的思想，断章取义，支离破碎，缺乏逻辑。至于要选择诸子各家的言论，工作量非常大，而他却因政务、军务缠身，用零散的时间写又怕收不齐。他明白古人写《大学衍义》、《衍义补》等书，是作者心中早就有了编著的条例和理论意见，而后随便引经据典来证明自己的理论观点，并非是翻阅别人的书来抄写成书的。曾国藩感到著书的艰难，所以就不打算写《曾氏家训》，如果自己将来掌握了很多处世的道理，对诸子百家、先贤智士的理论观点融会贯通，再写不迟。

曾国藩尽管没有写《曾氏家训》，但他给家人写了1400多封家书，坚持记日记达 200 多万字，著多篇经典范文，可谓字字珠玑，直到临终的前一天才搁笔。他的家书构成我国传统家教文化的一种景观，其价值和影响都超过了前人。

敬而远之：不是什么人都值得尊敬

曾国藩语录

贤者敬而贵之，不肖者敬而远之。

当然，“敬”不是无尺度的，否则“敬”会失之于“诚”，流之于“伪”，“诚”与“敬”是连在一起的，即“诚敬待人，乃融人心”。曾国藩说：“事上以诚意感之，实心待之，乃真事上之道，若阿附随声，非敬也。”

曾国藩在翰林院上班时，一天，他的办公桌上出现了一封宴席请帖。原来自己的顶头上司赵楫，因老父来京看儿子，在一家有名的大菜馆订了几桌酒席，邀请翰林院的所有官员参加。一见这帖子，曾国藩心里很不舒服。做庶吉士的三年里，他参加了很多次的生日及官员升迁宴席，为随这样的份子，花了不少银子。

这次，曾国藩有心不去，尽管赵楫是自己的顶头上司。曾国藩不是不敬领导，而是赵楫是个狭隘之人，无法敬他。曾国藩长相不好，吊梢眉、三角眼，赵楫一直看不习惯，背地里还给他起了个很难听的诨号：“吊死鬼”(专指曾国藩的那双眼睛)。

曾国藩告诉几个关系要好的同事，自己不打算参加赵楫的宴请。胡林翼马上说：“赵大人的父亲到京，做下属的，就算他不发帖子，照理也是该到场的。赵大人非比其他大臣，古话讲不怕官就怕管，我等每年的考评均系他的手笔啊!”梅曾亮接着对曾国藩说:“你还是去吧。”

曾国藩看了一眼大家,实话实说:“赵大人这次摆席,我不想去!赵楫眼里只有权贵,全不把咱们这些人放在眼里。我有心敬重他,可他却始终认为我这人好欺负。我持敬自修,不等于让人朝头上撒尿,也说尿香。”曾国藩的话把大家逗笑了,曾国藩脸刷地红了,斩钉截铁地说:“这样的人,我还是与其保持距离好!”

胡林翼说:“我们同在一个办事房里工作,你不去,别人怎么好意思去?去看赵楫的父亲,为的可是咱自己的前程啊!”刘传莹接过话茬,道:“我原本就是不打算去的。为了前程可不能不要尊严!像赵楫这种专以巴结人为能事的人,应该敬而远之。”

第二天,曾国藩去上班,见大大的翰林院就剩了自己和掌院学士文庆两个人。文庆见到曾国藩,惊讶地问道:“怎么,赵大人的父亲进京你不知道?”曾国藩说自己知道。“那你怎么不去?”文庆问。曾国藩只是笑了笑,没有回答。

在儒家看来,用高标准要求君王就叫做“恭”,向君王出好主意而堵塞坏主意就叫做“敬”,认为自己的君王不能行仁政就叫做“贼”。曾国藩完全接受这一点,对方哪怕是皇上,他都敢于直谏,何况对于一个心存偏见的上司,完全可以用自己的行动告诉对方:你不敬重人,别人也会不敬重你!这叫“自敬,则人敬之;自慢,则人慢之”!

几天后,赵楫开始为难曾国藩,命他誊一份“皇考”,曾国藩一连誊了三遍都没有通过,赵楫每回都是在上面批两个字:“重誊”。一份5000字的“皇考”,曾国藩整整誊了一天才交卷。曾国藩知道,这一年的考评是不会有好内容的了。

但曾国藩没有后悔。祖父星冈公虽主张谨、敬做人，但反对男儿做人没刚性。“以懦弱无刚四字为大耻”——曾国藩永远记着祖父这句话，他后来做了两江总督，提起往事感慨万千，他以祖父的话教育弟弟，认为“男儿自立，必须有倔强之气”，“倔强”二字却不可少。功业文章都需要有这两个字贯注于其中，否则柔靡不成一事。孟子所说的“至刚”，孔子所说的“贞固”，都是从“倔强”两个字中做出。

曾国藩认为，自己尊敬的对象是普遍性的，但尊敬谁却是有选择性的。反过来，别人尊敬自己，应该高兴而回敬，可由于存在貌似尊敬实则不敬的现象，所以得分清真伪，区别回应。一次，曾国藩正在喝茶，一个叫来达玛马的人跑来对他说：“大人，户部司库劳大人差人给大人递口信，说请大人到翰林胡同的‘清香馆’吃大菜，是今晚的席，请大人务必赏光。”

曾国藩对劳那米的为人非常清楚，不喜欢他的德性，请人吃饭的目的就是为了利用对方职权为他办事，于是淡淡道：“这个劳那米，他忘了都察院是干什么的了！稽查期间，两处官员决不能私下往来！你叫人转告劳那米，请他自重!”

来达玛马没有走，站在那里说：“大人大概忘了，‘清香馆’是新开的一家大菜馆，是没有局子的。大人误以为劳那米是请大人吃花酒吧？大人可是错了，谅那劳那米有多大的能耐，敢到虎嘴里来拔牙！大人的清名那可是远近都知道的。”

曾国藩生气地说：“传话给劳那米，看好银库的银子是他的职分。本官吃惯了自家的小菜，吃不惯馆子的大菜，他就不要破费了。本官奉旨到山东查赈，洪财的下场相信劳那米大人该有所耳闻!”来达玛马羞得满面通红，诺诺退出。

曾国藩以“不敬”回应了对方的“敬”，体现了其性格刚毅的一面，也反映了他的“敬”字功夫的深刻内涵。再来看个例子：

曾国藩担任两江总督时，表弟江庆从家乡赶来，希望能在城里谋份差事，以免乡间劳作之苦。江庆是曾国藩五舅的独子，五舅对他来说是恩重如山。当年曾国藩进京赶考缺少路费，五舅将自家耕牛变卖，为其凑足盘缠，才有了他后来的飞黄腾达。

曾国藩是个爱才的人，于情于理都应留下江庆。他将表弟安排在身边，交办一些上传下达的闲散事务。经过一段时间的观察，曾国藩发现表弟尽管能力平庸，但办事认真，尚属可造之材。但不久曾国藩改变了主意，他发觉江庆在熟悉情况后开始飘飘然，其偏狭怠懒的弱点渐渐开始暴露。江庆还经常打着总督表弟的旗号，在其他幕僚面前指手画脚，搬弄是非，造成很坏的影响。

曾国藩与江庆同桌吃饭时，总是咬去米饭中未脱尽的谷壳，将里面的米嚼碎咽下，江庆则不然，直接挑出谷粒扔掉。曾国藩觉得表弟本为农家子弟，却尽沾染些游惰之气，不宜继续留在幕府。曾国藩亲自手书一联，告诫表弟：“世事多因忙里错，好人半从苦中来。”又拿出一百两银子送他作为置业本钱，将他打发回家了。

可见，曾国藩的“敬”是有原则的，且随着其权势与声望越来越高，他的原则一直恪守于心，他所说的“民宜爱而刁民不必爱，绅宜敬而劣绅不必敬”，就是这一原则的体现。现在来看，所谓刁民劣绅，或许有阶级色彩或个人偏见，但回到当时的历史环境，他对“敬”字的理解与实践，却具有朴素的辩证法思想。任何事物既有普遍性又有矛盾性，没有绝对的标准。我们再从历史返回现实，做人处世难道不应该在普遍尊重他人的前提下，区别“善恶”以求得真正的人际和谐吗？

做事篇／尽其在我——以中庸灵活的方法打拼博弈

曾国藩的处世之道，具备一体两面，一面是儒家中庸思想，一面是道家方圆智慧，交相运用，因时而变化，应势而取舍。做事不过分，亦不过犹不及，善于权衡利弊，拿捏分寸；圆融中有刚毅，严厉中有柔情。他相信“天意”，更相信“人力”。做任何事都“尽其在我”，即锐意进取，成功与否听凭“天意”。如果只是坐等“天意”，那么即使一事成功也是偶然的，决不会事事成功，所以他“困知勉行”，把主观努力放在第一位。

◎“志”字功夫◎

曾国藩语录

坚卓之志：
志向决定格局，态度决定高度

凡将相无种，圣贤豪杰亦无种，只要人肯立志，都可做得的。

曾国藩非常坚信这一点：做任何事若能“立坚卓之志”，定会成功。他在家里排行老大，28 岁那年考上进士，从乡下来到京城工作。他的几个弟弟特别羡慕他，他写信说：“人苟能立志，则圣贤豪杰何事不可为?”

弟弟曾国潢嫌在家塾读书环境不好，想出外读书。曾国藩认为，人如果能立志发奋自立，那么在家塾里就可以读书，即使在旷野的地方、热闹的场所也可以读书，即使是在砍柴负薪或放牧家猪的时候也可以读书；但如果不能立志发奋自立，那么在家塾不能读书，即使是在清静的地方、神仙的境地也不能读书。最后他说：“何必择地？何必择时？但自问立志之真不真耳!”

曾国藩从小就立下了远大的志向，“少不自立，荏苒遂洎今兹，盖古人学成之年，而吾尚如斯也，不其戚矣！继是以往，人事日纷，德慧日损，下流之赴，抑又可知，夫疾所以益智，逸豫所以亡身，仆以中材而履安顺，将欲刻苦而自振拔，谅委其难之!”

21岁那年，曾国藩经人引荐到衡州府学学习过半年。一开始，训导师欧阳凝祉是很讨厌曾国藩这个门生的。因为曾国藩长相不雅，按《麻衣神相》的说法，这种人将来不是无赖便是恶霸，绝难以成正果。另外，曾国藩还生了一身皮癣，三天一刺痒，五天一出血，弄得与他在一起学习的人都很烦。但很快欧阳先生就喜欢上了曾国藩，他发现曾国藩不仅做人有礼有让，做事也明明白白，尤其是人小志大，实在了不起。透过外貌看到内在可贵的东西之后，欧阳先生自然就感到曾国藩身上更有一种魅力，于是教导他也就格外卖力，甚至产生将闺中长女玉英许配给他的想法。

可见，一个人成功的外在条件虽然重要，但更重要的是内在因素。我们来看看曾国藩参加科举考试的不凡经历：道光十三年（1833年），曾国藩23岁时参加了湖南院试被取中，列第17名，排次属中上，入了县学，当时的湖南学政为岳镇南。道光十四年，湖南乡试，曾国藩考中，全省排名第36名，属中上位置。这一科钦命主考官为徐云瑞，副主考为许乃安，曾的房考官为张启庚。道光十八年正月，曾国藩赴京参加全国会试，得中，排名第38名，仍属中上。这一届会试钦派主考官、大总裁为大学士穆彰阿，副主考为朱士彦、吴文熔、廖鸿荃，曾的房考官是季芝昌。道光十八年四月，正大光明殿复试，曾获一等，殿试三甲第42名，属下等，得赐同进士出身……

曾国藩这一路走来或许还是为了博取功名，就像现在人们所说的，希望通过考试跳出“农门”，但曾国藩真正踏入社会，也就是说进入博弈圈打拼的时候，他清醒地意识到，一个人要想有所作为，就得树立更远大的志向，建立更高的目标，终身为之奋斗。

曾国藩为了磨砺志向曾两次改名。他乳名宽一，名子城，字伯涵，进京城前，他改名为涤生，取荡涤旧事，告别昨天之意。后经穆彰阿的建议，他又改名国藩，意为“国之藩篱，朝廷栋梁”。

穆彰阿任军机大臣十几年，门生遍天下，但他喜欢曾国藩，愿意做一个汉人的靠山，或者有意把一个汉人拉到自己的势力圈子中，就是因为他看中了曾国藩的志向。他说：“足下以三甲进翰苑，实不容易。老夫读足下诗文，以为足下勤实有过人之处，然天赋却只有中人之资。但自古成大事立大功者，并不是靠天赋，而是靠志向、信念，且刻苦勤实的功夫。”

曾国藩不像有的人考上进士后，继续在先哲著作中发掘对自己做事有价值的东西。这一天，他重温《孟子》，一段内容让他获得了新的感受。

《孟子》上写道，齐国大夫公行子到燕国去，路上遇见曾元，问：“燕国的国君怎么样？”曾元说：“没有远大的志向。没有远大志向的人就轻视事业，轻视事业的人就不求贤人帮助，没有贤人帮助，怎么能胜任国家大事呢？他只能像氐族人和羌族人一样野蛮。这样的人不担心自己国家的兴亡，而只担心他死后不能沿用习俗实行火葬。想的是蝇头小利，危害的是整个国家的大事啊！”孟子曾多次会见齐宣王，但并不与宣王谈论治理国家。孟子的学生十分疑惑，孟子说：“我要先攻破他只讲功利、霸道的坏思想。”孟子讲仁说义，就是要让齐宣王胸怀国家，放眼天下！

原来，志向对一个人的事业发展如此重要，它决定了一个人的格局大小。曾国藩于是也建立起自己的远大志向——“有民胞物与之量，有内圣外王之业，而后不忝于父母之所生，不愧为天地之完人”。“古人患难忧虞之际，正是德业长进之时，其功在于胸怀坦夷，其效在于身体康健。圣贤之所以为圣贤，佛家之所以成佛，所争皆在大难磨折之日，将此心放得实，养得灵，有活泼之胸襟，有坦荡之意境，则身体虽有外感，必不至于内伤。”他意识到，自身修养同内圣外王的心灵终极尚有很大距离，因此到京后就将“不为圣贤，便为禽兽；莫问收获，但问耕耘”作为座右铭，时时以“君子当以不如尧、舜、周公为忧，当以德不修、学不讲为忧”。

他特意写了一篇《立志箴》以自励：“煌煌行哲，彼不犹人？藐焉小子，亦父母之身。聪明福禄，予我者厚哉！弃天而佚，是及凶灾。积悔累千，其终也已；往者不可追，请从今始！荷道以躬，与之以言；一尚息活，永矣弗谖。”

有了这样的志向，曾国藩在国家危难之际办起团练，组织湘军与太平军展开殊死搏斗，几挫几起，最终获得胜利。他还办洋务，倡海禁，励精图治。曾国藩的一生当然会留下是非功过，任人评说，但有一点人们大概没有异议，那就是他的成功与他的“坚卓之志”是分不开的。用他自己的话说，就是：“有破釜沉舟之志，则远游不负；若徒悠忽因愣，则近处尽可度活”。

可见，成功者无一不对自己随时随地的去向一清二楚。曾国藩有目标也有行动，知道自己所要的是什么，也知道在哪里可以得到它。他做事，“志”字功夫在先，确立了明晰的目标，同时又决定通往那个目标必须带着志向一起上路，直至达到目标。

曾国藩语录

君子有高世独立之志，而不与人以易窥；有藐万乘却三军之气，而未常轻于一发。

独立之志：在做事过程中树立独立意识

曾国藩认为，一个人假若自己能立志，那么，圣贤豪杰什么事情不可为？何必一定要依赖别人呢？心里想着仁，仁便达到了。要想做孔、孟，那就日夜孜孜以求，唯有孔、孟之道才去学，那又有谁能抵御得住呢？如果自己不立志，那么虽说天天与尧、舜、禹、汤同住，也是他是他，我是我，又与自己有什么关系？

道光二十三年（1843年），曾国藩弟弟曾国华想到省城长沙读书，曾国藩表示赞同，认为如果觉得环境差不能安心读书是“志”字功夫不够，而为了实现更大的志向，让自己独立起来，离开家庭局促的狭小天地，与省城那些强过自己的人相处，进步一定不可限量。虽然说一个人内心立的是真实的志，在什么地方都可以读书，但是以开放的心态接触人，让自己更大范围地接触社会，却是非常必要的。在社会上立身，做一番事业，就要先独立，没有独立而坚强的意志是不行的。

曾国藩的“志”是“大志”，是入世之“志”，这一点，他接受的是儒家思想。他对儿子曾纪泽说：“不仅要读万卷书，还要行万里路。苏辙说得好：

太史公行天下，周览四海名山大川，与燕赵间豪杰交游，故其文疏荡，颇有奇气。心胸一开阔，人的见识也就自然高了。从来功名乃天数，非强求可得，唯圣贤可学而至。”

曾国藩说：“从古帝王将相，无人不由自立自强做出，即为圣贤者，亦各有自立自强之道，故能独立不惧，确乎不拔。”曾国藩能把一支几千人的湘勇队伍打造成清朝的“精锐之师”，如果没有在夹缝中寻找生存空间的主动性，内修独立意识、外求强盛之途，是不可能成功的。

所谓内修独立，这是曾国藩的“志”字功夫的着力点。他明白儒家主张个人“自省”，就是为了在内心建立一个真实的“自我”——养成独立思考的能力而不盲从。“匹夫不可夺志”，体现了人格独立精神。从人格独立到生活独立，再到具体做事时独当一面，独立完成，这一过程是有其内在的逻辑联系的。

曾国藩在授权用人上，非常注重“观志”，一个人没有“志”，很难独立处理事务，如果把任务交给这样的人是非常危险的。他不断告诫几个弟弟，事事要靠自己，别指望别人。当然不是说什么事都自己干，不需要帮手，而是说在大事上要有自己的判断和抉择，一个人能独当一面，与善于集聚大家的力量分不开，这之间并不存在矛盾。

曾国藩的成功，与他个人具有“独立之志”有关，也与他使用的人才有“独立之志”有关。曾国藩视人才的志向大小与才能高低，授以不同的职务，而且他胸怀全局，发现栋梁之材就鼓励他们独立出去，为国家挑重担，例如，李鸿章就是在曾国藩的建议下另建了淮军，成为与湘军并肩作战的“王牌之军”。曾国藩对左宗棠的卓越识见也十分敬佩，觉得左宗棠是个能独立干大事的人才，让他率湘军5000人赴江西、安徽两省作战，接着举荐他当上浙江巡抚，帮助其组建楚军。

竞争的社会充满了偶然性，有“独立之志”的人，会以自己独特的眼光看出别人看不到的东西，及时抓住有利的因素获得取胜的契机。

曾国藩语录

规模气象：
做大做强须在关键时有主见

我辈办事，成败听之于天，毁誉听之于人，惟在己之规模气象，则我有可以自主者。亦曰：“不随众人之喜惧耳。”

一个人成功的最大障碍，是对任何事都没有主见或主意，也就是人们平常说的“没有主心骨”。曾国藩认为，每个人身上都有不足和缺点，但你应该认为你就是你，说你自己的话，做你自己的事。这样你对自己感到真实，别人也觉得你真实。

曾国藩初识杨载福，就欣赏这个小伙子，虽然身处卑位却有主见、有志气。杨载福以放竹排为生，一天他在大雨中勇救他人，被曾国藩看见了，便找他聊天，两个人越谈越投机。曾国藩说，太平军正从广西起事，兵锋已入湖南，杨壮士有一身过硬的武功，不知肯不肯舍弃放排的生计去投军？杨载福回答，学成文武艺，货与帝王家，如果凭自己这一点能耐被你赏识，我愿为国效力，赴汤蹈火，在所不辞。

曾国藩听了后很高兴，认为杨载福有志气，敢于在国家危难之时做出自己的选择，毕竟投军意味着牺牲，非有主见的人是不敢轻易答应的。曾国藩立即向湖南巡抚骆秉章写了封推荐信，交给杨载福。从此，杨载福踏上了军旅生涯，屡建功勋。咸丰三年（1853年），曾国藩挂帅湘勇，创建水师，他想到了两个人才——彭玉麟和杨载福，让他俩统带水师，扬帆湘江，决战长江，他们为覆灭太平军立下了汗马功劳。

曾国藩与人共事主张“和而不同”，即对待不同意见时讲究协调，不搅稀泥，也不盲目附和，不失去自己的主见。孔子说：“君子和而不同，小人同而不和。”就是说君子自己要有自己的意志和主见，既能够调和左右矛盾的意见，同时自己的中心思想独立而不移。而小人就不一样了，容易受别人的影响，别人纵然影响了他，然而人各有志，到了利害关头，意见冲突，相处就不会融洽，自然而然变成“同而不和”了。

王璞山是曾国藩手下的得力干将，他志大才高，敢于任事，但后来曾国藩发现他越来越心高气傲，常常自作主张，甚至以湘勇首脑自居，这就不得不防。有一次，王璞山向曾国藩献计：太平军燕王秦日纲聚集武昌败兵残将，在蕲州到田家镇一带设下防线，企图阻击湘军长江水师。蕲州至田家镇地形险峻，敌人用重兵把守，湘军与其交战胜负难料。太平军翼王率军从九江出发，溯江而上，城内必然空虚，湘军不如暂不惊动田家镇的太平军，而出奇兵突袭九江。九江危急，则太平军人马必然回援，那时，湘军水陆大军将顺利冲破蕲州、田家镇，会师于九江城下。王璞山说，若此策可行，他愿率5000人马连夜奔驰江西，擒拿石达开于九江。

曾国藩在战场上主张“稳中求胜”，虽然奇策也许可以获得成功，但同时风险也非常大。他对王璞山的计策把握不大，于是说：“用兵打仗，虽常有奇策，但只可偶尔用一用，不可完全依靠它。稳当平实者，常操胜券。”

王璞山见曾国藩不接受自己的计策，便拿历史上一个战例来说服曾国藩：宋明帝泰始二年（466年），晋安王子勋作乱，官军与乱军相持于浓湖，很长时间没有决战。当时官军驻扎在下游赭圻，乱军袁凯驻扎在上游浓湖，另一将刘胡又在上游鹊尾，最后鹊尾、浓湖二处相继而溃。当时情形与现在太平军的情形非常相似。

曾国藩也拿了一个相反的例子来证实自己的看法：陈文帝天嘉元年（560年），王琳屯驻于长江西岸栅口，侯填屯扎于长江东岸芜湖。王琳越过芜湖直奔南京，侯填马上率军离开芜湖紧跟其后，当时刮着很大的西南风，王琳掷火烧侯填的战船，结果反而烧了自己的船。侯填采取小船攻击王琳，打败了王琳。这是越寨进攻失败的例子。

说了这个反面战例之后，曾国藩问王璞山：九江空虚，有没有准确的情报？在太平军中石达开是个最有谋略的人，你率 5000 勇兵能惊动他吗？假如田家镇的太平军并不回援，那么不但不能调虎离山，反而会分散我军的兵力。

这个事例说明，曾国藩在大事上是非常有主见的人，也许王璞山的计谋实施起来能够成功，但是自己已经与幕僚商讨后制定了“三路进兵”的作战方案，如果改动，后果是难以预料的，所以在没有充分把握的前提下，曾国藩拒绝了新的方案。

咸丰十年，太平军先攻杭州，随即回兵攻破清军的江南大营，并乘胜追击，连下苏、常名城。江苏、浙江向来为财富之区，是清政府的主要赋税来源地和粮食供应地，因而清政府十分重视苏杭的得失。当得知苏州已经落入太平军之手后，朝廷立即命令曾国藩撤安庆之围大举东援，保浙复苏。

接到这样的命令，曾国藩非常冷静沉着，他认为自古平江南之贼必踞上游之势，建瓴而下才能成功。自从咸丰三年金陵被陷，向荣、和春等都是率领军队由东面进攻，原来的打算是屏蔽苏浙，根据情况相机进取，然而却屡进屡败，付出了巨大的代价也未能攻占金陵，反而丢失了苏、常。究其原因并不是因为兵力单薄，而是因为未得形势。要收复苏、常，南军必须从浙江入手，北军必须从金陵入手。而要收复金陵，北岸则必须先克安庆、和州，南岸则必须先克池州、芜湖，这样才能取得以上制下之势。如果仍然由东路入手，内外主客，形势全失，必然会重蹈覆辙，终究还是不能成功。湘勇万余人已经包围安庆，做好了攻城准备，如果撤军东援，那么多隆阿进攻桐城一军也需要撤回，就是英山、霍山一路驻防的军队也需要移防。各路皆退，势必对士气产生极坏的影响。到时候不但湖北边境一线不能自保，就是河南等北边驻防各军也将孤立无援。所以，围攻安庆的军队关系着皖北之大局，将来即为进攻金陵的主力，眼下是万万不可撤的……就这样，曾国藩说服了朝廷。

这年九月份，太平军发动了第二次西征，分兵两路合取武昌，以解安庆之围。第二年三月，陈玉成率部自桐城出发，连克英山、蕲水、黄州逼近武汉。当时湘军的主力都在安庆前线，湖北兵力极为空虚，只有湖广总督官文所率3000防兵驻守武昌，而且战斗力极差。听说太平军来攻，整个武汉三镇的官员富户都逃离一空。正在太湖作战的胡林翼也惊慌失措，骂自己是“笨人下棋，死不顾家”，因为害怕武汉失守，本来就身体不好的他急得连日吐血。湘军内部也发生了意见分歧，人心思变，许多人包括胡林翼在内都急忙致信曾国藩，要求撤安庆之围回救武汉。

这时，曾国藩按照自己的想法，死死盯着安庆，不管别人怎么说，他就是岿然不动。他说，即使是武汉全部落入太平军之手，围攻安庆的湘军仍然不可退。因为他看得很明白：太平军就是能破湖北，也守不住湖北。只要局势稍一缓和，清军就可以腾出手来，武汉即使是一时失去也会马上收复。而安庆之围一旦松弛，恐怕就再也不可能围住了。如果武汉能够保住，太平军必然会回过头以全力来进攻围攻安庆的湘军；如果武汉落入太平军之手，太平军就会以一部分力量守武汉，而将大部队调回来攻打安庆，甚至会打下武汉后弃而不顾。如果安庆之围能坚持住，即使是武汉落入太平军之手，李续宜部队也会收复，“是乾坤有转机也”；如果安庆之围坚持不住，那么即使是武汉没有什么事情，太平军的声势也会大涨，“是乾坤无转机也”。

后来的情况完全如曾国藩所料，陈玉成不但未能解安庆之围，他本人还在转战途中被湘军所杀。从此，太平天国后期的战争形势更加恶化，而且每况愈下。亲自参加此役的洪仁玕事后沉痛地说：“我军最重大之损失，乃是安庆落在清军之手，此城实为天京之锁钥而保障其安全者。一落在敌手，即可为攻我之基础。安庆一失，沿途至天京之城就会相继陷落，不可复守矣。”而这句话恰恰证明了曾国藩的才智。

可见，曾国藩的“志”字功夫是建立在主见之上的，而不是无方向的“立志”，他给我们的最大启示是：做事情，尤其是决策，得有自己的判断，当然可以综合、参考别人的意见，但最后拿主意的还应该是自己。主意一旦定下就不要轻易改变，踏踏实实地去落实、执行。如果做事没主见，只会是听别人说什么事做了有益、做了赚钱，就做什么事，跟在别人屁股后面转，这种人或许能拣到小便宜，但很难获得大的成功。

强毅之气：不断鞭策自己做得更好

至于强毅之气，决不可无，然强毅与刚愎有别。古语云自胜之谓。曰强制、曰强恕、曰台为善，皆自胜之义也。

人“想”什么事是容易的，而真正“做”什么事就难了。也就是说“立志之人”不等于就是“有志之人”，受一些主观因素制约，不少人的“志”无法实现。曾国藩看出了这一点，所以，他的“志”字功夫就涉及到了对主观因素改造的内容，立志从自己的品质入手，鞭策自己不断做得更好。

人类社会泥沙俱下，鱼龙混杂，一个人在事业上不可能只接触贤人，必定还会遇到不贤的人。怎么办？曾国藩认为，当自己碰到品德和才能不好的人时，首先应该反省一下自己是否也是这样的人。曾国藩把日记称为“日课册”，并取名为《过隙集》，天天在上面写，“每日一念一事，皆写之于册，以便触目克治。”“凡日间过恶，身过、心过、口过，皆记出，终身不间断。”

改易品性的过程并不是一件容易的事情。曾国藩也是一个有着七情六欲的人，年轻的时候他也有浮躁的毛病，京城之中，同僚朋友的往来吃请、征逐饮宴又几乎无日不有，因而他的改易品性不知经过了多少次的反复。他早年的日记几乎每天都在检讨自己，发誓要“立志自新，重起炉冶”，与以前的自己“痛与血战一番”。

练湘勇与太平军作战，曾国藩事务繁忙，但他仍不忘修身，而且认为这是为了更好地做事，即可悟出做事的方法。他把修身当成日课，把修身写成日记。道光二十三年（1843年）一月二十六日这一天，雨雪交加，曾国藩的夫人欧阳氏一直生病，他陪着她，一时烦闷缠身，体不舒畅，他立马警觉起来："余今闷损至此，盖周身皆私意私欲缠扰矣，尚何以自拔哉！立志今年自新，重起炉冶，痛与血战一番。而半月以来，暴弃一至于此，何以为人？"第二天，他去朋友家赴喜筵，见了两个女子，大概说了几句笑话，他便自责："放荡至此，与禽兽何异！"对于这一个月，他做了一次小结，认为自己自正月以来，日日颓放地过了一月，然后痛责自己："志之不立，何以为人乎！"

曾国藩不断鞭策自己，积极地校正自己，他做事的秘诀是将个人的标准定得很高。某月的初一那一天，他一早便到长沙会馆去敬神，然后拜客、会客、谈工作，实在太累了，头脑发蒙，不能读书，他说自己苟且偷安，使身体日见疲软，"此不能居敬者之不能养小体也"。身是小体，其累如此，心是大体，其累亦如此；他说自己"心不专一，杂而无主"，久而久之"酿成心病"，也是因为居敬功夫不够而伤了心之大体。然后，他指出，要以敬养体，自强不息。末了，还不忘补充一句："这些话出自汝口，而汝违背了，是何肺肠？"

这样严格地要求自己，有人势必要问，如此不是压力太大吗？可曾国藩却乐此不疲，要想战胜别人或者战胜困难，首先得自己战胜自己。没过几天，他又将自己揪出来狠批了一次，将自己比作"鬼蜮"，原来就因为文人聚会时他写了一首诗，有点油滑，他就用"蜮"字来拷问自己。

有一天，他的朋友来了，谈起天象。一连几夜，西南方有苍白气，有一匹布那么宽，长有几十丈挂在天上，斜指天狼星，朋友说不知主何吉祥？曾国藩回答，为什么一定就是“祥”呢？国难当头，天象示警，恐怕凶多吉少。他的朋友就借此机会批评了曾国藩的三个缺点：一是傲慢，交朋友“不能久而敬”；二是自以为是，看诗文多固执己见；三是虚伪，“对人能做几副面孔”。这样的批评虽出自朋友之口，一般人怕也是承受不住的，但曾国藩欣然笑纳，还叹道：“直哉，吾友！吾日蹈大恶而不知也。”

曾国藩这样的朋友还有很多。他牢记中国古代一位先贤说过的话，即与怨恨自己的人相处，对于检点自己的失误是有好处的。因为怨恨自己的人往往是对自己的缺点和过错最为敏感，所以这样的人最能给自己以不留情面的抨击。当然做到这一点并不容易，因为接受批评是需要胸襟的，更不要说是接受那些与自己有矛盾的人的批评。有人总是怀疑他人的批评有敌意，不管正确或错误一概拒绝，这样没气量不说，还失去了检点自己错误的机会。

曾国藩工作再忙，也要从事务中走出来回窥自身，审视一番后为“入世”，即为做事不断提供精神养料。他说，一个人要想成大事，必须做好“志”字功夫，其一就是“自胜”。每当自己与别人有摩擦时，就要推开自己心灵的窗户，多问问自己到底哪里不对劲，而不是一味地去责怪别人。只要有勇气及时发现自己的毛病，就会有勇气及时改掉自己的毛病，这样，接下来做事就不会自己打败自己。

我们可以从曾国藩身上理解到：非志高不能有所作为，但“志高”者还得有“强毅之气”，如果对自己心太软，一次次原谅自己，就会瓦解意志，淡薄志向。所以真正的立志者在与人共事、竞争的同时，要与自己“共事”，与自己“竞争”，克服缺点，战胜自我。

另外，不可趾高气扬，刚愎自用。刚愎自用是一种病态心理，这种病态心理能够让人迷失心智、思维简单、固执、守旧、教条主义。其显著的症状就是目中无人，唯我独尊；其次是死要面子，拒不纳言；再者是好大喜功，揽功诿过。三国时蜀国的马谡是何等人物，他可谓熟读兵书战略的“有志之人”，可是街亭却在他手上失守了。马谡刚愎自用，就是因为其熟读兵书战略而自以为是，就如他对王平所说的“吾自幼熟读兵书战略，焉有不知之理”，这就使其与“强毅”存在明显的区别。

所以，“志”只是立对地方、立对方向还是不够，还得用“强毅之气”战胜自我，发现自身缺点努力改掉，从而自动自发实现目标。简单地说，一个人所立之志是否成功，往往取决于“内驱力”的大小。

日进无疆：
考验自己是否具有坚强的意志

去忿欲以养体，存倔强以励志，则日进无疆矣。

曾国藩写信对曾纪泽说，人生要在最后看结论，要在艰难困苦中看他的人格，而平常是看不出来的。如文天祥就是一个例子，国家无事时，他是一个风流才子，谁看得出他后来竟是一个如此坚贞而正气凛然的人。所以古人说“疾风知劲草，板荡识忠臣。”时代的大风浪来临时，人格还是挺然不动摇，不受物质环境影响，不因社会时代不同而改变，这样的人才是真正有志气的人。

譬如，一年里数九寒天最冷，这才知道松柏的意志最坚强。孔子曾借松柏之性而比喻君子品德，越是在艰苦的环境中越能显出君子的品德高尚。松柏永远不改变其坚贞，始终生气勃勃。有志之士在贫困的处境里，充分显示出其坚定性，决不改变自己的操守。唐代诗人孟郊《答郭郎中》诗中曰：“松柏死不变，千年色青青。志士贫更坚，守道无异营。”

明代冯梦龙在《警世通言》中说：“松柏何须羡桃李，请君点检岁寒枝。”桃李，以姣艳的颜色取悦于人，而松柏毫不在意。冬天的枝头，桃李已“戒旦零落”，而松柏依然苍翠如故。

曾国藩认为人的天性是很难改变的，但有一样能改变，那就是立下“固贞”之志，通过读书修练、提升自己，不仅能改变个性，甚至还能改变自己的“骨相”。这里，曾国藩的“骨相”说看似是唯心的，但是志向决定命运，却是经历史上众多成功人士的实践证明是正确的。

咸丰二年（1852年）六月，曾国藩被任命为江西正考官，他风尘仆仆赶往江西。七月二十五日，曾国藩一行人抵达小池驿（今安徽太湖县），忽然家人来报说母亲江氏去世了。曾国藩泪水立即潸然而下，他已离开家14年了，本来打算办完江西的差事就回家看望老母，想不到与老母已成永别。他给儿子曾纪泽的信中写道：“一闻此信，无地自容……一出家辄14年，吾母音容不可再见，痛极痛极！不孝之罪，岂有稍减之处。”

曾国藩脱下官服，披麻戴孝，经黄梅（今湖北黄梅县）渡江，然后逆流西行，于八月二十三日方才到家。这时，太平军在广西金田村起义后，乘胜进入湖南，长沙危在旦夕。3个月后，曾国藩暂时把母亲安厝在居室后山，因为他接到咸丰帝的寄谕，令他帮办本省团练。这年底，曾国藩正式开始筹办湘军。

曾国藩的戎马生涯充满了坎坷。出山后，他先是与湖南官员发生摩擦。咸丰四年，曾国藩率水陆两万人马一路杀向岳州，竟遭惨败，接下来的靖港之战又掉入了太平军的圈套。自衡州出师以来，他与洪秀全交战两次都以惨败告终，还不知湘潭那边战局如何，太平军如此诡计多端，怕多半也会失败。辛辛苦苦训练了一年，期望建不世之功的湘勇竟是如此不堪一击，曾国藩灰心至极，他选择了投江自杀，幸被属下及时发现救了起来。

后来，湘军攻克城陵矶，平定湖北，使曾国藩稍感风光。可是九江之役中湘军又一次战败，曾国藩于绝望中再一次选择自杀，又幸被彭玉麟救起。

之后，曾国藩率军与太平军在江西苦苦周旋，在咸丰五年和六年两年，没有取得任何可以炫耀的战功，而他在官场的明争暗斗中又与江西官员结怨极深。

咸丰七年二月，曾国藩接到父亡的消息，不待朝廷恩准就急急回乡去了。咸丰八年五月，曾国藩被重新启用，他带着对朝廷感恩戴德之情重返战场，然而等待他的却是几乎全军覆没的灭顶之灾。在三河镇，他的6000湘军阵亡，弟弟曾国华也死于疆场。咸丰九年，曾国藩奉命入浙作战，他与属下商议，当务之急仍应留在安徽，夺取安庆，进而进攻天京，这才是最佳选择。他计划兵分四路进攻安庆，四路大将进击看起来很厉害，但对于此时的曾国藩来说可谓满腹苦衷。他手下不足万人，连续的失败使他小心翼翼，不敢轻易行动，加上身上癣病发作，整个身心痛苦不堪。

咸丰九年十一月十四日，曾国藩移师宿松（今安徽宿松），他在给弟弟曾国荃的信中忧心忡忡地写道："不知兵力果足以庇之否？"腊月十五日，多隆阿突出奇招，命鲍超放弃围攻太湖县城，转而驻扎离太湖县城40里的小池驿。曾国藩听到鲍超驻军的消息，心头有着不祥之兆。此时，陈玉成的太平军离小池驿很近，倘若趁鲍超立足未稳迅速攻打，必然凶多吉少，而太湖城下只有唐义渠一军，不过3000人，如果太湖县城的太平军出而迎敌，受两军夹击，后果实在不堪设想。所以此项战略遭到曾国藩的极力反对，他一急，"癣疾大发，为十多年所仅见"。

鲍超军草草立好营房，陈玉成大军旋即大股围捕，日日攻击不息，遭到鲍军殊死抵抗。战事拖到除夕夜，多隆阿一支援军成功进入鲍营。从咸丰十年正月初一到正月初五，两军会战进入白热化，血流成河，尸横遍野。

随后几日，战局发生了变化，胡林翼的援军从英山方向挺进太湖，使陈玉成腹背受敌，无心再战，恰逢洪秀全令他回援天京，他便收兵离去了。这时湘军一鼓作气，收复了太湖、潜山。曾国藩接到战报，喜出望外，癣疾也好了一大半。

咸丰十年三月，湘军攻到安庆城外。四月，江南大营被太平军攻破，两江总督何桂清败逃，被朝廷法办。朝廷再三考虑，下旨任曾国藩为两江总督，曾国藩的湘军从此成为对抗太平军的主力。经历几次失败，曾国藩终于迎来了事业的转机。

这里，我们把曾国藩从败到胜的过程精线条地概括一下，无非是说明：人生沉浮，主观意志至关重要。曾国藩的意志受到一次次挑战，如果他真的自杀了，他会像众多败将一样被历史遗忘。他的“志”字功夫也只是一个空壳而已，不会因他所谓的“立言”——文章书信而传播至今。

《易经》中说：“泽无水，困，君子以致命遂志。”意思是说，君子即使身处逆境之中，也要积极追求，不达目的不罢休，身可死而志不可夺，虽面临困境也不气馁。曾国藩的成功并不在于他有多大才能，梁启超说他“非有超群绝伦之天才”，他的成功很重要的一个方面，就是坚忍不拔的意志。

◎“恒”字功夫◎

曾国藩语录

近年在军中阅书，稍觉有恒，然已晚矣。故望尔等于少壮时，即从“有恒”二字痛下功夫，然须有情韵趣味，养得生机盎然，乃可历久不衰，若拘苦疲困，则不能真有恒也。

历久不衰：一天一小步，十天一大步

什么事都不可能一步成功。面对万里征程，抬眼望，茫茫无际，遥遥无期，但如果跨出了第一步，坚持走下去，就会把万里变成千里、百里、十里，直至到达目的地。曾国藩年轻时向人借钱购置了一套史书，堆在案头如山一样，他想，这得花多长时间才能读完？不免有些懈怠。他父亲训诫道：“你为买书去向人借钱，我不惜一切替你赔补还账，你若是能够仔仔细细地读一遍，才算是不辜负我的一番苦心啊！”自此之后，曾国藩每天都仔细读10页史书，并形成习惯，终身不改。

曾国藩每天读书时都将自己的心得记录下来，他认为如果刻意从书中凿空，求取深意，那就是偏私他人。他坚持每天写日记，在日记中督促自己，反省自己的过失。饭后写半个时辰的毛笔字。所有文字方面的交际应酬，都可以作为练习写字的机会。他凡事不留待第二天去做，否则事情会越积越多，

就越难清理。每月写作几篇诗文，以此检验自己积存义理的多少，以及保养真气的强弱。

针对“恒”字功夫，曾国藩于28岁中进士后，写了一篇《有恒箴》以鞭策自己：“自吾识字，百历洎兹；二十有八载，则无一知。曩者所忻，阅时而鄙；故者既抛，新者旋徙。德业之不常，曰为物牵。尔之再食，曾未闻或愆。黍黍之增，久乃盈斗；天君司命，敢告马走。”

恒心的重要，曾国藩体味颇深。这里我们来看他的几则日记。道光二十二年（1842年）十月初十的日记：“查数，久不写账，遂茫不清晰，每查一次，劳神旷功。凡事之须逐日检点者，一日姑待，后来补救则难矣！况进德修业之事乎？”

咸丰九年（1859年）六月初十日的日记：“《易》六十四卦，三百八十四爻，一言以蔽之，曰不恒其德，或承之羞。读之不觉愧汗。惟作事贵于有恒。精力难于持久，必须日新又新，慎而加慎，庶几常葆令名。”

同治元年（1862年）八月十九日的日记：“大约吏事、军事、饷事、文事，每日须以精心果力，独造幽奥，直凑单微，以求进境。一日无进境，则日日渐退矣。以后每日留心吏事，须从勤见僚属，多问外事下手；留心军事，须从教训将领，屡阅操练下手；留心饷事，须从慎择卡员、比较人数下手；留心文事，须从恬吟声调、广征古训下手。每日午前于吏事，军事加意；午后于饷事加意；灯后，于文事加意。以一缕精心，运用于幽微之境，纵不日进，或可免于退乎？”

可见，在曾国藩看来，一个人的成功，因素是很多的，而恒心是其中重要的主观因素之一。树立恒心是不容易的，早起、勤奋、谦虚等美德，要实行一两天或许不难，难的是持之以恒，几年、几十年如一日地做下去。许多人在年轻的时候都曾有过抱负，立下志向，也曾不止一次地订立雄心勃勃的计划，可大多数人因缺乏恒心，向目标走了几步就停了下来。一暴十寒，半途而废，自然不可能成功。

曾国藩也曾遇到和常人一样的经历，他在道光二十二年的日记中曾写道："余病根在无恒，今日立条，明日仍散漫，无常规可循，将来莅众必不能信，作事必不成，戒之！"意识到"散漫"的毛病之后，曾国藩决定用"恒"字功夫来约责自己，并改名"国藩"，表示与"旧我"决裂，一切重新做起。他想尽办法磨练自己的恒心和毅力，勉励自己："吾辈既知此学，便须努力向前，完养精神，将一切闲思维、闲应酬、闲语言扫除净尽，专心一意，钻进里面，安身立命，务要另换一个人出来，方是进步功夫。"

道光二十二年十二月二十日，曾国藩给自己列出了修身功课：

1. 主敬：整齐严肃、无时不俱，无事时心在腔子里，应事时专一不杂。

2. 静坐：每日不拘何时，静坐一会儿，体验静极生阳，来复之仁心，正位凝命，如鼎之锁。

3. 读史：廿三史每日读十页，虽有事，不间断。

4. 写日记：须端谐，凡日间过恶——身过、心过、口过，皆记出，终身不间断。

5. 日知其所亡：每日记茶余偶谈一则，分德行门、学问门、经济门、艺术门。

6. 月无忘所能：每月作诗文数首，以验积理之多寡，养气之盛否。

7. 谨言：刻刻留心。

8. 养气：无不可对人言之事，气藏丹田。

9. 保身：谨遵大人手谕，节欲、节劳、节饮食。

10. 作字：早饭后作字，凡笔墨应酬，当作自己功课。

11. 夜不出门：旷功疲神，切戒切戒！

后来又补充两条。一是早起：黎明即起，醒后勿沾恋；二是读书不二：一书未点完，断不看他书，东翻西阅，都是徇外为人。

曾国藩不仅自己苦下“恒”字功夫，还把经验和方法传授给别人，他在写给几位弟弟的信中，多次提到“有恒”的重要。他说：“凡人做一事，便须全副精神注在此一事，首尾不懈。不可见异思迁，做这样想那样，坐这山望那山。人而无恒，终身一无所成。”

他告诉弟弟，练书法临摹千字文要有恒心，每天临帖 100 字，万万不要间断，那么几年下来，便成了书法家。曾国藩还把有恒心的人作为自己和弟弟们的楷模，他对弟弟说，何子贞每天从早到晚总是温书。365 天除了做诗文外，无一刻不是温书，真是有恒的人。所以我从前限你们的功课，近来写信从不另开课程，都是要你们有恒罢了。因为士人读书，第一要有志气，第二要有见识，第三要有恒心。有志气就决不甘居下游；有见识就明白学无止境，不敢以一得自满自足，如河伯观海、井蛙窥天，都是无知；有恒心就决没有不成功的事。这三个方面，缺一不可。弟弟们现在的见识不是马上可以广博的。至于有志有恒，弟弟勉励吧！我身体很弱，不能苦想，苦想便头昏；不能久坐，久坐便倦乏。时刻所盼望的，只有几位弟弟罢了。

曾国藩的成功与“恒”字功夫有关，这是世人公认的。“恒”字功夫的理念源于儒家的治学精神。孟子反对一暴十寒，主张专心有恒，做事不要有头无尾，功亏一篑，“有为者辟若掘井，掘井九轫而不及泉，犹为弃井也”。有作为的人做一件事譬如掘井，掘到六七丈深不见泉水，这时停止挖掘了，结果仍是一个废井，这说明有为者必有恒心，以取得最后的成功；而半途而废，前功尽弃，是没有恒心的表现。

梁启超在盛赞曾国藩的“有恒”时说：“曾文正在军中，每日必读书数页，填日记数条，习字一篇，围棋一局……终身以为常。自流俗人观之，岂不区区小节，无关大体乎？而不知制之有节，行之有恒，实为人生第一大事，善觇人者，每于此觇道力焉。”

曾国藩语录

用志不分：放弃杂事，专注一件事

凡人为一事，以专而精，以纷而散。荀子称“耳不两听而聪，目不两视而明”，庄子称“用志不分，乃凝于神”，皆至言也！

儒家重视学习的专心致志，反对三心二意。孟子以下围棋为例：下围棋虽只是小技术，但如果不一心一意，那照样学不会。弈秋是围棋高手，他教授两个人下棋，一个人很专心，听弈秋指导；另一个表面听着，心里却在想，要是有只天鹅飞来，就要拿起弓箭去射它。后者的学习成绩不如前者，不是因为后者不如前者聪明，而是与两个人对学习的专心程度有关。

做事也是如此，一只脚踩两只船，不仅做不好，反而会带来麻烦。曾国藩认为，“求业之精，别无他法，日专而已矣。”他非常认同庄子的话：“用志不分，乃凝于神。”

庄子讲了一个故事：有位叫庆的木匠，能削刻木头制造叫作鐻的乐器，人们惊叹他具有鬼神的功夫。鲁侯见到庆时便问他：“你用什么办法做成的呢?”庆回答道：“我是个做工的人，哪有什么特别高明的技术？我只有一种本事，在准备做鐻时，从不敢随便耗费精神，必定斋戒来静养心思。斋戒三天，不再怀有庆贺、赏赐、获取爵位和俸禄的思想；斋戒五天，不再心存非议、夸誉、技巧或笨拙的杂念；斋戒七天，已不为外物所动，仿佛忘掉了自己的四肢和形体。每当这个时候，我的眼里已不存在公室和朝廷，智巧专一而外界的扰乱全都消失。然后我便进入山林，观察各种木料的质地；选择好外形与体态最与鐻相合的，这时业已形成的鐻的形象便呈现于我的眼前，然后动手加工制作，不是这样我就停止不做。这就是用我木工的纯真本性融合木料的自然天性，制成的器物疑为神鬼功夫的原因，恐怕也就出于这一点吧!”

曾国藩看了这个故事，认识到所谓“恒”，不是“百事忙”，而是有主有次地去分配自己的精力，因为一个人的精力是有限的，把精力分散在好几件事情上，不是明智的选择，而是不切实际的“贪求之念”。凡是有杰出成就的人，他的身上都具有专心致志和持之以恒的优点。先把事情做好，利益自然就来了，如果一心想着利益，就会分心，事情很难做好。

道光二十四年（1844年）正月二十六日，曾国藩在致几位弟弟的书信中说：“凡事皆贵专。求师不专，则受益也不入；求友不专，则博爱而不亲。心有所专宗，而博现他途以扩其识，亦无不可。无所专宗，而见异思迁，此眩彼夺，则大不可。”

咸丰七年（1857年）十二月十四日写信给曾国荃，再次谈到了“恒”与“专”的关系：“来书谓‘意趣不在此，则兴味索然’，此却大不可。凡人作一事，便须全副精神注在此一事，首尾不懈。不可见异思迁，做这样想那样，坐这山望那山。人而无恒，终身一无所成。我生平犯有无恒的弊病，实在受害不小。当翰林时，应留心诗字，则好涉猎他书，以纷其志；读性理书时，则杂以诗文各集，以歧其趋。在六部时，又不甚实力讲求公事。在外带兵，又不能竭力专治军事，或读书写字以乱其志意。坐是垂老而百无一成，即水军一事，亦掘井九仞而不及泉。”

像任何做父母的一样，曾国藩希望自己的下一代有所出息，有所作为，他事情再忙，也不忘关注儿子的学习、工作情况。他怕他们内心杂念多，事情头绪多，告诫他们："多则必不能专，万万不可。"他特意讲了一个故事：

古代有个茶师很喜欢武士的装扮。一天，他一时兴起，打扮成武士上街闲逛，不巧碰上了一个真正的武士，茶师吓得头都不敢抬起来。

武士见茶师很惊慌的样子，就说："拔出剑来，我要和你比武。"

茶师心想：若跟武士比武，自己一定会死，但自己也是个得道的茶师，要死也要死得漂亮，于是骗武士说："我要去办一件很重要的事，等办完了再来与你比武。"

茶师赶到全城最著名的剑道馆，恳求剑道师傅说："请教我死得最漂亮的姿势，因为等一下跟人比剑，我一定会被杀死，但我要死得像个一流的茶师。"

剑道师傅要他先泡一壶茶给他喝才肯教，于是茶师就很专心地用毕生功力泡了此生最后一壶茶。师傅喝了非常感动，他这辈子从没喝过这么好喝的茶。他告诉茶师："你去比武时，就保持现在泡茶的心态。"

茶师听了很开心，便回去跟武士比剑。他把腰带扎紧，高举着剑，两只眼睛盯着武士。武士大吃一惊，心想：对手原来武功这么高强，吓得把剑丢了，爬着离开。

讲完故事，曾国藩说："若志在穷经，则须专守一经，志在作制义，则须专看一家文稿，志在作古文，则须专看一家文集。作各体诗亦然，作试帖亦然，万不可以兼营并骛，兼营则必一无所能矣。"

他还把这一思想运用到军事上，提出"设局宜合不宜分"，尤其在力量较弱的情况下，合比分强。他初办团练，布阵御敌的方针是：湘潭、宁乡两县各交界的地方，不必另外设立练局，只在城内设立一个总局，两处多设收集情报的“交通站”，敌人来时，就风雨疾驰地报告，仍然可以在境上抵御。

我们从曾国藩“用志不分”的“恒”字功夫上，可以得到这样的启示：生活在一个复杂的社会群体之中，一个人如何避免干扰、专心致志做事是对自己的考验。现实中很多人做事不成功，恰恰是因为他们想有更多的成功，也就是说他们想同时做太多的事情，结果却拣起芝麻丢了西瓜。有时候许多事情确实都很重要，怎么办？曾国藩采取找“替手”的方法，“利益不可占尽，成功大家分享”，从而把自己从杂事上解放出来，在大事上锁定目标，做自己该做的事，直到成功。

无恒内耻：把没有恒心当作一种耻辱

逮办理军事，自矢靡他，中间本志变化，尤无恒之大者，用为内耻。尔欲稍有成就，须从“有恒”二字下手。

曾国藩是通过自己顽强的努力才获得成功的。也就是说，他不是每一次想“恒”就“恒”的，他也打破过自己的规定，挡不住世间许多东西的诱惑，几次三番地放下手中的书，和朋友出去饮酒作乐。对于事业上的挫败，他几次差点因此懈怠，一蹶不振。曾国藩明白，要想成为一个真正有“恒”的人，就必须一次又一次地克服自己，战胜自己。

道光二十二年（1842年）十月十二日，他在日记中写道：“余病根在无恒，故家内琐事，今日立条例，明日仍散漫，下人无常规可循，将来莅众，必不能信，做事必不能成。”咸丰九年（1859年）十月十四日，他对儿子纪泽说：“余生平坐无恒之弊，万事无成。德无成，业无成，已可深耻矣。逮办理军事，自矢靡他，中间本志变化，尤无恒之大者，用为内耻。尔欲稍有成就，须从有恒二字下手。”

可见，曾国藩在检讨自己，觉得自己“恒”字功夫下得不够。在他看来，一个人做事无恒心是非常可耻的。“吾辈在自修处求强则可，在胜人处求强则不可。若专在胜人处求强，其能强到底与否尚未可知。即使终身强横安稳，亦君子所不屑道也。”

在与太平军作战的最初几年，曾国藩出师不利，多次被石达开打败，他万念俱灰，决心一死了之。他在一封遗折上写道：“为臣力已竭，谨以身殉，恭具遗折，仰祈圣鉴事。臣于初二日，自带水师陆勇各五营，前经靖港剿贼巢，不料开战半时之久便全军溃散。臣愧愤之至。不特不能肃清下游江面，而且在本省屡次丧师失律，获罪甚重，无以对我君父。谨北向九叩首，恭折阙廷，即于今日殉难。论臣贻误之事，则一死不足蔽辜；究臣未伸之志，则万古不肯瞑目……”

遗折写好后，曾国藩接着向弟弟交代几句办理后事的话，于是又写道：“吾死后，赶紧送灵柩回家，愈速愈妙，以慰父亲之望，不可在外开吊。受赙内银钱所余项，除棺殓途费外，到家后不留一钱。概交粮台。国藩绝笔。”

就在这时，左宗棠来了，他本是想看看从靖港败退下来的湘勇阵营的状况如何，可在离曾国藩军营不远处的路上，他见几个人抬着一口黑漆棺材向江边走去，紧紧跟着他们的竟是曾国藩的弟弟曾国葆。左宗棠惊诧不已，产生一种不祥的预感，心想，不是说曾国藩在白沙洲自杀未遂吗？难道终究还是自杀了？左宗棠不由得加快脚步。

左宗棠站住了，他相信自己的眼睛，半躺在椅子上的是曾国藩本人，而不是鬼魂。曾国藩见左宗棠进来，跟他打了声招呼，又眯合起眼睛。左宗棠见曾国藩没死，内心的惊诧变成了愤怒，他不高兴地问：“听说你在白沙洲投水自杀，这事是真的吗？”曾国藩无精打采地点点头。左宗棠坐下来，接着问：“我方才见你弟弟国葆指挥几个人抬了一副棺材往江边走，这副棺材是给谁的？”

曾国藩瞥了一眼左宗棠，垂下头回答：“鄙人自用。”

这时，左宗棠再也忍不住了，站起来大声吼道："曾国藩，好一个不忠不孝不仁不义之人，你大丈夫不做，却要效愚夫村妇，屁大的事都寻死觅活。你若真的死了，我要鞭尸扬灰，劝说伯父大人，不准你入曾氏祖茔！"左宗棠骂得曾国藩一时抬不起头来。

曾国藩叹息了一声，心里很难过，当左宗棠停下之后，曾国藩有些委屈地问："你说我不忠不孝不仁不义，得把理由讲清了，否则我不接受。"

左宗棠声色俱厉地回答道："好吧，我说！你28岁入翰苑，37岁授礼部侍郎衔，官居二品，诰封三代，皇上对你的恩情天高地厚，河长海深。洪杨作乱，朝廷有难，皇上委派你帮办团练，指望你保境安民、平乱兴邦，你却刚刚出师便以受挫而自杀，置皇上殷殷期望于不顾，视国家安危为身外之事，你忠在哪里？"

曾国藩越听越感到羞愧不堪，他想起祖父星冈公多次说过的话——"懦弱无刚乃男儿奇耻大辱"。自己曾将祖训视作处世箴言，发愤自励，并以此教诫弟弟。无论家乡亲朋，还是京城同事，谁不知道曾国藩这些年来自强不息，持之以恒，是曾家的好继承人，是国家的栋梁之才。可是现在一受挫折，便想一死了之，不是懦弱无刚是什么？自己说了无数遍的"恒"字功夫，岂不是自欺欺人？

就在曾国藩这样想的时候，左宗棠还在骂："你死之后，何能在九泉下见令祖星冈公？令尊大人在你出山前夕，说尽忠便是尽孝，实指望你为国家做出一番轰轰烈烈的事业，流芳千古，使曾氏门第世代有光，你今日自杀，使你的父亲、祖父的心愿化为泡影，请问孝在何处？"

曾国藩一身冷汗印湿了衣服，但汗一出，他竟感到体内有了一种活气。他抬头直视左宗棠，心想，什么是诤友？这就是诤友！看样子眼前这个自诩为今朝诸葛亮的怪杰，是充分相信我曾国藩能够荡平太平天国，建功立业啊！理解了左宗棠的好心之后，曾国藩有些感激对方，他不好意思地说："国藩自尽，实因兵败，不得已而为之呀！"

左宗棠瞪了曾国藩一眼，说："你这是为自己做无价值的辩白！一万水陆湘勇从四处赶来投在你的麾下，他们都是你的子弟，犹如儿子投靠父母，幼弟依赖兄长一样，是不是？"

曾国藩说："是的，我无不待他们如兄弟。"

"可是，他们眼巴巴地盼着你带他们攻城略地、克敌制胜，也好有个升官发财、光宗耀祖的那一天。谁知，你全然不顾他们的处境和他们的期待，一死了之，太自私了！"

这时，曾国藩想，自己之前为什么没有想到这些呢？自己死的确容易，可湘勇成为无头之众，最后的结局只能落魄回乡。这一年多来的辛苦都白费了，功名富贵也成了水中之月、镜中之花。作为湘勇的统帅、子弟的父兄，自己的仁在哪里？义在哪里？众多朋友应自己之邀，放弃他们的事情来做助手，有人还捐了大量的资金，可却因自己内无"恒心"而丢下他们，岂不真的太自私了？战死疆场则罢，自杀真乃无仁无义之举！

见左宗棠还要说什么，曾国藩冲上去握住了他的手，说："国藩一时糊涂，若不是吾兄这番责骂，险些做下贻笑万世的蠢事。眼下兵败，士气不振，尚望吾兄点拨茅塞。"

这个事例说明，曾国藩的"恒"字功夫，是从"内"向"外"的发力、用功，视"无恒"为"内耻"，所以"知耻奋勇"就必然是"恒心"的一种表现。懂得这一点后，曾国藩做事，遇到困难挫折不再妥协。至于他的"退"字功夫，与此并不矛盾，而是一种做事策略。"恒"不是策略，而是做事的信念。一个人无论做怎样惊天动地的事业，也不能失去自己的恒心，正如老子说的“不失其所者久”，这个“所”是指立身处世的恒心，不失恒心才能够保持长久。

曾国藩语录

困知勉行：恒心带来成功的希望

余于凡事皆用困知勉行功夫，尔不可求名太骤，求效太捷也。困时切莫间断，熬过此关，便可少进。再进再困，再熬再奋，自有亨通精进之日。

有恒心才是成功的根本；没有恒心的人，遇到困难就容易灰心，遇到险阻就会中途放弃。曾国藩从办团练那一天起，很长一段时间没有实权，又没有军饷，兵力发展不快，屡战屡败，这对他的“恒心”构成了巨大的考验。

咸丰十年（1860年）四月，江南大营的溃败给曾国藩带来了绝好的机会，胡林翼等湘籍高级首脑立即聚于曾国藩的大营宿松，开始紧张地密谋。曾氏兄弟、左宗棠、胡林翼、李元度等，前后在宿松畅谈长达23个日夜，达成了“共赴”艰难的共识，对各自的发展影响甚大。我们来看在此期间曾国藩的工作，就可以得知，他是多么“困知勉行”地做好“恒”字功夫的。

咸丰十年三月二十四日：接左宗棠信，专人去英山迎接。

四月初四日：中饭后，与宗棠畅谈。傍夕，与宗棠、次青畅谈。夜，又与宗棠久谈。宗棠言：“凡人贵从吃苦中来。”又言：“收积银钱货物，固无益于子孙；即收积书籍字画，亦未必不为子孙之累。”云云，多见道之语。

初五日：早饭后，与宗棠畅谈。中饭后，再与宗棠畅谈。傍夕，与李鸿章、次青畅谈。是日接奉寄谕："国金陵大营溃败，派都兴阿带五千人至江北，防贼北窜。"固与宗棠商谈大局，图所以补救之法。

初八日：早饭后，与宗棠畅谈。中饭后，与宗棠畅谈。傍夕，与季、次、子白诸人谈。灯下接奉寄谕，令余会同杨岳斌进攻芜湖，直抵宁国。并谕询：左宗棠是否仍办湖南团练，抑在余处帮办一切。

初十日：早饭后，与宗棠畅谈。未刻，与宗棠、次青久谈。胡宫保（林翼）自英山来宿松。将往罗（遵规宅）会众，未刻到，畅谈至三更。

十六日：早饭后，与胡中丞、左宗棠熟商一切。傍夕，与胡、左诸公谈江南事。

十七日：早饭后，与胡润帅、左宗棠畅谈。申刻，与胡润帅畅谈至二更。宗棠、次青诸公同在座。宗棠言及姚石甫晚午颓唐之状，谓："人老精力日衰，以不出而任事为妙。"闻之悚然汗下，盖分精力已衰也。

见曾国藩如此辛苦，随侍康福怕他累垮了，就劝他休息休息。曾国藩说，事情在关键时刻，恒心一失，就会松弛无救，他专门写了一篇《论成败》，教导身边人，"庄子曰：'美成在久。'骤而见信于人者，其为信必不固，骤而得名于时者，其为名必过情。君子无赫赫之称，无骤著之美；犹四时之运，渐成岁功，使人不觉；则人之相孚，如'桃李不言，下自成蹊'矣。除却进德修业，乃是一无所恃，所谓把截四路头也。若不日日向上，则人非鬼责，身败名裂，无不旋踵而至矣，可不畏哉！"

宿松会议关系甚大。会后，曾国藩写信给弟弟曾国潢说："左宗棠在余营二十余日，昨已归去。渠尚肯顾大局。"同时写信给沈葆桢说："四月之季，胡林翼、左宗棠俱来宿松，与国荃及次青、筱荃（李瀚章）、少荃诸人畅谈累日，咸以为大局日坏，吾辈不可不竭力支持，做一分算一分，在一日撑一日，庶几挽回于万一。”

曾国藩此时兵力单薄，羽翼未丰，安庆桐城之围已占去全军的大半，而且朝命未定，实不肯滥作牺牲，为他人做嫁衣。随后又于十九日致函彭玉麟，授以方略：“池州不知能攻克否，如城坚守固，则令韦部迅出江滨，择要驻扎，不可再令入徽，隶张小浦麾下，反复簸弄，七颠八倒也。如徽州有私缄公牍，直可付之不理，敞部各营。进扎关内，与水师相依为命，断无舍此他适之理。如朝帝饬援苏常，自当据实复陈。”

曾国藩移师安徽祁门之后，仍然是要权没权，要粮没粮，要饷没饷，作为“客军”，长期虚悬在外，日子倍加难熬。王闿运描绘当时的情景是：“寒月漠漠如塞外沙霜。”据《欧阳兆熊笔记》所述，当时曾府中的幕僚惶惶不可终日，都把行李收拾好放在船中，随时准备散伙逃命。曾国藩见状，对手下人生气地说：“贼势如此，有欲暂归者，支给三月薪水，事平仍来营，吾不介意。”众幕僚听了这话且惭且愧，人心反而安定了下来。

“振刷精神，力求有恒！”曾国藩挺过最艰难的时期，突然看到了一方蓝天。咸丰十年九月，湘军攻破了安庆，军营移驻安庆，从此曾国藩的日子好过多了。他于是领悟到：天下事最难的不过十分之一，能做成的有十分之九。想成就大事大业，要以恒心来成就它，要以坚忍不拔的毅力、百折不挠的精神，排除纷繁复杂的耐性，贞固不变的特质，作为涵养恒心的要素。一个人之所以成功，不是上天赐予你的，是日积月累自我塑造的。因此，做事不能存在侥幸心理。幸运、成功永远属于辛劳的人，属于有恒心不易变动的人，属于能坚持到底的人。事功如此，德业也如此。

虽天地之大，没有恒心则无物；事业众多，没有恒心则无成。这是贯穿天地不可磨灭的真理。“一日感到不满足，用一个月来继续；一个月还不能满足，用一年来继续。长久地坚持着，守住它不改变，怎么没有大成的道理呢!”曾国藩靠着这一“困知勉行”的“恒”字功夫，把事业做大做强了。

◎“识”字功夫◎

曾国藩语录

以识为主：胆识比才能更重要

凡办大事，以识为主，以才为辅；凡成大事，人谋居半，天意居半。

同治二年（1863年），曾国藩接到弟弟曾国荃的一封信，得知弟弟为久攻天京不破而着急。他立即回信，谈了一番“识”字功夫的重要性：

凡办大事，以见识为主，以才气为辅；凡成大事，人谋占一半因素，天意占一半因素。往年攻打安庆的时候，我告知你不必代天作主张。墙濠坚实，军心稳固，严断敌军的接济，痛剿援军，这是可以用人谋作主张的。攻克城池的迟早，杀敌人数的多少，我军士卒疲病与否，良将有无损折，或者添加别的军队来助围师，或者减围师分援其他地方，或是功败垂成，或无心而奏捷，这些都是天意做主的。以科举考试作比喻，文章有理法才气，诗不错平仄抬头，这是人谋作主的。如果担心天意难以凭借，而一定要为科名而广许神愿，行贿请人代考；如果担心人谋未够，而更加多方设法，或作板凌衣抄写夹带，或蒸高丽参来磨墨，这都是没有见识的人的做作。贤弟现在急求克复金陵，很有代天作主张的意思……

知己知彼，方为识；时机不成熟不妄动，是为识；利用对方弱点，先发制人是识；窥探对方的破绽，后发制人，亦为识。有识，就是有眼光，能谋略，再配合才能，就一定会成功。

《中庸》说：“文武之政，布在方策。”有识者方能进行决策，才能预料事情的整个过程。决策前有谋划就不会绊倒，做事提前有决定就不会受困，行动提前有安排就不会错乱，道路选定以前有目标就不会穷途末路。咸丰七年（1857 年）十月初四，曾国藩在写给曾国荃的信中说：“古之成大事者，规模远大与综理密微者缺一不可。”

所以，对于人才，曾国藩认为，“打造军队，首在拣选将才，而拣选将才，必求智略深远之人，又须号令严明能耐劳苦，三者兼全，乃为上选。”“智略深远”摆在第一位，可见在曾国藩看来，见识高低决定了一个人的事业能做多大。

对于治兵的才能，他认为不外乎“公、明、勤”这三个方面，如果办事不公正，赏罚不明，士兵就不会心悦诚服；如果不勤于职责，军营里的大小事务便会堆积，难以处理。同时，要不怕死，与敌人对阵时身先士卒，士兵才能为你所用。

同时，曾国藩认为“治军之道，以能战为第一义”，假如攻城攻了半年，不小心被敌人突围，无法抵御或受了小的挫折，自己的名望就会毁于一旦。第二重要的是能爱民，第三重要的是让上下官绅都和睦。最说明“能战”的事件就是同治元年（1862 年）的天京之战，当年，曾国藩调动湘、淮军 7 万余人分兵 10 路，包围天京。其间，曾国藩实施坚壁清野、挖地道、合围、各个击破等策略，历时一年多攻克天京，可见其胆识起到了多大作用。

“有识，则知学问无尽，不敢以一得自足。”所谓学问，即有学有问而通过学与问获得见识，才是最终的目的。见识在书本上领悟，更在实践中获得。

咸丰皇帝在咸丰三年至四年，连续下了四次诏书，让曾国藩出兵援助武汉、黄州、安徽庐州，可见每一个地方出现危急的时候，皇上都想让曾国藩出兵。但是曾国藩确实有自己的一套，他咬定牙根坚决不放松，四次下诏四次抗旨。他在给清廷写的奏折中讲自己为什么迟迟不出兵，因为自己现在担着很多骂名，自己还戴着孝，如果现在出兵，等于在太平天国强大的攻势下以卵击石，别人会笑话他。

由于当时清朝的各个地方势力正逐渐兴起，所以曾国藩分寸拿捏得非常好。

江南大营是清政府建于天京城外的营垒。咸丰三年太平天国建都天京时，钦差大臣向荣便率兵在城外孝陵卫建立大营，围攻天京。咸丰六年，清军围攻太平军被打败，向荣败死。咸丰八年，钦差大臣和春、提督张国梁攻打到天京城下，再建江南大营，于城东、西、南三处筑垒挖壕，长达百余里，对天京形成包围之势，对太平军造成了巨大的威胁。清政府依靠江南、江北大营对抗太平军，便以为有恃无恐，所以没有对湘军统帅曾国藩委以要职。

谁知咸丰九年，江北大营被太平军攻破了，并且太平军开始着手攻击江南大营，以粉碎清军对天京的包围。洪秀全封刚从香港来的族弟洪仁玕为干王，总理朝政。咸丰十年一月，在各路将领共商破营之策时，洪仁玕提出用“围魏救赵”之计发兵进攻杭州，敌必然会来救，等到江南大营分兵之时，太平军再回军进攻江南大营，这样定能解天京之围。洪秀全采纳了此计，派李秀成猛攻杭州，浙江巡抚罗遵殿战死，江南大营果然分兵来救杭州。清军中计后，充分理解战略意图的李秀成急速回兵，会合陈玉成、杨辅清、李世贤，一起攻打江南大营，数小时后，江南大营就被攻破了，太平军乘胜攻占了苏南广大地区。和春、张国梁、浙江巡抚徐有壬都败死。

这时，清政府的最高统治者把镇压太平天国的全部希望寄托在曾国藩和他的湘军身上。左宗棠对曾国藩说："这真是天意呀！江南大营的庸将弱兵如何能担起扫平敌贼的重任，今日溃败，正是后来者立功的大好机会。"曾国藩却很冷静，对于下一步怎么走他有自己的思考。

当李秀成率兵进攻杭州时，清政府急忙下令曾国藩缓攻安徽，东下救苏州、常州。由于李秀成进兵迅速，曾国藩的湘军还没有赶到，太平军已攻破了江南大营，又连克了苏州和常州。在清政府看来，苏州和常州等地的丢失远比攻占安庆重要，所以强令曾国藩东进。曾国藩拒不应命，坚决执行自己的军事行动，攻打安庆。清政府见此情形，只得于五月间授以曾国藩兵部尚书，署两江总督之职。清政府以为给了曾国藩这么大的官，他就一定会率兵东进了。然而，曾国藩仍然没有遵命，在上奏咸丰帝的奏折中，强调攻占安庆的重要性。他认为平定江南，必先踞上游之势，建瓴而下，才能成功。向荣、和春等人之所以失败，并非败自军事实力，而是败于战术上，他们想就近攻围金陵，结果战守错乱，屡进屡挫，既攻不下金陵，反而丢了苏常二地。

曾国藩重申自己的军事方略，坚持自长江上游而下，先外而内，稳扎稳打，步步紧逼，最终再攻克金陵，歼灭太平军。如果放弃安庆东进，必然重蹈向荣、和春的覆辙。

可见，曾国藩在关键时"识"字功夫发挥作用，他如果听命调遣，就会继绿营军之后而成为清政府的一颗被动的棋子。作为湘军的统帅，自己得有识见、有胆略，这样，棋子的命运才会更长久地掌握在自己手里。

曾国藩善于体察人情世故，他认为人常有两种积习：一种是好高骛远，眼高手低，这种人大事做不成，小事不愿做。他形象地称这种人是瞽者，即看不到方向的人。还有一种人是天天忙于身边的琐事，只见树木，不见森林，缺乏远见卓识。这两种人终究很难成功。基于此观点，他提出："成大事者必须目光远大，否则就会迷失方向，但必须按目标一步一步走下去，方有成功的可能。"

曾国藩带领湘军同太平军先后作战十余年，他在军事上强调从"大处着眼，小处下手"，还经常告诫他手下将领，如李元度、左宗棠及他弟弟曾国荃等人：治军必须脚踏实地，注意小事，才可每日成功。曾国藩家书中记录了这样一件事：他发现对将士奖罚分明，能够鼓舞军队士气，于是特别要求他弟弟关注制作赏赐将领们的物件、兵器，如腰刀等。可见曾国藩在治军上事事关心，明察秋毫，这点上就连他的幕僚们也对他佩服有加。

先贵审力：与提携自己的领导搞好关系

曾国藩语录

审机审势，犹在其后，第一先贵审力。审力者，知己知彼之切实功夫也。

“好风凭借力，送我上青云。”一个人在事业上要想获得成功，除了靠自己的努力奋斗之外，还需要借助他人的力量，这样才能平步青云或扶摇直上。

道光十八年（1838年）会试，曾国藩中第38名进士，成绩不理想，殿试取中三甲第42名，赐同进士出身。曾国藩心情不太好，朋友劝他不要灰心，在朝考时利用诗文再搏一搏。为了使自己朝考的诗文让朝中老前辈看到，考试一结束他就请10个抄手，备10匹快马，把场中诗文立时誊抄了10份，以最快的速度分送到他选好的10位权贵的手中。

主持朝考的是大学士穆彰阿和其他考官，穆已听说湖南的曾国藩诗文写得非常出色，于是特地抽出曾国藩的试卷看了起来。策论的命题是《烹阿封即墨论》，穆彰阿看了几排字就被吸引住了：“夫人君者，不能遍知天下事，则不能不委任贤大夫；大夫之贤否，又不能遍知，则不能不信诸左右。然左右之所誉，或未必遂为荩臣；左右之所毁，或未必遂非良吏……”

穆彰阿频频点头，认为文章立论鲜明，很有道理。他继续读到：“若夫贤臣在职，往往有介介之节，无赫赫之名，不立异以徇物，不违道以干时……”

穆彰阿击节叹赏，这明明说到自己心坎上了，好一个曾国藩，惟楚有材！于是，穆彰阿把曾国藩列为一等第三名。名单送到道光帝手中时，穆彰阿又将曾国藩的诗文大加赞赏一番。道光帝没像穆彰阿那样细读，扫了几眼后，用朱笔把曾国藩的名字由第三名划为第二名。

多年的生活经历让曾国藩深深懂得，一个人要想做一番事业，没有皇上的信任、权贵的支持是不可能成功的。曾国藩在湖南办团练前，他想到此次办团练的性质不同，团练如果不能打败太平军，必然会将会招致很多嫌猜，弄不好非徒无功，还有不测之祸。

“得人之力者无敌于天下也；得人之智者无畏于圣人也。”曾国藩认识到，天才也有力所不能及之事，圣人也有智所不能达之处，若能得人之智、用人之力，则无谋不可就，无事不可成。天下万物皆备于我，一个人是否有实力不要紧，只要他善借外界之力以扩充自己的力量，哪怕从零起步，他的人生也可达到常人难以企及的高度。

曾国藩与恭王、肃顺都有过多次接触。恭王才思敏捷，器识闳达，是皇族中最有头脑的人物。肃顺是郑亲王乌兰泰尔的第六子，明练刚决，敢作敢为，不但是皇族中数一数二的拔尖角色，也是满朝文武中少有人比得上的干才。初在京城为官时，曾国藩就知道皇上将会重用肃顺，依靠他来整饬朝纲，力矫弊端，肃顺入阁拜相只是明后两年的事。于是，他有意识地与肃顺搞好关系。有恭王、肃顺的信任，有皇上爽快地接受，还怕朝中无援吗？

自唐鉴密荐皇上使用曾国藩后，皇上一直在考虑起用曾国藩，但未最后拿定主意。为此事，皇上分别召见恭亲王奕訢和内阁学士肃顺，二人都竭力主张起用汉人来平定太平军。恭亲王说曾国藩是先帝破格超擢的年轻有为人才，是林则徐、陶澍一类的人物，要皇上实心依畀，予以重用。肃顺更明确提出，当前两湖动乱，请饬曾国藩在原籍主办团练，效嘉庆帝平定川楚白莲教的成法，给曾国藩方便行事的权力。如此洪杨则可早日翦灭，国家可早得平安。皇上欣然接受，并夸奕訢、肃顺见识卓越，老成谋国。

拿捏十成把握后，曾国藩便向朝廷呈上一道奏折，要在省城建大团，自然并不是仅仅为了防卫省城，镇压匪乱，他的主要意图在于建立一支新军。他的想法是：先招募少数人加以严格训练，使之起到以一当十的效果，然后以这批人为骨干，再招募10倍20倍的人，立即就可成为一支劲旅，到时候拉出省外与太平军较量。

清朝时兵权皆由朝廷牢牢控制，从不放心让汉人多带兵，更不允许有人像明代戚继光那样建“戚家军”。或许是由于时局危急，咸丰帝知道绿营军不足以依靠，希望有一支新的军事力量出现，也或许有奕訢、肃顺和唐鉴的竭力担保，使得咸丰帝特别相信曾国藩，居然很快便亲自批复：“悉心办理，以资防剿。”

曾国藩这一“识”字功夫，给我们最大的启示是：做任何事，仅靠一个人的能力是行不通的，需要有来自各方面力量的支持，尤其是起步之初，或者接受独当一面的重任时，没有来自上面的支持，工作开展会非常被动，有力也使不出来。这时，有“尚方宝剑”在手，才能在舞台上舞出自己的妙招。

器识为先：不是谁都能抓住天赐良机

如河伯之观海，如井蛙之窥天，皆无见识也。

明末清初的大学问家顾炎武在《日知录》中说：“士当以器识为先。”曾国藩读到这句话时，想起了孔子的一句话：“鄙夫可与事君也与哉？其未得之也，患得之；既得之，患失之。苟患失之，无所不至矣。”世上许多事都说明了这样的道理：越害怕失去，就越容易失去。

一个人的成功很大程度上依靠自己的胆识，胆识是因时机、场所、方法来决定问题的能力。不论在什么场合，首先要确定自己发展的方向，这样就不至于搞错大方向，即使有一些小挫折，但就大局而言还是能获得成功的。患得患失的人，一般很容易陷入以自我为中心的小圈子，特别是领导因位高权重，就更容易犯这个毛病。

曾国藩也曾患得患失，还差点丢失了自己的“器识”。咸丰二年（1852年），曾国藩的母亲去世，他回老家守丧，这时家乡到处都在办团练来应对太平军。湖南巡抚张亮基想让曾国藩来长沙办更大的团练，于是专门写信邀请他出山：“亮基不才，承乏贵乡，实不堪此重任。大人乃三湘英才，国之栋梁，皇上倚重，百姓信赖，亟望能移驾长沙，主办团练，肃匪盗而靖地方，安黎民而慰宸虑；亮基也好朝夕听命，共济时艰……”

曾国藩回信以“岂有母死未葬，即办公事之理”为借口拒绝了张亮基。乱世为英才提供了干大事的时机，就看谁有胆有识抓住它。要不是唐鉴、张亮基、郭嵩焘、罗泽南、陈敷等人一再说服曾国藩，他差不多会与天赐的良机擦肩而过。

唐鉴对曾国藩说：“眼下洪杨作成，三湘正遭涂炭。南望家山，不胜悲念。常言说‘时势造英雄’，正因为祸乱并发，乃英雄崛起之时，故老夫才向皇上竭力推荐，并以一生薄名为贤弟担保。孟子说‘天将降大任于斯人也，必先苦其心志，劳其筋骨’，贤弟数十年来，已备尝人世艰苦，现正当年富力强，担当大任之时，况贤弟素有以天下为己任之壮志，此为老夫所深知。”

郭嵩焘对曾国藩说：“你素抱澄清天下之志，今日正可一展鸿抱。古人说‘虽有智慧，不如乘势’，又云‘难得而易失者时也，时至而不旋踵者机也。故圣人常顺时而动，智者必因机以发’，今时机已到，气运已来，上自皇上亲王，下至士民友朋，莫不瞩目于你。你若践运不抚，临机不发，不但辜负了自己的平生志向，也使皇上心冷、友朋失望。你还犹豫什么呢？”

罗泽南也竭力怂恿曾国藩，他表示愿意将自己手上1000名团勇交给曾国藩，并且他和他的学生都愿意在曾国藩帐下听令，赴汤蹈火，万死不辞。

曾国藩在众人的劝说激励下，终于抓住了时机，成为湘勇的主帅。

一个人缺乏胆识，也就缺乏做大事的条件。因此，“当断不断，反受其乱”差不多就是对缺乏胆识行为的准确概括，这句话出自《史记·春申君列传》。战国时代，楚国令尹（掌握军政大权的官职）春申君（黄歇）任职期间，有幕僚劝他及早把另一个实力派人物李园除掉。黄歇却犹豫不决，迟迟没有接受劝告，终于被李园派来的刺客杀死。《史记》通过这个故事，揭示遇事“当断不断，反受其乱”的道理，对准备做事、正在做事的人是个教育。

后来，曾国藩总结自己的人生得失，对儿子曾纪泽说，现实中往往有很多天赐良机，稍纵即逝。有所作为的人要善于抓住这些良机，充分利用这些良机。如何抓住良机呢？这就需要胆识。所谓胆识是指把经过深思熟虑后的选择，有时甚至是凭多年经验而产生的直觉，迅速明确地表达出来。有胆有识的人洞察形势，会做出敏锐反应。

用现在的话说，有胆识的人善于对信息进行吸收和消化，对经验进行综合和运用，他们对未来的估计和推测都能在较短时间内完成，很快地形成明确的判断。

曾国藩语录

识量颇远：判断力影响个人发展空间

必才略果优，识量颇远者，乃可渐次拔擢，统率一路。

一个人做事，要对利弊得失做全面分析。“两利相较取其大，两弊相较取其小，做到不以小利害大利，不以小局害大局，不以眼前害长远。”只有兼顾利害两个方面，把小利与大利、局部利益与全局利益、眼前利益与长远利益统一起来，才能防患于未然。

曾国藩反对好大喜功的人，认为这种人缺乏“识”字功夫。“识”字功夫强的人，做事决断时头脑清醒，不做与客观事实不相符合的主张，防止导致不良后果；如果对客观情况弄不清楚，就下决定或决断是要吃苦头的。反之，只有在情况明、决心大的情况下，决断才是对的。

我们可以这样理解曾国藩的“识”字功夫：成功之士要足智多谋，有决断力，能当机立断，但又不能武断，这之间的把握可谓有很大的学问。果敢决断不是草率，更不是鲁莽。草率和鲁莽是愚昧无知和粗心大意的产物，而果敢决断则是对信息做了充分加工后，做出十分迅速准确的反应。

同治元年（1862年）九月二十四日，曾国藩写信给曾国荃说：“考察时机和考察形势还是次要的，第一重要的是审力。所谓审力，就是知己知彼的切实功夫。弟弟当初以孤军进驻雨花台，在审力功夫上稍稍欠缺。自从贼匪来了以后，一意苦守，这样的好处又全在审力二字上，更希望将这两个字一直坚持到底。古人说‘骄兵必败’，老子说‘两军相对，哀者胜矣’。不审力，就是所谓的骄傲；审力但不能自立，这就是老子所说的‘哀’了。”

同治五年，曾国藩认为皖北的形势以淮水作为根本，太平军的残余势力在淮南猖獗，捻军在淮北干扰，袁甲三驻扎在临淮一带，跨越两淮而处在中间位置。去年的秋天，苗沛霖攻陷寿州，占领了淮西多个城市，占据了上游的要塞。袁甲三在势力上处于孤危之境，旁边又没有应援的力量，支撑下来实在不容易。自从巢、和、庐州接二连三地克复，太平军被扫除干净。自三河、霍邱群圩归顺后，苗党解散过半。不久苗沛霖已从寿州、正阳关两个地方退出，李续宜命令蒋凝学进城防守。大江以北，长淮以南，已经一律肃清。曾国藩说，地形的险易，是看对方的形势作为转移的。今日临淮一关，似乎已没有什么紧要，然而唐训方暂时任安徽巡抚，仍应该驻扎临淮，才足以控制局面。李续宜的部属，在安徽境内大概分为五部分：一是安肃道蒋凝学，进驻寿州，分防颍、寿、正阳关三处。一是记名提督萧庆衍，驻军霍邱，与正阳、三河尖形成互相依靠的形势。一是记名提督成大吉，一是道员毛有铭，两军都驻在三河尖附近的望冈集。并由成大吉分拨一营，出驻河南的固始县城。一是总兵王载驷，留守六安州，为各军保固后路，接应粮食器械。淮西各城，布置极为周密。如果唐训方进驻在临淮关，则西可联络蒋凝学寿、颍的军队，东可联络吴棠清江的部队，南可联络石清吉庐州的部队与李世忠滁州的部队，而北路也可稍稍声援僧格林沁。如果不驻扎在临淮，就中段空虚，恐怕徐州、宿州、蒙城、亳州的捻匪，又将窥伺淮南，这一问题关系很大，不能不防备。

形势果真如曾国藩所料，曾国藩谋事在前，掌握了主动权，分兵围剿，打败了捻军。“地形之险易，视形势为转移”，这是曾国藩的重要军事思想，也体现了他独特的“识”字功夫。曾国藩在军事上的成功，他总结为两点：

一是博采众议，不主观武断。做事离不开正确决断，所以必须认真听取各种不同意见，并考虑到各方面因素，既不偏激又不脱离实际和群众，从而做出正确判断和决定。切忌主观武断，若听不进客观合理意见，就会发生个人简单的专断。这种作风和博采众议的作风是根本对立的，必须加以反对。识见不等于主观武断，这是理解“识”字功夫最重要的一点。

二是顺势而断，不逆理而为。“顺势而谋”，“因势而动”。这种“势”，即指事物发展的趋势和客观条件。这样，对重要事件进行决断时，一定要考虑到事物发展的趋势和客观条件的变化，顺应事物发展规律做决定。相反的是“逆理而为”，是指决断违背事物发展规律，违背了客观规律要求的决断措施是不会收到好的效果的。

毋求近功：只追求速度会丧失心智

曾国藩语录

遽求成效，则气浮而乏，内心不可不察。

曾国藩在老家为父亲守丧的时候，对冲杀疆场的湘军放心不下，他清楚弟弟曾国荃性格急躁，所以经常写信告诫他：不要贪求战功，急功近利；如果做事毫无把握就马上追求成效，必然会气浮而乏力，对此，在内心不得不深思熟虑。出兵须由自己做主，不能受到其他人的牵制。不仅仅出兵是这样，就是平时的出队打仗也不能受人牵制。需要应战的时候，虽然其他营队不愿出战，但自己营队也必须出兵。如果大家都把用兵看作是应酬，就不可能出奇制胜了。孔子说："无欲速，无见小利；欲速则不达，见小利则大事不成。"劝诫弟弟要时刻记住这句话。

同治二年（1863 年）十月至第二年四月期间，曾国藩五次告诫曾国荃，说："望弟不贪功之速成，但求事之稳适。""专在'稳重'二字上用心。""务望老弟不求奇功，但求稳着，实乃'识'字功夫。"曾国荃统兵吉安前线时，曾国藩叮咛道："凡与贼相持日久，最戒浪战。兵勇以浪战而玩，玩则疲；贼匪以浪战而猾，猾则巧。以我之疲敌贼之巧，终不免有受害之一日。故余昔在营中诫请将曰：'宁可数月不开一仗，不可开仗而毫无安排算计。'"

当曾国荃打到金陵前线时，曾国藩又嘱咐说：“总以‘不出壕浪战’五字为主。”曾国藩所说的“浪战”，指不分胜负情况下的战争。他认为，即使有小胜，或仅小挫，浪战都会带来严重的恶果，士卒不但因浪战而疲困，且因浪战而对打仗这种严肃的事不慎重。与其如此，不如坚守不出，好好修整、练兵，养精蓄锐，鼓舞士气，一旦开仗由一战可胜。

曾国藩说这些话，犹如给弟弟的大脑降温，使之保持冷静，事实上果真起到了一定的效果。曾国荃成长为湘军的重要将领，与曾国藩的谆谆教导、不断督促是分不开的。曾国藩还引用朱熹的话告诉其弟：“杂然进之而不由其序，譬如以枵然之腹，入酒食之肆，见其肥羹大截，饼饵脍脯，杂然于前，遂欲左拿右攫，尽纳于口，快嚼而亟吞之，岂不撑肠拄腹，而果然一饱哉！然未尝一知其味，则不知向之所食者果何物也。”

孟子说：“其进锐者，其退速。”前进太猛的人，后退也会快。曾国藩对于进学的次第，严格遵循孟子所说的“不盈科不行”——流水遇到坎坷时，必须等水盈满后才能继续往前进行。“盈科而后进”——日夜不停地流到海里去。“君子之志于道也，不成章不达”。所谓“成章”引申为事物达到一定阶段或具有一定规模，则可日成章。不循序渐进的累进，不可能取得伟大的成就。所谓“源泉混混，不舍心昼夜，盈科而后进，放于四海”，就是这个意思。

“欲速不达”，“其进锐者，其退速”，“合抱之木，生于毫末；九仞之台，起于累土；千里之行，始于足下”。这些说法确实道出了人间做事的秘诀。曾国藩说：不要凭一时的意气办事，不要凭一时的热情办事。成功需要计划，需要安排，还需要一定的程序，做事的程序通常是志愿、意图、计划、行动、力量、效果。没有雄心壮志，就不会有超越时空的意图；没有超越时空的意图，就不会有无可比拟的计划；没有无可比拟的计划，就没有坚定果敢的行动和力量；没有坚定果敢的行动和力量，就难以取得伟大的效果。从古至今，大事小事皆如此。曾国藩如此见解，无不是其“识”字功夫的体现。

当曾国藩正在“剿捻”前线布阵谋局时，尹杏农两次写信给曾国藩，借指责周亚夫委弃梁孝王的故事，力陈“兵贵神速”的道理。曾国藩在回信中盛赞周亚夫筑深沟高垒、后发制人的战术，并说：“国藩久处兵间，虽薄立功绩，而自问所办，皆极拙极钝之事，与‘神速’二字几乎相背，即于古人论兵成法，亦于千百中而无什一之合私心。”曾国藩为什么要做“极拙极钝”之事呢？他给予了回答：“兵，犹如火，易于见过，难于见功。”意思是说，要求稳慎而渐缓见功。所以，他为曾国荃送去“良为至论”：“稳扎稳打，机动则发。然‘机’字殊不易审，‘稳’字尤不易到，得极力追求，处处用心。”

不知敌我、不知深浅、只顾速度的轻浮举措是非常危险的，他说：“未经战阵之勇，每好言战，带兵者亦然。若稍有阅历，但觉我军处处瑕隙，无一可恃，不轻言战矣。”不轻言战，就是人们常说的一句话“不打无准备的仗”。曾国藩非常赏识李续宾，说他：“用兵得一‘暇’字诀，不待平日从容整理，即使临阵，也回翔审慎，定静安虑。”“续宾善战，其得诀在‘不轻进，不轻退’六字。”

曾国藩用兵主张后发制人，在具体策略上有两种，一是“以主待客”，二是“以静制动”。所谓“以主待客”，是老子的思想，《道德经》有言：“吾不敢为主而为客，不敢进寸而退尺。”曾国藩进行发挥，他说：“兵不得已而用之，常存不敢为先之心，须人打第一下，我打第二下也。”意思是说自己不先下手——这不是保守战，而是具体战法上的“以逸待劳”。

他说："古之用兵者，于'主客'二字精神也。"什么是"主"，什么是"客"，曾国藩阐述道："守城者为主，攻者为客；守营垒者为主，攻者为客；中途相遇，先至战地者为主，后至者为客；两军相持，先呐喊放枪者为客，后呐喊放枪者为主；两人持矛相格斗，先动手戳第一下者为客，后动手即格开而即戳者为主。"

那么，如何处理主与客的关系呢？曾国藩说："凡出队有宜速者、宜迟者。宜速者，我去寻贼，先发制人者也；宜迟者，贼来寻我，以主待客者也。主气常静，客气常动。客气先盛而后衰，主气先微而后壮。故善用兵者，最喜做主，不喜做客。"他评论湘军将领说："近日诸名将，多礼堂好先去寻贼，李希庵好贼来寻我。休、祁、黟诸军但知先发制人一层，不知以主待客一层。"以主待客，既可以逸待劳，养精以应敌，又可静以审势，乘机以破敌。所以，曾国藩认为，以主待客是取胜的最稳健的方略。"凡扑人之墙，扑人之濠，扑者客也，应者主也。我若越濠而应之，则是反客为主，所谓致于人者也。我不越濠，则我常为主，这就是所说的致人而不被人致。"

再来看"以静制动"。曾国藩的性格是主静的，他认为静比动好，养静是他的主要功课之一，把"静"字功夫用到打仗上，他认为："守城尤贵于静，务深思深虑。"他评述双方将领的特点道："林启容守九江，黄文金守湖口，乃以悄寂无声为贵。江岷樵守江西省城，亦禁止击柝列矩。己无声而后可听人之声，己无形而后可伺人形。"

曾国荃围攻安庆时，曾国藩反复开导他"镇以图之"，"总作一坚守不战之计"，"不分心攻城，专主坚守后濠"。为什么要如此呢？他的理由是，"贼以积劳之后远来攻扑，我军若专守一'静'字法，可期万稳。"故围城者必须"神不外散，力不歧分"。他甚至认为，在挂车河一带打援的多隆阿部也应做“坚守之计，任贼诱敌搦战，总不出队与之交战，待其晒过数日之后，相机打之”。因为援军“军行人违，气太锐，其中必有不整不齐之处，只有一‘静’字可以胜它”。

“以主待客”和“以静制动”，是曾国藩“毋求近功”这一“识”字功夫的“双剑”。我们可以获得这样的启示：做事目标设计要合理，目标太大了，要么会觉得实现起来茫茫无期，以致半途而废；要么心浮气躁，巴不得一日成功，结果手忙脚步乱，行动变形。对于大的目标，要细分为小的目标，完成了一个小的目标，再去做下一个目标，这样就不会急功近利而乱阵脚。在做的过程，发现问题，解决问题，稳步前进。

◎“变”字功夫◎

曾国藩语录

因时变通：不拘泥于僵化的规则和方法

臣思整复旧规，为因时变通之法。

做大做强，求得发展，非一日之功，而是个逐步积累的过程，需要与时代的节奏同步。也就是说在时势变化时，要跟得上“节拍”，以变应变，寻找出路，不然自己会处于被动地位。所以，曾国藩在做事上又有了“变”字功夫。他说，必须顺应时势善于变化，及时调整自己的行动方案，这是成大事者适应现实的一种方法。

曾国藩知道自己想要成功就应审时度势，顺势而变才行。他的处世之道，实际上是一种灵活辩证的处世态度和方法。因此，虽然他处世中勤于功名，以儒家思想为核心，恪守仁义的宗旨未改，但在做事为人的“形”上，却是一生三变。正是这“三变”，引来了人们对他的褒贬。但不管怎样，没有这适时的“三变”，便不会有他以后的成功和名声。

有人这样评价曾国藩：“其一生善变，书字初学柳宗元，中年学黄山谷，晚年学李黄海，而参以刘石，故挺健之中，愈饶妩媚。”这是说曾国藩习字善变。“其学问初为翰林词赋，即与庸镜海太常游，究心儒先语录，后又为六书之学，博览乾嘉训诂诸书，而不以宋人注经为然。在京为官时以程朱为依归，至出而办理团练军务，义变而为申韩。尝自欲著《挺经》，言其刚也。”这里说的是他学问上善变。

曾国藩的同乡好友欧阳北熊认为，曾国藩早年在京城时信奉儒家，治理湘军、镇压太平天国时采用法家，晚年功成名就后则转向了老庄的道家。这个说法大体上描绘了曾国藩一生三个时期的“变”字功夫。

纵观曾国藩一生的处世之道，他是以儒家为本，杂以百家为用，各家思想几乎在他的每个时期都有所体现。随着形势、处境和地位的变化，各家学说在他思想中体现的强弱程度又有所不同，这些都反映了他深谙各家学说的“变”字功夫。

曾国藩扎实的儒家功底，是道光十八年（1838 年）至咸丰二年（1852 年）做京官这个时期打下的。他对程朱理学进行了深入研究，又受到唐鉴、倭仁等理学大家的指点，以致在理学素养上有了巨大的提高，进行了理学所重视的身心修养的系统训练，建立起为人处世的各种“功夫”，包括“变”字功夫。

儒家所说的“身心修养”是一种“内圣”的功夫，通过这种克己的“内圣”功夫，最终达到处世（治国平天下）的目的。曾国藩还发挥了儒家的“外王”之道，主张经世致用。唐鉴曾对他说，“经济”，即经世致用包括在义理之中。曾国藩完全赞成，并大大地加以发挥。他非常重视对现实问题的考察，重视研究解决的办法，提出了不少改革措施，是洋务运动的促进派。

儒家的“自强不息”是一种“变”与“化”的过程，但曾国藩意识到如果只信奉儒家，思想一定会有所缺失，“变”与“化”也仍旧是僵死的，所以，他在对待太平军和捻军的镇压上，以及湘军管理的问题上，做出的一系列主张措施，体现了法家“严峻刑法”思想的“时用”。他提出要“纯用重典”，认为非采取“狠”的手段不能为治。而且他还向朝廷表示，即使由此而得残忍严酷之名也在所不辞。他确实是这样做的，他设立审案局，对所捕的土匪严刑拷打，任意杀戮。他还规定，不纳粮者一经抓获，就地正法。在他看来，儒家的“中庸”之道，在这个时候得让位于“严峻刑法”的法家思想。

曾国藩的“变”字功夫，好像是对他其他功夫的反动，其实不然，儒道两家都提倡“变化”，荀子有“逆取之法”，强调的就是“变”；庄子说“化则无常”，即顺应变化就不执滞常理。做事如果不善变化，是很难成功的。变化是权宜之计，也是应对之策。

咸丰三年（1853年），曾国藩写信给魁联，解释自己为何“由儒入法”，他说：我在公寓内设立了审案局，10天之内已处斩了5个人。世风不厚之后，人们各自都怀有不安分的心思，一些恶人造谣惑众，希望天下大乱而去作恶为害，稍微对他们宽大仁慈些，他们就更加嚣张放肆，光天化日之下竟敢在都市抢劫，将官府君子视同无物。不拿严厉的刑法处治他们，那么，坏人就会纷纷而起，酿成大祸就无法收拾了。因此，哪怕只能起一丁点的作用，也要用残酷的措施来挽回这败坏已久的社会风气。读书人哪里喜欢大开杀戒，关键是被眼下的形势所逼迫的，不这样就无法铲除强暴，从而安抚我们软弱的人民。这一点，我与您的施政方针恐怕比较吻合吧！

曾国藩在为官方面，地位越高，越倾向于“清静无为”的老庄思想。他常表示，于名利之处须存退让之心。太平天国败局已定，即将大功告成之时，这种思想愈加强烈，一种兔死狗烹的危机感时常萦绕在心头。他写信给弟弟说，自古以来，权高名重之人没有几个能有善终，而要将权力推让几成才能保持晚节。天京攻陷之后，曾国藩便立即遣散湘军，并做功成身退的打算，以免除清政府的疑忌。

不同的时期，曾国藩有不同的应对办法，说明他善于从诸子百家中吸取养分充实的“变”字功夫。后来容闳称曾国藩是“旧教育中之典型人物”。无疑，在曾国藩身上，熔铸了中国传统文化的各种基因，正是这些基因，才使他成为中国古代社会“三不朽”（立德、立功、立言）人物之一。

凡是成大事者，均有识时务、谋深计的功夫，这是他们成功的两大砝码。初尝成功的甜头就忘乎所以，不栽跟头才怪；一受打击就没劲了，摸着眼泪暗自叹息，这种人也成不了大业，因为泪眼蒙，物象不清。

曾国藩语录

宽利严礼：在宽与严之间拿捏分寸

应宽者，利也，名也；应严者，礼也，义也。

“变”字功夫的内容不少，如对待宽与严、刚与柔、狠与软等，曾国藩都有一套自己的方法。他把“宽”的范围定为：一是银钱方面慷慨大方，绝不计较，当自己银钱充裕时，就数十百万掷如粪土，当自己银钱穷窘时，就解囊分润他人，情愿自己困苦些；一是不与别人争功，遇有胜仗，就把功劳让给他人，遇有保举的机会，就用优等奖掖笼络他人。

对于“严”，曾国藩也有两点看法：一是礼文要疏、要淡，往来要少，书信语言要简，话不要多说，情谊不可过密；一是剖明是非，凡是部属与官员百姓争讼，而又刚好在自己管辖的地方，对于诉苦的人，一定要剖明决断是非曲直，毫不隐瞒，对当事者要严加惩治。

曾国藩认为把“宽”与“严”的关系处理好了，“手下又有强兵，则无不可相处之悍将矣”，做起事来就会掌握局面，人心归附。

在执法上，曾国藩是非常严格的，咸丰三年（1853年），他统领湘勇时，写了一封致湖南各州县公正绅耆书，说：“国家承平日久，刑法尚宽，值兹有事之秋，土匪乘间窃发，大大有之，亦望公正绅耆，严立团规，力持风化。

其有素行不法，惯为猾贼造言惑众者，告之团长、族长，共同处罚，轻则治以家刑，重则置之死地。”

在军规上，曾国藩更是威严，他对刘长佑、王璞山说：“军士所过，有取民间一草一木不给钱者，即行正法，望两君日以斯言训儆之。至要至要！千万千万！”

但是，曾国藩对待“宽”与“严”，方法不是僵死的，例如处理刘铭传与陈国瑞械斗之案，他就采取了宽严结合的办法，体现了他的“变”字功夫。

事情是这样的：刘铭传在长沟集捡了一个古盘，被陈国瑞窃走了。结果两支队伍打了起来，双方各有伤亡。曾国藩听说自己人打自己人，气得吹胡子瞪眼睛，这不是让天下人耻笑吗？可是怎样处理这案子，却让曾国藩为难了，因为他面对的是两个性子暴烈的家伙。

陈国瑞原是蒙古王爷僧格林沁手下的一员大将，他没有读过书，斗大的字不识一个，是个十足野蛮的汉子，开口就是脏话，动不动就打人，只要他想干的事，阎王老子不让他干都不行。陈国瑞 15 岁时，在家乡湖北应城投了太平军，后来又投降清军，几经辗转被收在僧格林沁部下。关于陈的骁勇，营中流传着这样一个佳话：一次，炮弹击碎了他手中的酒杯，警卫叫他躲避一下，他冷笑一声，抓起椅子端坐在营房外，举起酒杯，高叫道：“向我开炮，向我开炮——”他的这一行动把手下人都震住了，没有人不敬畏他，连上司僧格林沁都让他三分。僧格林沁本人性格也暴虐、狂躁。史书载，他听手下人汇报战况时，就在地上走来走去；赞赏时不是割一大块肉塞进对方嘴里，就是端一大碗酒强迫别人喝下去；发怒时则用鞭子抽打对方或冲过去拧脸、扯辫子，搞得很多人都难以接受。然而，陈国瑞却不怕僧格林沁，僧格林沁反而打心眼里赏识他。僧格林沁在与捻军作战中把自己的命搭进去了，朝廷接着令曾国藩负责剿捻，节制绿营，这使得陈国瑞成了曾国藩的部属。

曾国藩处理陈国瑞与刘铭传械斗案，琢磨了半天，认为只有让陈国瑞真心地服自己，才有可能在今后真正地使用他。于是，曾国藩拿定主意，先以统帅的威严正气打击陈国瑞的嚣张气焰，继而历数他的劣迹暴行，使他知道自己的过错。

曾国藩严厉地说："陈将军！贵军跟铭传军械斗之事，本部堂早已知道。刘铭传那里我已严加训斥了，并命他立即撤出长沟集，到皖北剿捻。这次械斗是你挑起的，你要负主要责任。我过去听了不少关于你的劣迹，不太相信，于是沿途处处留心查访，果然说你不好的有十分之七，说你好的只有十分之三。"

当陈国瑞准备为自己辩护时，曾国藩压住他的话，把他曾投靠太平军的历史搬了出来，一下子灭了他的气焰。当陈国瑞不能分辩，红着脸时，曾国藩突然话锋一转，表扬起他的勇敢、不好色、不贪财等优点，说："陈将军，你有良将之质，本部堂十分爱你惜你，你今年只有30多岁，论年龄，你是本部堂的子侄辈，论职位，你是本部堂的下属。本部堂今日以父辈之身份、上司之地位，跟你说几句贴心话，望陈将军能体会本部堂之良苦用心，不为习俗所坏，猛省过来，日后成为一名人人爱重的良将。"

陈国瑞又振奋起来。紧接着，曾国藩坐到他面前，像长辈一样谆谆教导他，给他订下了三条规矩："一不扰民，二不私斗，三不梗令"。一番话说得陈国瑞口服心服，无言可辩，只得唯唯退出。

可是，陈国瑞莠性难改，一回营又照样不理睬曾国藩所下的命令。曾国藩见"宽"的方法作用不大，马上请到圣旨，撤去陈国瑞协办军务之职，剥去黄马褂，责令戴罪立功，以观后效，并且告诉他再不听令就要彻底查办，发往军台效力。陈国瑞跪到地上磕头，说：“今后切切实实按曾大人所提出的三条要求办，戴罪立功。”第二天，陈国瑞就老老实实地率领部队开往曾国藩的指定地点效命。

对于刘铭传，曾国藩只是把他骂了一顿，没有处罚。刘铭传也是个悍将，他从小天不怕地不怕，只有别人怕他。18岁时，一个土豪到他家勒索，他父亲与哥哥都跪地求饶，只有他不跪，愤怒地瞪着土豪。土豪欺他年纪小，就对他进行辱骂。刘铭传冲上去，抢过刀子，把土豪的头割了下来。杀了人后怎么办？他就聚众为王建立了一支队伍，从此成为乡里有名的霸王。

咸丰九年（1859年），李鸿章奉曾国藩之命回原籍招募淮军时，看中了刘铭传，与他商谈后将他的队伍募入淮勇，名为“铭军”。为了武装这支队伍，李鸿章花了不少银两，从洋人手中购买了枪支弹药，把“铭军”装备成为近代武装。刘铭传作战勇敢，为李鸿章建立功业出了不少力，可是刘铭传居傲狂妄，对上司也敢拍桌子打板凳，李鸿章不好管他。后来，当曾国藩借用淮军剿捻时，李鸿章就把“铭军”拨给了老师。

曾国藩早就听说了刘铭传的脾气，不过，他有信心把这头烈马调教好。在“剿捻”过程中，“铭军”出生入死，表现非常卓著，这让曾国藩很是欣慰。可是，曾国藩闻说刘铭传与陈国瑞军发生了械斗，心里就犯难了，如何处理呢？这可涉及到军纪问题，不处理，于事不公；处理吧，弄不好双方都不能平心静气，今后还会内讧。

曾国藩想，刘铭传是借来的，可以还给李鸿章去处理，可是此人的确谋勇兼备，又有洋枪洋炮，今后自己还要倚重他。曾国藩左思右想，想出了一个处理措施，决定在公开场合对刘铭传进行严厉斥责，嘴上说得狠，但对他的过失却不予追究。刘铭传以为曾国藩真的会拿自己开刀，但只是挨了一顿骂，却没有受任何处罚。他意识到自己的错，明白曾大人爱护自己，自己当努力回报。曾国藩对刘铭传“明严实宽”，此招果然管用，“铭军”独自赴皖北去剿捻，功勋卓著。后来，刘铭传在中法战争中，带领台湾军民奋起抵抗法军的进攻，使法军终未能攻下淡水，使得他们占领台湾的梦想破灭了。光绪十一年（1885 年），清政府将台湾正式撤道改建成省，刘铭传被任命为台湾第一任巡抚。

所以，宽严不是绝对的铁板两块，要视具体情况灵活运用。像刘铭传这样的粗鲁、莽撞的悍将，要想支配他确实不是件容易的事情，但是他的优点是勇敢、不怕死，冲锋陷阵的时候少不了这样敢打敢拼的人。所以，就像制服烈马一样，得抚摸它，安抚它。如果用“严”的办法管制，显然是行不通的，甚至还会被马蹄踢伤。

曾国藩语录

> 担当大事，全在明强二字，《中庸》学、问、思、辨、行五者，其要归于愚必明，柔必强。

愚明柔强：在刚与柔之间变化手腕

曾国藩尊奉孔孟，一心一意用儒家思想指导自己的行动，把“以天下为己任”，“天行健，君子自强不息”当作入世拯世的指南。于是铸造了他性格中“刚”的一面。同时他又读老庄，从道家思想中汲取养分，构建了性格中“柔”的一面。

儒家赞赏入世品格和刚健精神，主张积极投身现实社会，奋发进取、自强不息、追求理想价值的实现，激发人们树立“国家兴亡，匹夫有责”的担当意识和忧患精神。“士不可以不弘毅”，“弘”就是弘大，胸襟大，气度大，眼光大；“毅”就是刚毅，有决断。“任重而道远”，是要求知识分子将救世救人作为自己的责任。“勇者不惧”，是说勇敢的人刚毅果断，无所畏惧。这些都体现了一个“刚”字。

曾国藩把“刚毅”理解为“倔强”二字，并以此勉励他人。他的好友冯树堂因参加考试被大雨困于场屋，他得知后，写诗道：“却笑群儿薄心胆，瑟缩啾唧良足哀。丈夫守身要倔强，虽有艰厄无愁猜。我今高卧舒两膝，深檐大栋何恢恢！白日鼾声答雷雨，残滴初歇清梦回。甘眠美食岂非庆，又闻逸乐生祸胎。数君健强齿尚未，正可磨练筋与骨。”

他对自己的弟弟说：“‘难禁风浪’四字条幅已完好归还，我很高兴。古来豪杰皆以这四个字为大禁戒。我们家祖父教人，也以‘懦弱无刚’四字当作大的羞耻。因此，男儿立身行事必须有倔强的大丈夫气概，仅几万人被困于城下，士气最容易消沉，弟能鼓舞起数万人的刚气而长久不使它消沉下去，这正是你比别人高明之处，更应当在这些地方下些工夫。”

咸丰十年（1860年），曾国藩兵困祁门之时，倔强之气最为突出。当时安徽南北十室九空，从金陵到徽州800余里，遍地都是太平军，没有哪一天没有战斗。徽州刚失陷时，休宁、祁门一带大为震惊。有的人劝曾国藩将军营移到别的地方，可他说：“我初次进兵，遇到危险就退却，以后的事情怎么说呢？我离开这里一步，就没有死的地方了。”何等的倔强！敌军到后四面围攻，他亲笔写下遗嘱，营帐上悬挂佩刀，从容布置迎敌，没有改变平常的态度。死守了20多天，征召鲍超一起大战一场，将敌军驱赶到岭外。他的幕僚曾总结说：以十余年来诛杀未果的狂妄“敌军”，曾国藩领军四年就依次予以荡平，都是因为祁门刚开始时的倔强和不胆怯，才能够使敌军胆寒，振作了自己的士气。

但是，曾国藩以“刚毅”、“倔强”处世，带来更多的是麻烦，有时反弹力之大，伤害得很严重。例如，绿营兵在长沙火宫殿寻衅闹事，和湘勇打了起来，很明显，是绿营兵有意挑起事端。罗泽南劝曾国藩忍下这口气，但曾国藩认为绿营怯于战阵，勇于私斗，他要借此整顿这股歪风。绿营是归鲍起豹提督管制，曾国藩只是个帮办团练大臣，无权指挥绿营。绿营纪律松弛，战斗力不强，平时练兵三天打鱼两天晒网。绿营的行径，与曾国藩报效皇上，以天下为己任的儒家思想格格不入，他早就看不惯了。

绿营提督鲍起豹是一个骄悍昏庸的人，自然早就与曾国藩心存龃龉。曾国藩想借此刹刹绿营的歪风，结果事态闹到不可收拾的地步。曾国藩不但与鲍起豹不和，他对长沙官场的陋习也看不惯，只要他看不惯的事，他就要奋起干预，结果和长沙的其他官员矛盾重重，最后在长沙站不住脚，被逼到了衡阳。当曾国藩兵败岳阳和靖港，惨败险些亡命湘江的消息传到长沙官场时，不少人竟然为之快活。

曾国藩因"刚"受害的还远不止这些。再例如，他在江西仍采用在长沙官场那种直接的、以强对强的方法，和江西官场又闹得不可开交，举步为艰。曾国藩利用鸦片事件，参劾了江西巡抚陈启迈。陈启迈的巡抚一职虽然被免，但曾国藩因此得罪了江西官场上上下下的官员，他的处境不但没有好转，相反越来越恶化。江西官员联合参劾曾国藩，最后，曾国藩不得已同意康福暗杀皇上派来的德音杭布，阻止奏折送上朝廷。曾国藩在江西官场怨声四起，处处掣肘，已无法立足，这时（咸丰七年），曾国藩的父亲去世，他便趁回籍奔丧之机逃离了江西。

曾国藩以"倔强"立身建功，一心报效清王朝，而清王朝统治下的湘、赣官场却容不了他；他对皇上忠心耿耿，却招来元老重臣的忌恨。对这一切，曾国藩感到很困惑、很迷茫，自己到底错在哪里？

曾国藩回籍奔丧期间结识了一位道士，那道士送给他一本《道德经》，要他仔细读一读。曾国藩早年就读过《道德经》，差不多能背诵。老师唐鉴也让他读过《道德经》，还有《庄子》。曾国藩对退让、柔弱、不敢为天下先等理念实在不能接受，觉得与自己推崇的儒家思想有冲突。

老道离开后，曾国藩还是拿起书翻了起来。“人之生也柔弱，其死也坚强，草木之生也柔脆，其死也枯槁。”老子认为，天下万事万物，归根结底莫不是以至柔克至刚。曾国藩想想自己这些年来的坎坎坷坷，的确是由于自己太刚造成的。于是，他在处世上开始有意识地“柔”起来，同时感到如果无论什么事都“柔”也不妥当，会丧失浩然之气，让人觉得软弱可欺。他想，难道儒道两家不能结合互用？对！最好的处世方法是“刚柔并用”，即“变”字功夫！

曾国藩终于悟出了“大柔非柔，至刚无刚”的真谛，能克刚之柔，比刚更刚。原来孔孟和老庄并不对立，入世出世相辅相成，互为补充。这样既可以建功立业，做出一番轰轰烈烈的事业，又可保持宁静谦退的心境。

同治元年（1862 年）五月二十八日，曾国藩在给弟弟的信中说：“近来见得天地之道，刚柔互用，不用偏废，太柔则靡，太刚则折。刚非暴虐之谓也，强娇而已；柔非卑弱之谓也，谦退而已。”同年九月，曾国藩又在给弟弟的信中写道：“故吾辈在自修处求强则可，在胜人处求强则不可。若专在胜人处求强，其能强到底与否，尚未可知。”从这两封信中就可看出，曾国藩把儒家和道家的思想揉合到了一起，取其所长，达到了一定的境界。

“强”有两种涵义，“弱之胜强”的“强”为一般义；“守柔曰强”的“强”为老子的独创义，指柔弱中含有强力，是柔弱之“强”。所以曾国藩欣赏道家的“柔弱”并非绝对的柔弱。如果一个强者以为自己有功夫，便声言打遍天下，那他的生命是很危险的，因为山外有山楼外有楼，强中还有强中手，即使是没有谁的本领超过他，但好汉难敌三手。吕布本领高强，可他却中了美人计和连环计，死于他人之手。刘备一开始手下只有关羽和张飞，接着有了兵马，他为了事业到处打听民间高人的下落，最后访到了诸葛亮。比起袁绍、刘表等人，刘备是弱小的，但“天下三分有其一”。

曾国藩语录

能立能达：把自强与圆融结合起来

立者，发奋自强，站得住也；达者，办事圆融，行得通也。

万事万物都在变，认识事物、改造事物的方法也在变。今天适用的方法，明天不一定适用；此地适用的方法，彼地不一定适用。在任何成功的道路上都是没有金科玉律可言的，全凭人的机智敏锐探知变化，灵活地改变方法。所以决策者要考虑自己与外界的关系，应时而动，与时俱进，与外界合作，随机应变。

曾国藩在书信中说："古代英雄的事迹必定有基础，如汉高祖刘邦在关中，光武帝在河内，魏在许州，唐在晋阳，都是先占据根据地，然后进可以战，退可以守。"曾国藩认为建立基业的必要条件是规模宏大。他具体解释说："就像居室那样宏大，那么它占的宅地就广阔，能够庇护的人就多。《易经》说：'宽以居之'，说的就是宏大。"

咸丰五年（1855年），自从罗泽南等离开江西以后，曾国藩在江西的处境便是一天比一天坏。在这种危急时刻，他认为自己首先要"能立"——就是加强自身建设，苦练自身的硬功。在内湖水师缺乏一位得力的统领，几位营官也都是平平之才的情况下，曾国藩只好让李元度兼辖水师事。曾国藩不断地给李元度写信，教他如何带勇、如何列阵打仗。

信中说："兹特有数事叮嘱，千万不能忘记：第一，扎营宜深沟高垒。虽仅一宿，亦须为坚不可拔之主计，但能使我垒安如泰山，纵不能进攻，亦无损于大局。第二，哨探严明。离贼既近，时时作敌来扑营之想。敌来之路、应敌之路、埋伏之路、胜仗追击之路，一一探明，切勿孟浪。第三，禀报翔实。不可专好吉祥话，遇有小事不如意，辄讳言之。第四，痛除客气。未经战阵之勇，每好言战，带兵之人也是如此。如果有了一些阅历，便自然觉得我军处处都是漏洞，无一可待，也就不轻言战了。"

传授了这些"变"字功夫要领，曾国藩仍然是不放心，他想起上年写的《水师得胜歌》在军中影响很好，既通俗又实用，于是又花几天的时间写出了一首《陆军得胜歌》。歌中讲到了湘军陆师在扎营、打仗、行军、法纪、装备和训练等 6 个方面应注意的事项。尽管曾国藩如此苦口婆心，但李元度仍然不能将他的陆师部队训练成能战敢战之师。

李元度虽书读得多，可脑子不灵活，缺乏"变"字功夫。曾国藩在自救的同时，还必须救他。他写信给湖北的胡林翼和罗泽南，请求罗泽南率部重回江西救援，以解他及其驻江西湘军的坐困之危。他同胡林翼函商，打算将彭玉麟调到江西来充内湖水师统领。胡林翼知道彭玉麟与杨载福矛盾甚深，尽管经过他的苦心调解，但仍不能尽释前嫌，也正愁如何安置他们，所以便非常痛快地同意了曾国藩的要求。彭玉麟是个极重乡情、特重孝道的人，他提出在去江西之前要先回一趟湖南衡阳老家省亲，直到咸丰六年初才赶到江西南康。曾国藩嘘了一口气，身边总算又有一位可以依赖的水师将领了。

可是，湘军在江西樟树镇遭到石达开领导的太平军的猛烈袭击而大大挫败，全部营盘竟在一天之内丢失无遗，大量的官兵和勇丁溃向南昌。曾国藩闻讯惊骇不已，从南康乘坐一艘小舟急速赶到南昌收拾残局。他过去曾立下一条规矩，凡是溃散的勇丁一律不准重新招募入营，但这一次他看太平军来势凶猛，而自己手下又再无可战之军，回湖南重新招募更是远水不解近渴，最后只得违背定制，将溃勇重新招集起来编组成军。然而，他仍决定将统领革职，另委黄虎臣和毕金科为统领。

收拾残军之后，曾国藩写奏折请求皇上同意将从自己身边调走的罗泽南、刘蓉的那支能征善战的部队重新调回江西，但却遭到了咸丰帝的拒绝。曾国藩同时还分别写信给胡林翼和罗泽南，希望他们能够同情他的处境，救他于危难之中。罗泽南回信给曾国藩，谈了自己的想法，表示一旦武汉攻克，即率部东下，与曾国藩等会师于九江。这让曾国藩得到了些许安慰。

但胡林翼不愿意罗泽南离开湖北，他在给清廷的奏折中则表示，武汉即将攻克，希望罗泽南一军再在湖北停留十天半月，他保证到时候一定可以占领武昌。因此，十天半月之后，他就派出得力部队东下救援江西。谁知不久罗泽南战死，太平军在江西节节进军，曾国藩更加困难重重。当年五月，曾国华等从武昌出发，经湖北威宁、蒲圻、崇阳入江西义宁，于八月抵达瑞州城下。同时，曾国荃也在骆秉章和左宗棠等人的授意之下募勇 2000 人，配以樟树镇败将周凤山回湖南所募勇 2000 人，合计 4000 人组成一军，由湖南东攻江西吉安，称之为吉字营。

咸丰六年九月，湖南、湖北两省先后组织起三支部队共计 13000 余人打向江西。这些湘军部队的到来，使心力交瘁的曾国藩又看到了希望。他看见太平军从江西战场上大量撤出，一开始感到迷惑不解，但很快他派到天京城中的密探就发来了消息，将天京内讧的情况告诉了他。曾国藩喜出望外，似乎看到胜利的曙光。

"能立能达"，天机终于使曾国藩渡过了难关。他更加深刻地领会到：把握机遇就是"应运"，适应外界但不迷失自我，就是"变"字功夫的真谛。一个人做到"静如中流砥柱，动似水中行船"多难啊，但谁做到了，谁就有成功的希望。一个人只有认识到自身的局限，才能"立"，最大限度地发挥自身潜能；谨慎操作，灵活应变，才能"达"，等到外界变化给予自己的机会。

孟子说："知时中之义，则《易经》思过半矣。"曾国藩不太相信算命卜卦，但他却一直把《易经》带在身边，从中获取哲理智慧。他认为做事只要把握了最重要的两个原则——"时"和"中"，即运用智慧，发挥主观能动性，随时在变化中调整自身与外界的关系，永远占据时空坐标中的最佳位置，就完全没有必要事事问卜了。

曾国藩语录

忽主忽客，忽正忽奇，变动无定时，转移无定势，能一一区而别之，则于用兵之道思过半矣。

避长击短：在优劣比较中妥当应对

曾国藩知道湘勇的优点有两个方面：一是性格驯服温和，可以用情感来晓谕他们；另一方面是齐心协力互相照顾，不肯轻易背离伙伴。不好的地方也有两个方面：一是思乡的心情很迫切，没有长征久战的士气；二是体质差，不耐劳苦，时常生病。他从这四个方面观察，认为湘勇大体进攻本省的土匪就获胜，抵御江南的粤寇则会失利。于是他找刘蓉、朱石樵探讨这个问题，怎样扬湘勇之长，克湘勇之短。

为了提高士气，曾国藩主张既要训练湘勇的体质，提高他们的战法技艺，又得“概求吾党质直而晓军事之君子，将之以忠义之气为主”。经过实践，取得了显著的效果，湘勇身上的缺点不断被优点所取代，他们成长为一支拉得出、战得胜的军队。

曾国藩在实践中还发现了湘军的一个短处或缺陷，即“约期打仗，最易误事”。因为限于当时的通讯条件，部队与部队配合打仗，往往信息不对称，调度不到位，或因其他情况而导致陷入困境。例如咸丰十年（1860 年）正月十九日，余际昌约定与多隆阿、鲍超同出兵，用三排枪为信号，这天，余于黎明时放了三排枪，后来因为有雾和下雨，多隆阿、鲍超未出兵，结果余军大受挫折。又如第二年正月十六日，凯章与霆营约定进攻上溪口，同在渔亭出兵，其后凯章到了而霆营却在中途折回来，几乎误事。同年二月初九，凯章与朱、唐约定进攻上溪，以冲天火箭为信号，其后朱、唐先到，大家都未看见火箭。三月初五，凯章与唐约定进攻徽州，以排枪为信号，其后唐冒雨先到，但凯章没有来，导致唐军大受挫折。

用兵打仗，不可能不需要两军合作进攻，但曾国藩主张先合再攻，而约期进攻是非常危险的，不到万不得已决不与人约期，宁可坚守不出，或退避隐蔽处驻扎。

曾国藩打仗多以守为攻，后发制人，但发现了敌人的某种弱点，他也会主动出击，例如，同治二年（1863年）三月二十四日，他对李榕说："眼下的贼匪处于游离散漫的状态，你要以进攻为好，不能过于稳重不前。"

"扬长克短"，是针对自己来说的；而针对敌人，曾国藩采取的是"避长击短"的策略。最初，靖港之战失败，曾国藩认为就是由于没有避长击短造成的。湘勇一万多人必须有大员协同管带，又必须有文武官员及得力绅士一二百人一级级统辖下来，才能够互相维系。可是，湘军却没有奏请皇上安排大员帮助协同管带，又没有多调文武官员分布在各营。每营仅仅是一两个官绅来主持，纪纲不严密，维系不牢固，以致四处溃散。

靖港一战，湘潭水陆都大获全胜，曾国藩希望他们同时并举，破掉太平军的前线指挥总部，使敌军首尾不能相顾。那天风力太顺，水流很快，进战疾驶如飞，而退回时却寸步难移，等到敌军逼犯时，炮船牵牵扯扯，行走很困难，有的纵火自焚，有的暗中帮助敌军，结果战舰损失三分之一，炮械损失四分之一。曾国藩只是考虑到自己的长处，没有考虑到自己的短处，以及在特殊环境中长短的转化关系，以致自己的长处变成了短处，吃了败仗。

接受教训后，曾国藩不再盲目进攻，每次进攻都考虑到敌我双方各自的长处和短处是什么，一旦长处不能发挥，退路就没了。“变”的意识在曾国藩身上不断强化，“变”的方法在他的决策中不断加入，胜利的次数也就越来越多。

同治五年，清朝统治者还没为太平军的覆灭过上多久安宁的日子，又为捻军起义闹得寝食不安，朝廷希望曾国藩率军剿捻。曾国藩告诉战斗在前线的曾国荃：捻军的特长大体有四个方面，第一是他们的步兵有长枪，在枪林弹雨之中可以冒烟冲锋；第二是他们的马兵包围动作迅速，而且分布均匀；第三是他们善于战斗，又不随便暴露锋芒，一定是先等待官兵的进犯，他们不会首先进犯官兵，采用的是粤匪初起作犯时的作战秘诀；第四是他们行走迅疾，有的时候数日就可行千里，有的时候就在原地打转。

但是，捻军也有非常明显的短处，表现在三个方面：一是完全没有火力武器，不善于攻坚，只要官吏能守卫城池，乡民能守卫堡寨，他们就没有粮食可以掳夺；二是夜晚不扎营，散住在村庄，如果善于偷营者乘夜偷袭他们，捻军的队伍最容易逃溃；三是辎重、妇女、骡驴都很多，如果善于作战的人与他们相持着，而再出奇兵袭击他们的辎重，一定会使他们大受损失。

当朝廷想利用洋人剿灭捻军，曾国藩却不赞同，他认为洋人的用兵之道，长处大略有两个方面：一是器械精良，装备上乘；二是步武整齐。他们的短处也有两个方面：不扎营垒，不住帐棚，人数稍稍过多，难以合并，这是一个方面；口粮负担太重，器械费用制作太昂贵，用兵一久，国家必然困穷，这是第二方面。洋人的军务可以学习，但是“善学者自须用其所长，去其所短”。

“扬长克短”和“避长击短”，都是曾国藩“变”字功夫的又一秘诀，对于他军事上的成功发挥了巨大的作用。

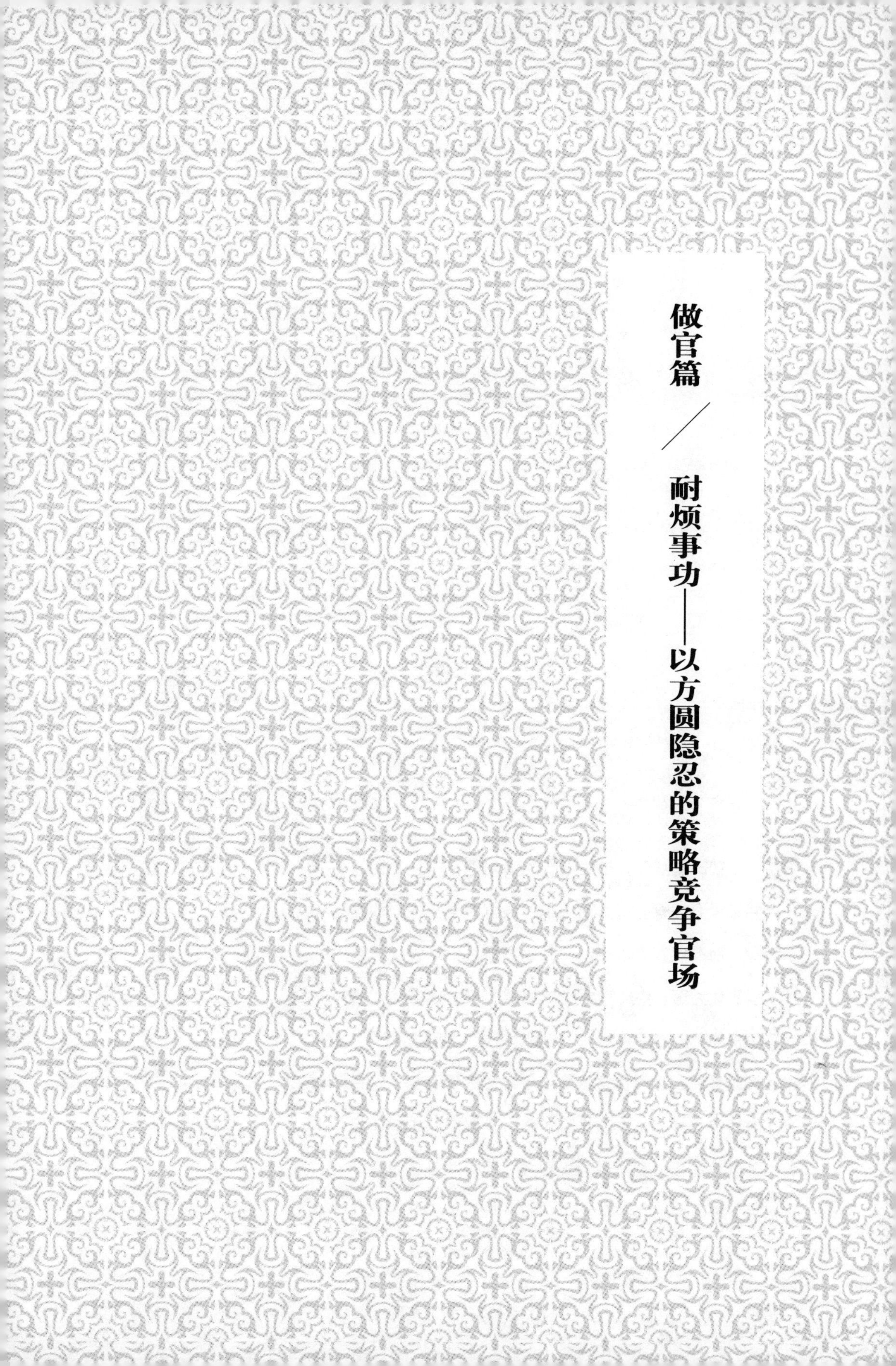

做官篇／耐烦事功——以方圆隐忍的策略竞争官场

曾国藩从一介书生成长为清朝的“中兴之臣”，并且没有因权力太大而招祸，没有因威势太强而亡身，他的做官之道必然有独到之处。他认为“居官以耐烦为第一要义”，耐烦才能汲取儒、道思想中有价值的部分，中庸为体，方圆为用，才能事功立功、勤政爱民、忍辱负重、廉洁自律、进退有据、灵活变通等，从而一次次排除了个人发展空间中的颇多险象，在权力竞争中立于不败之地，并且赢得了令后人推崇的较好名声。

◎“勤”字功夫◎

曾国藩语录

勤奋之道，精力虽止八分，却要用到十分，权势虽有十分，只可使出五分。

以勤报君：让上级喜欢、下级爱戴的方法

在清朝几位“中兴之臣”当中，曾国藩的勤政是出了名的。他到了晚年，仍然被朝廷倚重，处理民教冲突、审理重大官司等棘手的事情，上谕总是令他去办。

同治八年（1869年），曾国藩进京陛见同治皇帝和慈禧太后，提出整饬吏治。当时直隶虽是京畿重地，但吏治腐败却已到了无以复加的地步。官员自私自利，讼案堆积如山，老百姓怨声沸腾。曾国藩一上任，就拿整顿吏治开刀。吴桥知县王恩照、曲阳知县万方泰、武强知县王庶曾、迁官知县周培锦、冀州知州宋炳文、保安州知州李作棠、怀安知县谷洪德，这些人性情疏懒，不理讼狱，曾国藩一律奏请革职，大刀阔斧地进行整饬，吏治民风为之一振。

曾国藩从小就养成了勤奋的习惯，这个习惯成为他成功的重要因素。他勤奋读书，28岁中了进士。在京城为官时，他更体会到“勤者，生动之气”

的意义，一个人的成长和发展必须下足“勤”字功夫，他在家书中一再要求父亲督促弟弟们戒掉懒惰的习气，他说：

“不知弟弟们勤惰情况如何？这时只有四弟年纪小，其他三个都过了二十，总以看书为主。我们家乡只有彭薄墅先生看书略多，自他以后没有一个人讲究了，大抵是为考试文章所误。殊不知看书与考试全不互相妨碍，不看书的，也仍然不利于考。我家各位弟弟，现在不管考试利与不利，不管文章工与不工，总以看书为急需之事。不然，年纪一天天大了，科名没有成就，学问也没有一个字可靠，将来就是想做乡下私塾的教书先生也没有人请。或经或史，或诗集文集，每天总要看二十页。”

曾国藩自己一生没有间断过学习，即使是统领湘淮两军全权处理攻打太平军、捻军事务，并主管江南数省军政的时候，肩负着极其繁重任务，但是他每天仍挤时间读书写字。奏稿、书信、家书、批文、日记，几乎都是他亲手所写或删定。一个当官的不读书，怎么明理，怎么以史为鉴，少犯错误？所以，学习、学习、再学习，成为曾国藩勤政的一个方面。

他对弟弟说：“你们在家读书，不知道每天是如何用功的？我自十月初一日立志自新以来，虽于懒惰仍如往日，而每天用楷书写日记，读史书十页，生病在记茶余偶读一则，这三件事没有间断过一回。十月二十一日，发誓永远戒掉吃水烟，至今已经两个月不吃，习惯成自然了，我自己设的课程很多，只是记茶余偶谈、读史十页、写日记楷本这三件事，发誓终身不间断。弟弟们每天自己设立课程，必须天天不间断，就是行船走路也要带在身边。我除这三件事以外，其他课程不一定求其有成，而这三件将终身实行。”

如果他自己不是按自己说的去做，能留传下数千万字的精神遗产吗？从道光二十年（1840年）至同治十年（1871年）32年间，曾国藩共写了1459

封家书，约110万字，平均每年45封，最多的一年是咸丰十一年（1861年），共235封。据说，他真正写过的家书，比这数倍不止。仅仅是这些成就，也足以让一个人名垂史册了。

曾国藩当官后，把“勤”字的理念上升到“报君”的层面。当然，为官者做到“勤政”不一定就是好官，但不能够“勤政”，就很难算得上好官。他说：“历览有国有家之兴，皆由克勤克俭所致。其衰也，则反是。”这是他的总结。我们翻开史书看一看，对照现实想一想，何尝不是如此？

咸丰十年（1860年）七月十二日，他写信给弟弟说：“以一个‘勤’字报答皇上，以‘爱民’二字报答父母。自己才能见识都平常，决难立功，但守一个勤字，终日劳苦，以减少事上日夜操心的忧虑，行军本来是骚扰百姓的事，但时刻存一种爱民的心，不让祖先积累的德泽从我一人手中消耗殆尽，这是兄长自己的决心，不知两位弟弟以为对不？愿弟弟也有这种想法。”

曾国藩不喜欢那些投机取巧的人，而赏识那些虽然不是天生聪明，但肯脚踏实地、埋头苦干、勤奋用功的人。他认为，勤奋才是走向成功的条件。创办湘军时，曾国藩把勤劳的作风引入军中，招募兵勇，他亲自看人的手茧和脚筋，判断其人之勤惰。对那些懒散、怠惰和疲沓的人，即使是亲友推荐过来的，他也毫不留情地给淘汰掉。他考察将官，尤其注重对方是否勤劳。他说：“练兵之道，必须官弁昼夜从事，乃可渐几于熟。如鸡孵卵，如炉炼丹，未可须臾稍离。”他选文官，看对方处理公文拖拉不拖拉，办事投入不投入。他自己更是以身作则，每天早起，亲自训练，办理各项事务。

曾国藩对于“勤”字功夫，列出了五个要点：

“一曰身勤：险远之路，身往验之；艰苦之境，身亲尝之。”是说要亲身历事，要做“调查研究”，要勇于实践，不能只是纸上功夫。比如做官，就要亲自查验案件，亲自巡查乡里；如带兵，就要亲自巡查营寨，和士兵一起攻城陷阵，同甘共苦。当官的不去下面调查，满足于下面的报告；做幕僚的不去亲身考核，满足于引用别人的资料。这都是不踏实的。

“二曰眼勤：遇一人，必详细察看；接一文，必反复审阅。”是说要认真看人、看公文。这条看起来很简单，其实，“眼到”关键是练眼。曾国藩看人，一眼就能把人的长处缺点、今后的前途发展看个八九不离十，这是长久练出来的“眼功”！看公文、看书，也有各种各样的看法，有人仅仅看见字面的意思，有人则看到了字里行间的深意。看的深浅不同，看到的内容也决不一样。

“三曰手勤：易弃之物，随手收拾；易忘之事，随笔记载。”就是要求勤动笔，比如人的优缺点，事情的关键点，想到就随手记录下来，以免遗忘。曾国藩在这方面极为用心，他的日记就有若干种，有的用来反省自己一天的过错，有的用来记录读书的心得，有的用来品评人物……曾国藩从自我修身养性的功夫到识人办事的水准再到诗文方面的成就，无不得益于这些笔记。

“四曰口勤：待同僚，则互相规劝；待下属，则再三训导。”是说对于下属，除了用公文提醒他们该做的事外，还要时时用口告诫他们。因为用笔和用口交谈，方式不同，作用也不同。尤其是在军队中，如果只用公文告诉战士们该做什么，而不口头鼓励士气，那绝对很难达到效果。

“五曰心勤：精诚所至，金石亦开；苦思所积，鬼神亦通。”是说对事情要用心揣摩、苦心剖析，力求获得透彻的理解。有实践经验的人都知道，对事物的认识是不断深入的，如果仅仅停留在事物的表面现象，而不进行深入地分析研究，那是无法真正认识事物本质的。为政者只看事物表面现象，是非常有害的。

曾国藩认为，当官的能够做到这“五勤”，功夫自然到家，即所谓“五者皆到，无不尽之职矣”。难怪人们评价曾国藩“手眼俱到，心力交瘁，困知勉行，夜以继日”。曾国藩办事认真，心思缜密，后来位高权重，按理可以摆摆官架子，但他仍日理万机，鞠躬尽瘁。

有人认为，曾国藩的时代是“家天下”的时代，当官的不过是“臣奴”的角色，他恪尽职守，勤奋工作，无非是为了“报君”。但是，“报君”的方式有很多，可以用假勤政捞取声誉，而曾国藩是真勤政。他勤政还有另一个落脚点，即“爱民”，他把自己摆放到了“衣食父母”这个层面——不勤政何以养民？

当今为官者，包括组织、集体、团队的领导，能从曾国藩“勤”字功夫上汲取什么有价值的东西呢？一是勤政的精神，权力是群众授予的，该为群众勤奋工作；二是勤政的方法，借鉴其“五勤”，多做有用功，少做、不做无用功。

勤可补拙：多做事不是乱做事

千古之圣贤豪杰，即奸雄有立于世者，不外一“勤”字。

儒家把说话谨慎、做事勤敏的人看作是“君子”，所谓“君子欲讷于言而敏于行”。曾国藩接受这一点。的确，事业是干出来的，而不是说出来的。没有勤劳敏捷的工作，就没有事业的成功，就像懒于耕作的农夫，不会有收获一样。“自古及今，不施而得报，不劳而有功者，未之有也”，故而他“总以习劳苦为第一要义”。

曾国藩以“勤”为生命之快乐体验，提出“习劳则神钦”的思想，他说：“古之圣君贤相，盖无时不以勤劳自励。为一身计，则必操习技艺，磨练筋骨，困知勉行，操心危虑，而后可以增智慧而长才干；为天下计，则必己饥己溺，一夫不获，引为余辜。勤则寿，逸则夭。勤则有材而见用，逸则无劳而见弃；勤则博济斯民而神祇钦仰，逸则无补于人而神鬼不歆。”他把“勤”字诀传之后人，将居住之所命名为“八本堂”，教育后人要戒骄戒惰。

在曾国藩看来，人的天分是有高低之分的，但勤可以弥补天分上的不足，他对弟弟说：“黄子寿近作《选将论》一篇，共六千多字，真是奇才。黄子寿戊戊开始作破题，而六年之中便成就了大学问，天分是独一无二的，万万不是学得到的，弟弟们不必震惊。我不愿弟弟们学他，但愿弟弟们学吴世兄、何世兄。”

勤可以补拙，勤可以免祸，“勤可以常保盛美”。曾国藩对自己的部下说：我招你们来充当乡勇，替国家出力，每日给你们口粮养活你们，这都是国家的钱财。你们学些武艺，以便打仗，你们平日如果不将武艺学得精熟，将来遇到敌人时不能拼杀，敌人就来杀你；你如果退缩，又难逃国法的惩治。可见，现在学习武艺，原来是用来保护自己的性命。如果把武艺学得精熟，打仗时大胆上前，未必会身死，但如果往后撤退，就肯定得不到生路。如今，我要你们学习拳棍，是操练你们的筋力；要你们学习枪法，是操练你们的手脚；要你们跑坡跳坑，是操练你们的步伐；要你们学习刀、矛、钯、叉，是操练你们的技艺；要你们看旗帜、听号令，是操练你们的耳目；要你们每日演阵，住则同住，行则同行，要快大家快，要慢大家慢，要上前大家上前，要后退大家退后，是操练你们的队伍，要你们齐心。你们如果不懒惰，不怕吃苦，操练得筋力强健，手足灵敏，步履敏捷，技艺纯熟，耳目精明，而又大家齐心，胆子便大了，可以减少伤亡牺牲……

在办团练之前，湖南巡抚张亮基邀请曾国藩出山，曾国藩还有些犹豫，但答应之后便决定一定要把事情干好，训练出一支精锐部队。他经过十几年的征战，明白自己实际上不懂打仗，如果自己能像岳飞、戚继光那样，就能在士卒中更有威信，他于是勤奋研读兵书，希望自己能够审时度势、洞悉全局，能够多谋善断、出奇制胜。曾国藩常常想，倘若自己有诸葛亮、李泌、裴度那样的统帅之才，金陵早就攻下了，太平军早就平定了，用不着等到同治三年（1864年）。但是，曾国藩毕竟攻下了金陵，平定了太平军，他靠的是什么呢？他虽没有诸葛亮等人的才智，但他却付出了超人的精力，他是通过勤奋获得成功的楷模。为了用好人才，他提出了“勤教”的主张，尽最大努力促使人才从优秀走向卓越。曾国藩用各种功夫，包括“勤”字功夫笼络人才，他的事业前期靠的是罗泽南、塔齐布、李续宾，后期靠的是彭玉麟、杨岳斌、鲍超、左宗棠、李鸿章，还有他的弟弟曾国荃等。

曾国藩勤政的例子很多，这里不妨借他人之口，从侧面看一下他的“勤”字功夫。李鸿章后来回忆曾国藩，深有感触地说：“我老师实在厉害，从前我在他大营中，从他办事，他每天一早起来，六点钟就吃早饭，我贪睡总赶不上。他偏要等我一同上桌，我没法，只得勉强赶起，胡乱洗漱一番，蒙前去过卯，真叫受罪。等日久习以为常了，也渐觉苦尽甘来。我日后办事，亦能早起，才知受益不尽。这都是我老师造就出来的。在营中时，我老师总要等大家到齐才操筷吃饭。饭吃完了，时间尚有余裕，众人即围坐谈论经史子集，娓娓不倦，都是于学问经济有实用的发言，吃一顿饭，胜过上堂课。”

在别人眼里，曾国藩才不过“中资”，他也承认自己“拙”，然而他却干出了辉煌的成就。咸丰九年（1859年），一个叫吴廷栋的人认为曾国藩的成功是“规矩准绳，不敢走作”。曾国藩回答说，自己阅历久了，备尝艰辛，觉得心目中所规划的远大志向，毕竟是手能做到的，脚能走到的，但与理想中的距离还很远。曾国藩认为齐家、修身、读书、治军等，干任何事当以“勤”

字为要，“千羊之裘，非一腋可成；大厦之倾，非一木可支”，生命很短暂，“逝者如斯夫，不舍昼夜”，以一贯到底的精神行走到生命的尽头，才算没枉来世上一遭。

曾国藩发现，历史上许多伟大人物的成功，都是经过力行无息、奋斗不止后得来的。例如孔子以六艺为教，可是任凭哪一处都是以力行为训。子张问政，孔子告诉他说：“说了就付诸行动，是礼；行动时感到快乐，是乐。君子能做到这两点，就可以去当官，天下也会太平。”孔子回答子路问政时说：“做在百姓的前面，使他们勤劳。”子路请求再讲一点，孔子说：“不可懈怠。”

孔子在评论“行”时说：“有的人心安理得地去实行大道，有的人贪图利益而去实行大道，有的人则是勉强去实行大道。最终他们成功的时候，却都是一样的。”孔子说这番话，主要还是勉励人们“力行”事业，毕竟自古以来很少见到生来就知道道理的人和心安理得地实行大道的人。以孔子之圣，不仅不以天生就知道大道自诩，反而一直勤奋学习、工作，切实“力行”，力求成功。

同治六年（1867 年），曾国藩一日重温《论语》，写下心得：“吾见家中后辈，体皆虚弱，读书不甚长进，曾以为学四事勉儿辈：一曰看生书宜求速，不多读则太陋；一曰温旧书宜求熟，不背诵则易忘；一曰习字宜有恒，不善写则如身之无衣，山之无木；一曰作文宜苦思，不善作则如人之哑不能言，马之肢不能行。四者缺一不可，盖阅历一生深知之，深悔之者，今亦望家中诸侄力行之。两弟如以为然，望常以此教诫子侄为要。”

曾国藩的可贵之处，在于他一生悟出了许多朴素的道理，并且一生都在身体力行。一个人书读得多，说道理并不难，但说到也努力做到，却不容易。世上许多道理，人们不是不懂，只是懂得不深，行得不透。“有作为的人是力行的人，力行的人常能成功。”古今何尝不是如此？

勤思善问：“劳心”是勤政的一个方面

若事事勤思善问，何患不一日千里？

为官者，要想实现理想与完成雄图大志，曾国藩建议从“勤”字功夫上着手，踏踏实实地做事。他引用老子的话说：“千里之行始于足下。”每走一步都要把这一步走好，千万不能中途停止，不可因获得小小的成就而满足，这样才能体现出自强不息的精妙之处。

那么，曾国藩为什么又提倡“藏身匿迹”、“功成身退”呢？殊不知生活是非常复杂的，他从道家的处世哲学中看出了物极必反的道理，所以从一个互相作用、互相补充又互相冲突的庞杂思想体系中，梳理、构建自己的处世理念，从生命到精神，从个人到家族乃至国家，考虑得全面周全，所以他的“勤”字功夫与他的“退”字功夫、“忍”字功夫并不矛盾。

“勤”，不是单指体力劳动，也包括思考分析等思维活动。一个不分大事小事什么事都管的领导者，不一定能管出效益、管出成绩，所以“劳心”也是勤政的一个方面。孔子说：“君子有九思：视思明、听思聪、色思温、貌思恭、言思忠、事思敬、疑思问、忿思难、见得思义。”深思有益于明理，善思有益于成功。这就要求为官者办事之前，一要从多方面进行深入的思考，想一想其是否有道理；二要思辨是与非；三要想一想其后果。一个高明的领导者，办事总是要考虑到后果，办事不顾及后果必定要食苦果。深思、善思的人就不会为假象所迷惑，就不会失去理智而随波逐流，就不会加入流言的合唱队。可见，深思、善思是盲目行动的防线，是积极行动的前奏。

当然，深思、善思都不是闭门而思，亦不是空想、幻想、乱想，而是要以丰富的实践为基础，参考别人的意见作深入分析。只有这样，才能防止和减少片面性，提高思考的价值，达到思考的目的。

一个人对所办的事情没有周详的思虑，往往会功亏一篑，事情办不成。李续宾和曾国华在三河镇全军覆没，就是思虑不详所致。曾国藩怕文官不勇敢，怕武官太粗率，他总是反复叮嘱。他自己办事也力图考查详备，比如，怎样办好盐务，他有两句话："太平之世，出处防偷漏，售处防侵占；乱离之世，暗贩抽散厘，明贩收总税。"这就把不同时期、不同地点、不同方式、不同策略考察得清清楚楚，交代得井井有条。

曾国藩在与幕僚长期合作共事的过程中，经常以各种形式向幕僚们征求意见，集思广益，在遇有大事决断不下时尤其如此。有时幕僚们也常常主动向曾国藩递送条陈，对一些问题提出自己的见解和解决办法，以供其采择。幕僚们的这些意见，无疑会对曾国藩产生重要影响，这方面的事例可以说是俯拾即是。如采纳郭嵩焘的意见设立水师，湘军从此名闻天下，也受到清廷的重视，可以说是曾国藩初败而不垮的关键之一。

咸丰四年（1854年），太平军围困长沙，官绅求救于湘军。湘军能否打好这一仗，事关存亡绝续。曾国藩亲自召集各营官员多次讨论战事，又在官署设建议箱，请幕僚出谋划策。曾国藩最终采纳陈士杰、李元度的意见，遂有湘潭大捷。接下来几年，曾国藩一败再败，受困江西，多次与死神擦肩而过。

咸丰九年，湘军进军皖中之前，曾国藩征求了许多人的意见，先后与骆秉章、左宗棠、刘蓉、李鸿章商量，请王人瑞管理营务处，李瀚章总理转运局，彭山屺护理粮台，邹寿璋管理银钱所，郭嵩焘的弟弟管理公牍，杨国栋管理军械所，彭寿颐管理文案等。

咸丰十年秋天，是湘军与太平军战事的关键时刻，英法联军进逼北京，咸丰帝出逃前发谕旨令鲍超北援，曾国藩陷入极难境地。北上勤王属君国最大之事，万难辞推；但有虎将之称的鲍超一旦北上，兵力骤减，难以与太平军对峙，多年经营将受严重威胁。曾国藩令幕僚各抒己见，最后采纳李鸿章“按兵请旨，且无稍动”的策略，度过了一次危机。

早在江南大营失败前，曾国藩便和彭玉麟、杨载福、左宗棠、胡林翼、李鸿章等人磋商，清楚地认识到，朝廷从浙江入手，通过苏、常包围金陵的东面进攻策略是错误的，必须改由西面进攻，即从长江上游向金陵包围。至于把两江总督驻节什么地方，他都进行了一番认真的考虑。他拿出李鸿章献出的安徽省地图琢磨了半天，然后决定驻节于祁门县。祁门地处群山包围之中，一条大道贯穿县城，东连休宁、徽州，南达江西景德镇，既有天然大山可以屏蔽老营，又可以与浙江、江西互通信息，是个设立总部的好地方。不久，湘军下安庆、围天京，形成了对太平军作战的优势。

曾国藩勤思善问，集思广益，集合了众人的智慧。他自己深得众人相助之益，还多次写信让他的弟弟曾国荃学这一“勤”字功夫。他说因为左宗棠的气概和胆略过于常人，因而希望能与他一起共事，来帮助弥补自己的不足之处。他还劝曾国荃“早早提拔”下属，再三叮嘱：“办大事者，以多选替手为第一义。满意之选不可得，姑且取其次，以待徐徐教育可也。”其后曾国荃屡遭弹劾，物议也多，曾国藩认为是他不够勤思善问所致。喜欢勤思善问，必然充实幕府，吸纳人才。

曾国藩的幕僚中，大多数人都有所作为。张文虎在谈及幕僚易于成才的原因时，说了这番话："其耳目闻见较亲于人，而所至山川地理之形胜，馈挥之难易，军情之离合，寇形之盛衰变幻，与凡大帅所措施，莫不熟察之。而存于心久，及其措之裕如，固不啻取怀而予。故造就人才，莫速于此。"可见领导者勤思会促使身边人好思；领导者善问，激手下人好问。

纵观曾国藩的一生，勤思善问是他的优秀品质之一，他对幕僚精心培养，视若子弟，除为数不多的几个老朋友和名儒宿学之外，一般幕僚也对曾国藩尊之为师，极为崇拜，一言一动无不视为楷模。从道德修养、为人处世到学术观点、文学理论，以至政治、军事、经济、外交等方面，都程度不同地受到曾国藩的影响。尤其经常在曾国藩身边的人员，朝夕相处，耳濡目染，日积月累，潜移默化，于不知不觉之中已受其熏陶，增长了见识和才干。

正如薛福成后来所说的那样，幕僚们虽专属一行，然而曾国藩却能让他们的智慧汇集一处。比如引水，幕府就是水渠；若要说像是种庄稼，那么幕府就是播种的地方。有了幕府，就有了询问讨教的对象，就能让自己的思想与对方的思想撞击出智慧的火花。

曾国藩语录

克勤小物：从日常事务上积累工作经验

勤字功夫，第一贵早起，第二贵有恒。

曾国藩认为，勤于政事，是政治家、为官者应具备的最基本的素质，而且应从大处着眼，小处入手。他在《克勤小物》一文中说：“古之成大业者，多自克勤小物而来。百尺之楼基于平地，千丈之帛，一尺一寸之所积也。万石之钟，一铢一两之所累也。”

曾国藩为政多年，积累了大量处理政事的经验。他每天面对的事情很多，如果不及时处理，就会造成积压与搁置。他每天早上列出当天应办的事情，当天办完。如果每天的事情都干完了，这样或许积压就少了。这还只是具体的办事风格，另外，曾国藩还有一些有效的办事经验和方法。

他发现为官者多有这种体会：闲起来闲得要死，忙起来忙得要命；清闲的时候，还可以从从容容；忙碌的时候，就显得焦头烂额。他提出，当很多事情一起涌现，就要临阵勿乱，要把各种事务集中起来，分清主次，分清轻重，分清难易，分清缓急。即使是办一件事情，也应该用这样的方法，抓住主要的、重要的、难度大的、紧急的，其他的问题也就迎刃而解，这样不仅信心十足，也会轻松自如。

产生忙乱现象的原因大致如下：缺乏实际工作经验，对要处理的问题难决难断，一拖再拖，考虑再三；对所担当的工作没有比较妥当的通盘安排，没有正常的工作秩序，头痛医头，脚痛医脚，赶上什么就抓什么，这样势必杂乱无章，顾此失彼。他对胡林翼说："公于吏事不宜放松，风气之所系，与兵事息息相关也。"

他还说："大凡办一件事情，其中常常有互相曲折交汇之处，如果一个地方不通，那么处处都会受到牵制。"意思是说，世上万事万物都是有联系的，很多人看不到这一点，办起事来往往只是孤立地去做一件事情，结果牵一发而动全身，由于一件事情没有处理妥当，导致其他几件事陷入被动的局面。所以做一件事情就应想到它的前后因果，左右羁绊，上下影响。一件事情办不好，其他事情也不会办好。对此，他总结出三条：

第一，建立合理的工作秩序，划清职责范围。哪些工作必须自己做，哪些应由别人做；哪些事自己做主，哪些事要集体研究等，领导必须胸中有数。领导与副手和助手之间，横向职能部门之间，纵向上下级之间，个人与个人之间，都要划清各自的职责范围，使之各负其责。不该领导管的事，坚决不管；该管的事，主动去过问；凡下属提上来需要领导拍板定案的问题，必须要求把情况和意见一并拿上来。

第二，工作要有计划性，这是使整个工作有秩序进行的中心环节。所有领导者都要具备定量控制自己时间的能力，也就是说，对自己的时间要实行计划分配。不做计划的人只能消极地应付工作，在心理上处于受摆布的地位；有计划的人则处于支配的地位。

第三，迈开双脚走下去。上司必须有一定的时间主动与下属交流，而不是坐等汇报，越是把自己关在营帐或屋子里，越是不到军营考察，事情就越多。所以，要下决心经常到幕府军营去。这样既可以了解下情，及时解决问题，又可以静下心来思考和研究问题，还可减少会议和其他琐碎事情，一举数得。

另外，哪怕是日常工作，为官者也要讲原则，没有原则就失去了办事的尺度，也失去了检查的标准。和稀泥、踩西瓜皮，都于事无补，反而会把事情越办越糟。比如，军中吃饭宜早就是一个原则，不能因为李鸿章是他的学生就可以宽容。有了原则就一定要遵守，不能内外有别，亲疏有别，君臣有别。

曾国藩为官多年，以身作则，兢兢业业，并且对自己、对部属都严加约束。他详细规定了一天的工作安排：

“近日公事不甚认真，人客颇多，志趣较前散漫，大约吏事军事饷事文事，每日须以精心果力，独造幽奥，直凑单微，以求进境，一日无进境，则日日渐退矣。以后每日留心吏事，须从勤见僚属，多问外事下手；留心军事，须从教训将领，屡阅操练下手；留心饷事，须从慎择卡员，比较入数下手；留心文事，须从恬吟声调，广征古训下手。每日午前于吏事军事加意，午后于饷事加意，灯后于文事加意，以一缕精心运用于幽微之境，纵不日进，或可免于退乎。”

正因为奉行“勤”字功夫，所以曾国藩身上没有官僚习气，“遇陈奏紧要之件，每好亲为草稿，或大加削改”。团练创办之初，由于“幕府乏好帮手，凡奏折、书信、批禀均须亲手为之”，“拂乱之余，百务俱废，接人应事恒多怠慢，公牍私书或未酬答”。

有人会不以为然，曾国藩为什么不让“秘书”干呢？曾国藩并不是炫耀自己的才能，夸大个人的名望。咸丰十一年（1861年）春天，曾国藩将大营移至安徽东流江边时，感叹：“此间现无幕友，奏咨信缄皆本店一手承造，颇以办保案为苦。”他张榜招聘人才，但要找到好的秘书不太容易，优秀的草奏人员尤其难得。因为要拟好奏、咨、函、札，不仅需要学识渊博，文学优长，还要有一定的政治经验，懂得公文程式，并能很快懂得领导者的意图。

到了同治年间，曾国藩虽然“精力日减，目光逾退”，但该自己干的事，决不推给别人。到了晚年，尤其由直隶再回两江后，曾国藩得了眼病，“看文写字深以为苦”，不仅公文令人代拟，文章亦令人代作，有时甚至“除家书外，他处无一亲笔”，但“其最要者，犹不假人”。

曾国藩怕自己勤政工作，不被儿子纪泽、纪鸿理解，他就讲《史记》上大禹治水的故事给他们听：“身形劳苦而思想焦虑，十三年治理水灾，三过家门而不入。缺乏衣服与食物，他的行动使鬼神都受感动。陆地可以行车，水路可以行船。在泥路上行走乘橇，在山路上行走用辇。左边是标准，右边是规矩，承载四季，开九州，通九道，修通九湖岸边的道路，测度了九山……”

曾国藩生命重危时，对儿子说：“大禹、墨子皆极俭以奉身而极勤以救民。勤则寿，逸则夭；勤则有材而见用，逸则无劳而见弃；勤则博济斯民而神祇钦仰，逸则无补于人而神鬼不歆。”

两个儿子牢牢记住了父亲的话，视其为官从政的“无价秘诀”。现在，我们从曾国藩的“勤”字功夫上，也不无得到这样的启示：成功的人永远比一般人做得更多，当一般人放弃的时候，他总是在积极寻找改进自我的方法，他总是希望更有活力，产生更大的行动力，努力干好手头上每一件事情。

◎“爱”字功夫◎

爱民第一义：把老百姓的利益放在第一位

曾国藩语录

吾自三年初招勇时，即以爱民为第一义。历年以来，纵未必行得到，而寸心总不敢忘爱民两个字，尤悔颇寡。

孟子说：“君子之于物也，爱之而弗仁；于民也，仁之而弗亲。亲亲而仁民，仁民而爱物。”对这句话，曾国藩的理解是：知道了仁爱二字，却不能守住它，即使得到了它，也会失去它。知道了它，心中的仁能守住，不是庄严而谨慎地对待它，行动也就没有礼规，也就不是好的了。

守住了仁爱，就能看到人的性情，人的心血；守住了仁，就能看到人的德行，人的威严，人的仪表。行动有礼节，就能看到人的规范与法道。三者结合起来，就可以看到圣人的风范与气象。

据传，有一次，湘乡县城新建码头竣工，按惯例须以“三牲”祭祀，但这次祭祀却没有杀猪宰羊，而是在曾国潢的主持下斩杀 16 人祭之。此事传出，乡人对曾氏家族恨透了。

咸丰七年（1857 年），曾国藩因父亲去世回到湘乡。回家后他很快得知弟弟曾国潢杀人逞凶，遭到了老百姓的怨恨。曾国藩非常生气，他正要冲过去狠狠教训弟弟一番，突然想到自己多年在外，家中大小诸事均由弟弟照料，并且父亲尸骨未寒，刚一回家便责骂他实在不妥，于是按纳着怒火一时未发。

这天中午，曾国藩向欧阳夫人要了一根锥子，等到曾国潢睡午觉时，他走过去用锥子猛刺弟弟的大腿，顿时鲜血直流，染红被褥。曾国潢从睡梦中惊醒，痛呼："残暴！残暴！"曾国藩厉声说："为何如此大呼小叫？"曾国潢回答："痛死我也！"曾国藩道："我只用锥子刺一下你的大腿，你就如此痛苦，你杀的那些哥老会众，他们就不痛吗？"曾国潢这才明白哥哥此举原来是在教训他。经历此事，曾国潢痛改前非，戒掉了骄横暴虐的毛病，在当地做了大量的义举善行。

这个故事虽然只记于野史，但说明了曾国藩爱民之心是有口皆碑的，并且这种爱是他的修养的重要功课，他说："大学之纲领有三：明德、新民、止至善，皆我分内事也。若读书不能体贴到身上去，谓此三项与我身毫不相涉，则读书何用？虽使能文能诗，博雅自诩，亦只算得识字之牧猪奴耳！……若以明德、新民为分外事，则虽能文能诗，而于修己治人之道实茫然不讲，朝廷用此等人做官，与用牧猪奴何以异哉？"

同治八年（1869年），曾国藩拖着病痛的身子赴直隶领导练兵、饬吏、治河等事。那年华北大旱，老百姓的日子非常难过。曾国藩在永清、固安一带查阅永定河工程，见"麦稼既已全坏，而稷粱不能下种"的严重灾情，心情非常沉重，"念百姓遭此旱灾，殆无生理"。可自己能做什么呢？一是向朝廷如实反映，尽快赈灾；二是节衣缩食，搭救穷人；三是恪尽职守，努力工作。这一年，曾国藩清理结案的直隶多年积下的案子达41000余件，"多年尘牍，为之一清”。

当儿子曾纪泽替父亲身体担忧时，曾国藩回信说“亢旱焦灼，其忧有甚于病耳”，意思是说忧旱情甚于自己的病情。曾国藩如此“先天下之忧而忧”，其思想境界，无论从儒家，还是从道家，都能找到其心灵皈依的精神底蕴。

儒家思想从基本方向来说，是民本主义。“天生民而立君，以为民也”，而且儒家把原始宗教的天的观念，具体落实于民的身上，把民升到神的地位。如儒家认为“天聪明，自民聪明。天明畏，自我民明畏”，再如“天视自我民视，天听自我民听”，再如“民，神之主也”和“民和，而后神降之福”，又说“民之所欲，天必从之”……所以在儒家思想中，民的地位代表着天与神的资格，站在统治者之上，对人的关注构成了儒家人本主义传统的重要方面，或者说民本思想是儒家思想的一大特色。

儒家的民本思想一方面表现在对“民”的关注、重视上，主张“重民”、“爱民”、“以民为本”；另一方面表现在对统治者的“德”和“贤”的要求上，主张实行“德治”、“仁政”。统治者必须想到人民，一切为了人民，关心人民的利益。孟子说：“民事不可缓也。”“民为贵，社稷次之，君为轻。”“天时不如地利，地利不如人和。”

儒家认为民心向背决定了统治者得失天下，所以，统治者必须赢得民心，才能得到天下。统治者不能使用武力来对付人民，应该爱民、护民，不以威慑来使人民畏惧。只有人民自觉自愿地支持，统治者才能有效地统治，国家也才能长治久安。“天下不心服而王者，未之有也”，“得民心者得天下，失民心者失天下”。

再来看道家对“官与民”关系的观点。老子说：“以百姓心为心。”一个人如果能够爱护天下像尊重自己的身体一样，便可以暂时寄身于天地之间；一个人如果爱护天下能够像爱护自己的身体一样，便可以把天下托付给他来进行管理了。

曾国藩从儒道思想中总结出官与民之间的纽带是“爱”，于是发出“爱民为第一义”的心声。他反对战争，因为战争会给人民带来灾难，如果不得已而打仗，就得“树兵勇正气，不犯民众秋毫”，要求部属们“不吸烟，不扰民，二者是吾辈办事根本”。

他还编写了一首《爱民歌》：“三军个个仔细听，行军先要爱百姓。贼匪害了百姓们，全靠官兵来救人。第一扎营不要懒，全靠官兵来做主。莫拆民房搬砖石，莫走人家取门板。莫打民间鸭和鸡，莫借民间锅与碗。莫派民夫来探壕，莫到民家去打馆。筑墙莫拦街前路，砍柴莫砍坟土树。挑水莫挑有鱼塘，凡事都要让一步。第二……”在这里，不能不佩服曾国藩，湘军的胜利与“爱”字功夫息息相关。

我们再来看几则曾国藩的家书。咸丰七年（1857年）十二月十一日，曾国藩写信给曾国荃说：

“我从前在江西，之所以郁郁不得志，第一，不能干预民众的事情，有剥夺民众的权，没有施惠于民众的地位，满腹仁爱的心思，没有地方施展。第二，不能接见官员，凡属省里的文武官僚，接见有稽查，语言有监察。第三，不能联络绅士，凡属地方绅士与我通往来，便因此受到责咎。因为以上三点，便郁郁不乐，没法施展，然而，这只是不适宜驻扎省城，生出的许多烦恼罢了。弟弟现在不驻扎在省城，除了接见官员这件事，没有必要计论以外，其他爱民和联络两件事，都应该实实在在去做。

“现在军饷很是充足，凡属抽厘金和劝捐款这些，都下决心停止。士兵骚扰百姓的事，严加禁止。那么我过去一腔爱民的诚心，弟弟可以为我表达一二了。我在江西，绅士们为我劝捐了八九十万，没有能够为江西消灭敌军、安抚百姓。今年奔丧太快，若忽然不辞而别，弃置绅士们不加理睬，这是我很后悔的。如果奔丧迟走几天，与绅士们多商量，那才妥当。弟弟应当弥补我这个缺憾，凡与绅士书札往来，或者接见畅谈时，都说江西绅士对待兄长很宽厚，家兄愧疚很深这类的话。”

咸丰八年五月初六他给曾国荃的信中说：

“我不因为弟弟得官阶而高兴，而喜欢弟弟做官吏的才能过于带兵的才能，将来或者可以做一个刚正廉明的官长，切实做几件对老百姓有实惠的事情，那是我曾家门户的光荣，长兄的幸运!”

不过对于“爱”，曾国藩认为如果功夫不够，也会出现负面影响。咸丰八年正月二十九日，他写信给曾国荃说：周济受害士绅、百姓，不是泛爱博施，只偶见一家之中，杀害几口人的，流转迁徙，回来缺吃的，房屋被烧，流离失所的，或给数千金，以应急需，先祖星冈公说：“救人要救急难中的人。”星冈公还说：“随缘分布施，专以眼睛亲见的为主。”

关于这一点，曾国藩进一步阐述道：“施仁的方法，如果没有亲见，而泛泛地去找受害人救济，与造册发赈二样，那么带兵的人专干沽名的事，一定被地方官所惑，并且有挂一漏万的忧虑，弟弟的见解，切中事理，我是因为过去湖口绅士受害的惨况，没有力量救济，所以推而达于吉安，不是叫弟弟无缘无故去做沽名钓誉的事。”

爱要真实，也就是心中要守住“仁爱”，这样权力再大，也会把百姓装在心里。爱还要掌握方法，不能因“偏爱”、“错爱”引起纷乱与不安。爱是自然的情感表达，不求回报，尤其不可沽名钓誉。这是“爱”字功夫给我们的启示。

曾国藩语录

如待子弟：把下属看作自己的亲人

待弁兵如待子弟之心，常望其发达，望其成立，则人知恩矣。礼者所谓无众寡，无大小，无敢慢，泰而不骄也。

人际关系，包括上下属关系是双向的，爱人的人，别人会爱他；尊敬别人的人，别人也会尊敬他。总而言之，你怎样对待别人，别人往往就会用同样的态度或方式对待你。领导者要想受人敬爱，必须首先敬爱他人。

曾国藩做官，时刻注重一个“爱”字，知道上级与下级是“两端”关系，而最好的相处方式是找到结合点，即“执其两端，用其中”。他说，一个富贵的家庭待人接物应该宽容仁厚，可是很多人反而刻薄无理，担心他人超过自己，这种人虽然身为富贵人家，可是他的行径已走向贫贱之路，这样又如何能使富贵之路长久地行得通呢？一个聪明的人，本来应该保持谦虚有礼、不露锋芒的态度，反之如果夸耀自己的本领高强，这种人表面看来好像很聪明，其实他的言行跟无知的人并没有什么不同，那他的事业又如何不受挫、不失败呢？

曾国藩深知，要提高士气和战斗力，上对下就得关爱，以关爱赢得尊重，让士兵在感激中迸发顽强杀敌的勇气。他说：“带兵之道，用恩莫如用仁，用威莫如用礼，仁者所谓欲立立人，欲达达人是也。待弁兵如待子弟之心，常望其发达，望其成立，则人知恩矣。礼者所谓无众寡，无大小，无敢慢，泰而不骄也。正其衣冠，尊其瞻视，俨然人望而畏之，威而不猛也。持之以敬，临之以庄。无形无声之际，常有凛然难犯之象，则人知威矣。守斯二者，虽蛮貊之邦行矣，何兵之不可治哉？吾辈带兵，如父兄之带子弟一般。无银钱，无保举，尚是小事；切不可使之因扰民而坏品行，因嫖赌洋烟而坏身体。个个学好，人人成才，则兵勇感恩，兵勇之父母亦感恩矣。爱民为治兵第一要义，须日日三令五申，视为性命根本之事，毋视为要结粉饰之文。”

近代反袁复辟著名将领蔡锷选编《曾国藩治兵语录》，评点道：“古今名将用兵，莫不以安民爱民为本。盖用兵原为安民。若扰之害之，是悖用兵之本旨也。兵者民之所出，饷亦出之自民，索本探源，何忍加以扰害?”

曾国藩以诸葛亮的人格为明镜，诸葛亮是读书人带兵打仗，自己是带兵打仗的读书人。当时不少人确实把曾国藩比作诸葛亮，曾国藩表面上不敢把自己比作诸葛亮，但内心却是学习诸葛亮的“静”、“爱”、“忍”等功夫。诸葛亮说为官为将者，如果不去爱自己的部属，那么是很难取得胜利的。“夫为将之道，军井未汲，将不言渴；军食未熟，将不言饥；军火未燃，将不言寒；军幕未施，将不言困；夏不操扇，雨不张盖，与众同也。”

曾国藩发现塔齐布忠勇奋发，习苦耐劳，深得兵心，反遭副将德清所忌和提督鲍起豹的羞辱。因此，专折上奏，弹劾德清，同时举荐塔齐布“忠勇可大用”。在一年多时间里，曾国藩连续保奏他为游击将军、参将、副将，直至取代鲍起豹而任提督，成为湘军前期的一名主要将领。塔齐布任提督时，“受印日，士民聚以观，叹诧国藩为知人”。塔齐布也知恩图报，尽心尽力为曾国藩打赢了几场大仗，尤其是在关系到湘军存亡的湘潭、岳州两仗，塔齐布更是立下汗马功劳。

咸丰五年（1855年）七月，塔齐布因久攻九江不下，呕血而亡。曾国藩为之黯然神伤，夜不成寐。第二天，率领高级将领和幕僚抵达九江营地，向塔齐布奠灵沉痛追悼。接着，派副将玉山带300兵士护送灵柩至南昌公祭，公祭之后，再由守备长春护送回原籍安葬。

接下来，曾国藩上奏朝廷，详细奏述塔齐布在湘军创建中的功勋及诸多成绩，并请在长沙建专祠。曾国藩还亲自为“塔公祠”撰写楹联：“大勇却慈祥，论古略同曹武惠；至诚相许与，有彰曾荐郭汾阳。”又吩咐从湘勇内银钱所拿出2000两银子，送给塔齐布的老母。曾国藩对塔齐布的功勋如此称颂褒奖，对其后事料理得如此周到妥帖，使湘军将官士兵十分感动。

咸丰八年，曾国藩在浙江办军务，白天与胡林翼会商进兵、筹饷之策，晚上看书、写日记。四月初九晚，曾国藩大概看了一个时辰的《左传》和一个时辰的《史记》，侍从康福来还书，并站在书架旁选其他书，曾国藩并不知道，他见康福后说了一声：“你过来。”然后分别打开《左传》和《史记》中插书签的那一页，对康福说：“这是我今夜重温的两段，你读读吧。”

少年失去双亲的康福没有接受过私塾教育，但他受家传棋艺的影响，围棋下得不错。咸丰三年曾国藩回籍时无意中发现了他，便把他留在身边，培养成为一名亲信。这些年来，康福在曾国藩的教育下，已成长为一个有谋有勇的人。康福接过老师的书，按圈点的内容看了起来：

郑国曾经派子濯孺子去攻打卫国，战败，便逃跑，卫国派庾公之斯追击。子濯孺子说：“今天我的病发作了，拉不了弓，我活不成了。”又问给他驾车的人说：“追我的是谁呀？”驾车的人回答：“庾公之斯。”子濯孺子便说：“我死不了啦。”驾车的人不明白：“庾公之斯是卫国的名射手，他追您，您反说您死不了啦，这是什么道理呢？”子濯孺子回答说：“庾公之斯跟尹公之他学的射箭，尹公之他又是跟我学的射箭，尹公之他是个正派人，他所选择的学生、朋友一定也正派。”这时，庾公之斯追了上来，他见子濯孺子端坐不动，便问道：“老师为什么不拿弓呢?”子濯孺子说：“我今天病了，拿不了弓。”庾公之斯说：“我跟尹公之他学射，尹公之他又跟您学射，我不忍心拿您的技巧反过来伤害您。但是，今天我追杀您，是国家的公事，我也不能完全放弃。”于是，庾公之斯抽出箭，在车轮上敲了几下，把箭头敲掉，用没有箭头的箭向子濯孺子射了四下，然后回去了。

康福看完这则故事，抬头看了一眼曾国藩，心想为什么让我看这个故事。见曾国藩正在写信，康福又读起《史记·孙子吴起列传》中吴起爱兵的故事：

战国时兵家吴起善用兵，屡建战功，被魏文侯任为西河守。吴起治军一个突出特点就是爱兵如子，因而深得人心，得到广大将士的尊重。有一年，吴起统率魏军进攻中山国，军中有一个青年士兵的身上长了毒疮，痛得他满地打滚。吴起看到后心急如焚，他听人说毒疮里的脓血不排出来，病是好不了的。出征途中，各方面条件都很差，要想排出脓血只能用嘴巴去吮吸。为了解除士兵的痛苦，吴起不顾毒疮的又脏又臭，亲自用嘴巴吮吸毒疮，脓血排尽了，士兵得救了，这个士兵感动得热泪滚滚。吴起为士兵吸毒的事情，在军营中传为佳话。

由于吴起爱兵如子，治军有方，公元前 409 年，吴起率兵讨伐秦国，所向披靡，一连攻克五个城池，夺得了西河地区。以后，在他镇守西河的 27 年间，先后率军与诸侯大战 76 次，全胜的就有 64 次，这与他体贴下士、治军有方是分不开的。

就在康福读书的时候，曾国藩手不停歇地写着致前线指挥的曾国荃的书信：“你目前名望正高，务必要坚持不懈，有始有终。治理军队的道理，能战争是第一要义。如果围攻半年，一旦被敌人冲突，不能取胜，或者受到小挫折，那么你的名声一个早晨的时间便下落了，所以说探骊的方法，是以会战斗为得珠。能爱民为治军第二要义。希望弟弟兢兢业业，一天比一天谨慎，一直到底决不松懈，那不仅为我补救了从前的过失，也可以为我父增光于九泉之下……”

其实，曾国藩这一“爱”字功夫，道理是非常浅显的，“君之视臣如手足，则臣视君如腹心；君之视臣如犬马，则臣视君如国人；君之视臣如土芥，则臣视君如寇仇。”上下级之间有没有爱，决定了其工作配合是否默契，是否有效率，合作事业是否长久，是否成功。

曾国藩语录

大抵与兵勇及百姓交际，只要此心真实爱之，即可见谅于下。余之所以颇得心民勇心者，此也。

见谅于下：以大度的情怀对待犯错误的下属

“人非神仙，孰能无过？”人类的特征之一就是犯错误，但犯了错误须加以改正才能进步。所以说，“过而能改，即不为过；过而不改，才是真过。”

儒家在处理过失和改过的关系方面，强调改过，并把道德修养过程也看作是改过迁善的条件。孔子说：“丘有幸，苟有过，人必知之。”他承认自己犯有过错，并认为过错被别人所了解是自己的“有幸”。他反对有人对过错采取不承认的态度，“小人之过也必文”，文过饰非，把过错掩盖起来是不对的。他还说，“君子之过也，如日月之食焉。过也，人皆见之，更也，人皆仰之。”于是提出“过则勿惮改”，“过而不改，是谓过矣”。

君子不仅要正确对待自己的过错，也要正确对待别人的过错，要允许别人犯错误，对别人过去的错误采取谅解的态度。对此，孔子提出“既往不咎”，即已经过去的事不要责备了，着重看现在和将来的表现。

人的成长是一个过程，好的修养是累积的结果。据载，曾国藩小时候是个不饶人的家伙。9 岁时，他寄居于桂花塘欧阳先生家中读书。一次，他与欧阳先生的儿子发生口角，欧阳先生偏袒自己的孩子，不分青红皂白便批评曾国藩。曾国藩将此事牢记心底，离开欧阳先生家时，偷偷地把欧阳家的金鱼缸打破，弄得水干鱼死，然后怀着报复取胜的得意心情随父亲回家。12岁时，曾国藩与伙伴在村子里的神王庙玩耍，不小心将神王像碰倒在地。父亲得知后狠狠地将他训斥一番，还给神王重塑了金身。父亲怕曾国藩闯下更大的祸，决定让他到离家6里的古罗坪读书。曾国藩为此和神王像结了仇，每逢路过神王庙，就把系绳子的竹棍放在神王肩上，气愤地说："我去读书，你要好好地替我看马。如果马跑了，定不饶你!"

现在我们来看这样两桩事，也许会觉得少年曾国藩天真有趣，但从中却可以得出一个道理：曾国藩从一个调皮男孩成长为懂得爱、善于爱的道德建树者，说明人是可以改变的，大可不必对别人的缺点抓住不放，不可因人家犯了一次错误就一棒子将其打死。

同治三年（1864年），湘军攻占南京，宣告太平天国覆灭。朝廷里的最高统治者自然高兴，他们对湘军将领进行了褒奖，全军上下一片欢腾之际，也出现了一些不和谐的声音。李臣典是一员猛将，他第一个冲进城，进城后兽性般抢占了不少女人，因纵欲过度、食春药过量，一天后突然暴毙身亡。曾国藩既生气又很伤心，部下出现这种情况，谁的责任？他来到李臣典的床边，见几天前还是一个虎虎生气的战将，转眼却变成了一具尸体，他心里很难受，一边摸着李臣典的额头，一边念着李臣典的名字，泪如雨下。

就在李臣典死后不久，朝廷的赏赐上谕到了，李臣典被封为一等子爵，并赏穿黄马褂，赏戴双眼花翎。曾国藩正在心里念叨李臣典无福享受，叹惜再三时，一个叫朱洪章的人跑来对曾国藩说，第一个冲进金陵城的是自己，不是李臣典。曾国藩听了一震，眉头紧锁起来。第一个冲进金陵城的是李臣典，怎么突然变成了朱洪章？这小子明明是占功！曾国藩正要发脾气，这时朱洪章说，六月十六日上午，地道挖好，点火进攻前，九帅（曾国荃）集合各营，讨论由谁为攻城先锋，大家都不敢领命，我出队领下了先锋之命并立了军令状，我率焕字营1500兄弟从城墙缺口冲入，第一个进了金陵。

这是怎么回事呢？原来，李臣典虽未第一个进城，但却最先打到天王宫，是李臣典贿赂起草折子的彭寿颐改动的。曾国藩勃然大怒，喊着要处分人！

当身边人都离开之后，曾国藩陷入到了痛苦与沉思之中，他突然想起那年在徽州祁门一座寺庙里听老住持讲的禅公案。相传古代有位老禅师，一天晚上在禅院里散步，突然发现墙角边有一张椅子，他一看便知有位出家人违犯寺规越墙出去溜达了。老禅师没有声张，走到墙边移开椅子，就地而蹲。一会儿，果真有一小和尚翻墙入院，黑暗中踩着老禅师的背脊跳进了院子。当他双脚着地时，才发觉刚才踏的不是椅子，而是自己的师傅。小和尚顿时惊慌失措，张口结舌。但出乎小和尚意料的是师傅并没有厉声责备他，只是以平静的语调说："夜深天凉，快去多穿一件衣服。"老禅师宽容了他的弟子。他知道，爱是宽容，宽容是一种无声的教育。

曾国藩想想这些年风风雨雨，那么多兄弟舍生忘死地跟着自己，实在不容易，他们性格各异，涵养不同，每个人都有这样或那样的缺点毛病，大家聚到一起共事，对于利益的竞争，谁都会犯下或大或小的错误，包括自己曾在衡州为了打串子会，标榜"严治"，不也一时失去理性而错杀无辜吗？为了激励将士们顽强杀敌，建立功勋，他亲授腰刀，承诺谁有功就上折举荐谁！除了少数人，哪个人不想升官发财？对于九死一生的将勇们来说，胜利之后需要的当然是更多的荣誉。如果自己这时候严惩一批，不是冷了他们的心吗？以后作战谁还卖命？曾国藩认为，这件事要慎重处理，大事化小，小事化了。

于是，他还是让李臣典的儿子代领了封赏，并做朱洪章的思想工作，以内部奖励方式安慰他，承诺以后定上折保举。对于徇私舞弊的彭寿颐，曾国藩严厉地批评了他一番，以“下不为例”四字原谅了他。

宽容是爱，但放松却是害，故而“严”也是一种爱。曾国藩对犯错误的下属并不是一味地原谅，有时哪怕下属犯了一次小错误，但因情节严重，他仍会以“大爱取代小爱”，做出必要的严厉惩罚。

李元度曾是曾国藩的“辛苦久从之将”，曾国藩自称与李元度“情谊之厚始终不渝”。在靖港、九江、樟树镇等战役中屡屡战败的艰难岁月里，李元度始终不离曾国藩，给予了曾国藩非常有力的支持。但是，这样的好朋友犯了错误之后，曾国藩却没有因个人的私情而偏袒他。事情是这样的：咸丰十年（1860年），太平军李世贤率7万人马将宁国府团团包围。湘军驻防宁国府的是鲍超的霆字营，霆字营只留了3000人守城，其他7000人分扎在城外百里外的地方。曾国藩的前线指挥所设在祁门，宁国府是祁门的屏障，其得失影响着整个徽州战役。曾国藩接到鲍超请求救援的消息后，正在琢磨派谁去援救。这时李元度站出来，要求把这个任务交给他，曾国藩答应了。

曾国藩怕李元度有什么闪失，出师前特向他交待了五点：一戒浮，不要听信那些好说大话的人的话；二戒自负，切莫自视过高，瞧不起别人；三戒滥，不要乱用银饷，对人员的保举也得有所节制；四戒反复，用权讲灵活性不等于朝令夕改；五戒私，用人是因为职位的需要，而不可因与人私交好，就给他位子坐。

李元度率军开进徽州城的第二天，太平军罗大纲、周国虞的4万人马也到了城门外。这时，李元度还是听信了身边那些无打仗经验、喜欢纸上谈兵的谋士的话，认为绿营兵不可信任，城门不能让他们守。那些从各城门撤下的绿营兵，都作为苦力去扛弹药、担砖石、运粮草，他们对受到的歧视十分不满，边干活边骂李元度是个有偏见的人。带着委屈和愤怒的情绪干活，速度慢，效率低，影响到了军需供给。这是李元度犯的第一个错误。接着，绿营兵中那些恶习重的人，借口五个月没有领银饷，公然抢劫军中银库。李元度得知后，又犯了第二个错误，他愤怒地将闹事的绿营兵抓起来，不分情节轻重一律砍头。这场内讧使太平军得到了破城的极好机会，当太平军发起进攻时，不少绿营兵反而拿刀砍杀湘勇，徽州城很快就被攻破了。李元度吓得带着一批随从从西门逃出城外，才得以保住性命。

李元度丢失了徽州城，让曾国藩悔恨不已，认为如果这样的过错都原谅，那军纪就成了一纸戏言，自己这个做主帅的将因私情与偏爱，遭天下人指责。曾国藩毫不留情地参劾罢免了李元度皖南道台的职务。

对于曾国藩参劾李元度这件事，从当时到如今，都有人认为曾国藩寡情薄义。当时李鸿章等人出面说情，劝阻曾国藩不要参劾。曾国藩说，李元度丢失徽州城，老百姓编了一个对联："士不可丧元，君何以忘其度。"这不是骂曾国藩包庇有重大过失的人吗？不参劾李元度，天理何在？国法何在？朱子说："义理不明，如何践履？"王阳明说："知之真切笃实处即是行，行之明觉精察处即是知。"

如果仔细品读曾国藩的人品思想，就会发现他的"爱"是建立在"公义"良知基础上的，尽管他一生没有完全做到大公无私，但至少他在处理李元度的问题上，体现了"小过宽宥，大过不谅"的原则。然而即便如此，曾国藩于同治元年（1862 年）六月初三说："余生平于朋友中，负人甚少，惟负次青（李元度）实甚，两弟为我设法，有可挽回之处，余不惮改过也。”

人情上对某个人过意不去，而于公道、人心上无损于爱——这是我对曾国藩“爱”字功夫的深切体味。

曾国藩语录

体恤之念：在生活上处处关怀身边人

兵勇劳苦，须时时存体恤之念，然营规则不可不严。

人是有感情的动物，孟子呼吁：“大人者，不失赤子之心者也。”儒家的“以人为本”的思想，至今仍闪耀着智慧的光芒。懂得人情，才会揭示人性与自然天地的关系，以致发现人伦和谐、团队和谐、社会和谐。曾国藩在《劝诫营官四条》中说：“为营官者，待兵勇如子弟，使人人学好，个个成名，则众勇感之矣。”

康福多年追随曾国藩，还救过曾国藩的命，却一直没有得到保举重用，但康福不计较名利得失，他理解曾国藩“不以官禄报私恩”的原则，愿做一个忠心耿耿的保镖侍从。曾国藩虽然没有给康福官职，但在生活上却处处照顾他，叫家人给他制衣做鞋，还打算等金陵攻下后给他娶个老婆，完成终身大事。曾国藩从不乱花钱，是典型的“小气老头”，但他却从干干净净的俸禄中抽出钱，以康福的名义买下一座大宅院和三百亩水田，并迁一户老实人住进宅院，每年代康福收三百亩水田的租。不久，康福知道了这事，感动得不得了，从此更加努力工作。

刘蓉是曾国藩的幕僚，曾国藩坐困江西时，欲以死与太平军相拼，刘蓉劝止了曾国藩。刘蓉呕心沥血，因思虑过度而生了一场大病，曾国藩急忙赶到刘蓉的床前日夜陪伴他。当刘蓉昏睡不醒时，曾国藩坐在床头轻轻地抚摸着他的脸、额头。刘蓉之前已经请假，过几天回湘乡探望母亲。这时，塔齐布战死，罗泽不在身边，军机不顺，哪一天不要与刘蓉商量大事？怎么能没有刘蓉呢？曾国藩边抚摸刘蓉，边“喃喃”着“不能走、不能走……”刘蓉醒来，看见曾国藩握着自己的手，床头柜上摆放着自己喜欢吃的食品，心里突然升起一股暖流，甚是感动，他立即决定放弃回乡的行程。

曾国藩深知“积诚以相感”、“积渐以相孚”对于上下属之间的相处是多么重要。“生当陨首，死当结草”，“女为悦己者容，士为知己者死”等等，这些都是用情感换来的结果。

有一天下午，曾国藩四处找赵烈文没找到，原来赵烈文感觉自己很累，便独自到秦淮河听唱曲子去了。他知道曾国藩素来恨听曲狎妓的文人，虽然自己只是听曲，而非狎妓，但怕误会，所以没有向曾国藩打招呼，直到黄昏，赵烈文才回来。曾国藩问他到哪里去了，赵烈文撒了个谎，说是拜访一个朋友去了。他回答时脸红了一下，被最擅长察言观色、能一眼窥透人心的曾国藩看出了破绽。

赵烈文只得如实说，自己到秦淮河上听唱曲子去了，然后等待着曾中堂的指责。然而，曾国藩不仅没指责他，还笑着问，秦淮河上又有人在唱曲子了？赵烈文点了点头。原来战争期间，秦淮河两岸楼房被焚毁，游船也改成战船，使闻名天下的十里秦淮河成了条死河。湘军收复金陵后，很快两岸又修楼建房，造船画舫，恢复了昔日的景象。曾国藩与赵烈文相处这些年来，知道他的人品，相信他不过是听听曲子而已。他怪自己对下属关心太少，于是笑着说：“我也想去听听曲子，你陪我去。”

赵烈文以为曾国藩在开玩笑，一时愣在那里。曾国藩拉了他一下，说："走呀，不动心方为高人。"曾国藩真的想让赵烈文放松放松，还可以去了解一下秦淮河的景象到底恢复得怎么样。自己身为两江总督，看问题得站在民众的角度，不能凭一己之好恶，决定一个事物的对与错。金陵为人文荟萃的江南名城，怎么能没有一个大家喜爱的游乐场所？他相信秦淮并非除了妓女就是嫖客，而更多的是健康的东西。就像眼下，他与赵烈文就是君子之游乐。赵烈文一下子觉得曾国藩变得可爱起来，便问："曾大人为什么一变如此？"

曾国藩说，他通过十多年的静、谨、敬、诚、恒的立志与修养，心如古井，不为所动，且游览秦淮河，如同读一部六朝至前明的旧史，几度兴废，几多悲喜，亦足令读书君子观古鉴今，励志奋发，居安思危，为国争忧。赵烈文点了点头，不能不佩服曾中堂，什么事都能上升到如此高度。

"都是圣人，且领略六朝烟水；暂留过客，莫辜负九曲风光。"赵烈文吟道。

曾国藩问："是你的抒怀?"赵烈文摇了摇头，说："是夫子庙楹柱上的一副联语。"曾国藩认为这副对联写得不错，君子小人都可以一游秦淮。说话间，他们听到了飘扬在空中那婉约柔曼的歌声……

从这个事例可以看出，曾国藩并不是一个"死脑筋"的人，他体贴自己的下属，与其逛秦淮河，而以"君子之游"与"小人之游"区别开来。君子也是人，需要正常人的休闲生活。曾国藩的主动，消除了赵烈文怕被耻笑的心理负担，拉近了他们之间的距离。

感情作为联系人际关系不可缺少的纽带，存在于领导者与被领导者之间，这种感情是互相影响的。想让下属理解你、尊重你、信任你、支持你，首先你应懂得怎样理解、尊重、信任、关心、爱护和支持他们。有投入才会有产出，有耕耘才会有收获，不行东风，哪得春雨？

彭玉麟是曾国藩手下一员不可多得的大将，他服从命令，不谈条件，曾国藩以“兄”称之，生活上无微不至地关怀。彭玉麟曾有一个情投意合的恋人，却因病夺去了生命，他伤心悲痛，从此不再接触女人。他的老娘见儿子37岁了还打着光棍，很是忧郁，曾国藩不止一次劝彭玉麟成家。湘军离开衡州前，曾国藩叫人抬来一盒银子，他指着盒子对彭玉麟说，军中饷银匮缺，又没有什么珍稀的宝物，这800两银子你拿去吧，找一个女人成家。何必这样固执，要为老娘想想。

彭玉麟还是没有结婚。第二年，曾国藩在湖北黄州结识了一个叫杨国栋的文人，两人相见恨晚，成了无话不谈的朋友。杨国栋的妹妹阿秀长得很漂亮，又有才气。曾国藩想，要是把她介绍给玉麟做妻子，不是又成了一桩美事？只是不知道阿秀有没有许人，另外也不知玉麟喜不喜欢阿秀。曾国藩第二次到杨家，便带上了彭玉麟。杨国栋是个思想开化的人，以才女妹妹为荣，酒席上让她陪客，大家饮酒吟诗，很是尽兴快乐。彭玉麟见阿秀文才卓然，很有好感，便与她越谈越亲切。散席回到客房之后，曾国藩悄声对彭玉麟说：“多年来不愿成亲，怎么一见阿秀就喜欢上了？”彭玉麟脸红了，真是什么事都瞒不过他，于是便承认自己喜欢上了阿秀。

曾国藩便开始出面做媒，凭着他的人脉和口才，很容易地促成了这件事。一个驰骋战场的光棍，终于在曾国藩的关怀下达成了终身大事。

在曾国藩看来，自己和他人的实际情况均称为“情”；处理人事与实际情况相符，不超过也没有不及，称为“理”；情理之间有个“爱”，即“仁”的桥梁。“遵循大道要从仁义做起，仁就是爱人。”是否善于与下属沟通，做到“明理情通”，是衡量领导者工作能力的一个重要方面。领导者深入下属的心灵，真真切切地把下属当作亲人来爱，这样才能感人至深。

曾国藩语录

> 天下事在局外呐喊议论，总是无益。必须躬自入局，挺膺负责，乃有成事之可冀。

挺膺负责：出现问题时敢于担当责任

大爱当挺！也就是说在团队最危机、最困难的时候，领导者比下属的腰杆要挺得直，担当起责任和风险。领导者如果只是把“爱”字挂在嘴上，平日对下属说“我多么爱你们啊”，甚至挤几滴眼泪，这或许会刺激一些脆弱的神经，共同矫情一番，而遇到困难的时候，领导者却让下属往前冲，自己躲在后面，那么“爱”就变成了一场谎言。

在曾国藩眼里，有志之士、仁德之人，没有为了求得个人利益而损害与下属关系的。在战场上，如果军官躲在安全的地方，用枪逼着士兵往前冲，谁都不肯服从指挥；如果他勇敢地冲在最前面，大家就会舍生忘死地跟着他跑，前赴后继。

曾国藩对攻打金陵的曾国荃举了两个主题相同的例子，其一：春秋时，吴王夫差率军攻打越国一座城市。他躲在能抵挡箭雨的篷子里，结果这座城总是攻不下来。伍子胥大声呵斥他，要他出来。他刚走到能被箭射到的地方，这座城市就攻下来了。

还有一个例子：宋景公在位时，心里常被荧惑所困扰，于是就把管理星相的子弗找来问道："为何荧惑出现在心星上？"子弗回答说："荧惑，是上天表示要惩罚世人的征兆；心星，是我们大宋的分野，很有可能大祸会降临到君王您的身上。不过不要紧，我们发现得早，可以将大祸提前转移到宰相、百姓、年成上去。"宋景公说："宰相，是帮我治国安邦的左右臂，我怎么能让他替我承受祸害呢？君王贤明才能使天下昌盛，我本就应该爱民如子，却又怎能伤害他们呢？年成不好，老百姓受冻挨饿，这是我做君王的责任啊！既然命中注定有此一劫，那就听天由命，让它自然了结吧。"子弗说："天空虽然很高，很遥远，但对人间琐事了如指掌。大王您是有道之君，上天一定会为您的肺腑之言所感动，大发慈悲，赏您三次。今晚心星可能就会移开，到那时您的寿命就可延长数年。"宋景公心里装着的是天下、百姓，有灾难自己承担，堪为领导者的楷模。

曾国藩说："危急之际，惟有专靠自己，不靠他人为老实主意。"这是告诫弟弟与其他将领，也是告诫自己。我们可以通过一个故事，来看曾国藩是怎样以坚实的肩膀，担当起一个领导者的责任的。

湘军在湖口一战失利后，曾国藩为军饷报销的事上奏皇上，提出报销军饷可能产生的问题，全部由他自己承担，因为过去几年湘军主要的财务职权都在他手上。清廷如同意曾国藩的奏请，就意味着曾国藩手下所有的将领都解除了后顾之忧。清朝军饷报销要报户部严格审核，一旦有出入，相关将领就必须补足欠银。为这事，有些将领被查抄家产，甚至有的人掉了脑袋。而控制军饷并不是件容易事，即使领导者不贪，但战况变化也可能在实际开支上出现超支，所以不少将领为此后怕不已。对于湘军来说，大量饷银、账目存放在水师的船上，湖口一战失败后，大量账册丢失了，其中的问题就变得复杂起来，谁也不敢保证账目清楚，没有出入。

曾国藩上奏承担责任，就是为了解除将领们内心的不安，不让他们被那些丢失的账目所困扰，影响带兵打仗。曾国藩的做法让湘军将领们大为感动，心里涌出融融的暖意，作战更加顽强勇敢。

对于这件事，曾国藩觉得是自己应该干的，他说：“天下事在局外呐喊议论，总是无益。必须躬自入局，挺膺负责，乃有成事之可冀。”一个领导者担当责任，下属就觉得领导是自己的贴心人，是最爱自己的人，那么自然会产生一种“知恩图报”的想法。爱是一种担当，爱是一种庇护，必定凝聚人心，同舟共济。

曾国藩语录

留人余地：批评不等于诋毁贬低他人

负气则自命过高，责人过重，稍有龃龉便事吹求，处人鲜留余地，而人亦攻之甚力。

如果把人品、性格和能力等放在一起综合考察，那么很难有“全美”的人，高明的领导懂得放大别人的优点，缩小别人的缺点。曾国藩对儿子纪泽、纪鸿说：“喜欢一个人而能知其不足处，厌恶一个人而能感知他的优点，这是最明智的。我所见过的将才里面，杰出的极少，但只要有大志，就可以给他们美名，奖励他们，成就他们。若对自己的部属吹毛求疵，那就无法与其建立感情，无礼失和；若轻易诋毁，结果必然是分崩离析，自封家门。”

儒家中庸思想对当官的要求很多，其中最重要的一条是“和”。“和”是中国传统文化的重要特征，也是中国文化的宝贵遗产，其内涵十分丰富，充满了大智大慧的深刻哲理。一是主张多样，二是主张平衡，“同归而殊途，一致而百虑”，提倡宽厚之德，发扬包容万物、兼收并蓄、淳厚中和的“厚德载物”的博大精神。聚集不同的事物而得其平衡，叫作“和”。“和”能产生新事物，五声和，则可听；五色和，则成文；五味和，则可食。推及施政，则必须协调各种利益，综合不同意见，化解复杂矛盾。如果只是相同的事物叠加起来，就不可能产生新事物，也就不可能生机勃勃，而出现“同则不继”

的现象。

领导者如何“和”好与下属的关系，在曾国藩看来，这是一门很大的学问，谁能够做到“任劳而不炫己之能”，“让善而曲尽人之长”就不难了。

同治五年（1866年），一个叫严树森的官员遭到了一些人的弹劾，曾国藩认为严树森的确有毛病，但还不足以让其下台，用人贵在利用其长处，而纠正其短处。领导对下属贵于勉励他们认识自己，明白他们什么事做不到。严树森的短处在于负气自傲，计较的事情较多。负气就自命过高，责罚别人过重，稍有小小的失误便事事挑剔，与人相处很少留有余地，而别人攻击他时也就会很用力。一个人计较过多就会利害太多，别人对他害怕而不愿共事、不愿接受其领导，也就在所难免了。

曾国藩客观地分析了严树森所犯错误的原因，以及审视他的缺点和优点之后，向朝廷提出了自己的建议：在局势不利、士卒没有聚合的情况下，严树森环城坚守，以防挫败，不应该受到非议。严树森的才能可以胜任湖北巡抚一职，如果常常得到皇上的教诲，总督官文能与他推诚相待，应当可以整顿好地方财政。

曾国藩既批评了严树森“负气自矜”、“责人过重”的缺点，同时也肯定了他的优点和才能。曾国藩批评人是很有技巧的，从不给人留下诋毁诽谤的印象。僧格林沁与捻军交战全军覆没，连他本人的命也丢掉了，朝廷震惊不已，忙令曾国藩“剿捻”。曾国藩认为僧格林沁败于急功近利，但他不能当着大家的面指出来。为了让自己稳扎稳打，不至于被人看作是一味迂缓，胆小怕死，他在上奏时提出自己“万难迅速”的种种客观原因，而不去批评僧格林沁的大包大揽、快速推进的战略是错误的。

朝廷巴不得早一天把捻军剿灭，而曾国藩心里清楚，自己如果不主张立定根本、后发制人，那么执行快速出兵的结果将是重蹈僧格林沁的覆辙，他陈述了短期内无法剿灭捻军的三大理由：一是缺兵，金陵湘勇裁的仅剩3000余人，唯有调刘松山军。如果湘勇不愿远征，他也不能过于勉强；淮勇如刘铭传等军，人数尚少，当于徐州另募新兵。以湘军规制和士气，需要几个月才能训练成军。第二缺马，捻军战马极多，驰骋平原，其锋甚锐。三是缺水师，应利用黄河天险办黄河水师。

曾国藩说了一大堆理由，以自己不能接受速战速决的战略来批评僧格林沁的错误，真是恰到好处。最后，朝廷不得不认可了曾国藩的主张，同意他稳中求胜的剿捻方案。

批评不是诋毁，但若把握不好批评的分寸，就会让被批评的人觉得领导在故意诋毁贬低自己而产生不满。孔子说：“吾之于人也，谁毁谁誉？如有所誉者，其有所试矣。”意思是说他慎重对待批评与表扬。孔子的确很少批评人，学生宰予白天睡觉，孔子劝告了他几次，希望他不要懒惰，浪费美好时光，可宰予我行我素，把老师惹恼了，孔子骂道：“腐烂的木头不可以雕琢，不干净的门墙是不能粉刷的，对于宰予我还能批评他什么呢？”孔子批评宰予是出于关心，毫无恶意。

孔子批评的另一个学生是子路，因为子路性格刚强，孔子担心他闯祸，所以才批评他，但他更多地帮助子路，承认他的优点。子路性情鲁莽，勇武好斗，孔子这样教导他：有体力的强，有精神力量的强，但真正的强不是体力的强，而是精神力量的强。精神力量的强体现为和而不流，柔中有刚；体现为中庸之道；体现为坚持自己的信念不动摇，宁死不改变志向和操守。

再来看曾国藩，他的弟弟曾国荃性情暴戾，动辄发怒，曾国藩多次写信，希望弟弟培养与部属勇丁的感情，要爱他们，即使对方有不妥之举，当面骂几句就算了，不可背后再议，以防造成误解。一些官员之所以让下属反感，甚至反对，并非他本人没有能力，而是没有掌握批评的技巧。你在批评人的时候，尽可能做到点到为止。作为将官，需要批评下属，但不可粗暴训斥，把他们贬得一钱不值，以至他们工作上总是谨小慎微，不敢承担责任。批评的目的不是要把对方压垮，而是为了帮助他成长；不是去伤害他的感情，而是要帮助他把事情做得更好。

曾国藩还指出：批评不等于发泄不满。善意的批评是为对方考虑，不是纯粹表达自己的愤懑。被批评者在接受批评后，可能会产生两种截然不同的感受：一种是很快意识到领导是为了自己好，是善意的批评；另一种是觉得领导是在找人发泄心中的不快，是恶意的批评。在这两种不同的感受之下，人们接受批评的程度和效果完全不同。因此，当你批评别人时，一定要记住不要把自己的利益放在第一位，要把“爱”字放在第一位，“君子大过人处，只在虚心而已”。

曾国藩语录

省中各营官多有用之材，颉颃作气，势不肯下人，亦将领之常态，足下当剀切劝导。

剀切劝导：处理下属矛盾不偏袒任何一方

曾国藩在“爱”字上下功夫，目的是为了追求“人和”以达“事功”。“人和”有两种意义，一是自己得到人们的拥护，二是人们之间要互相和好。如果下属之间冲突矛盾不断，“人和”也是空谈。对领导者来说，如何调解下属之间的纠纷，实在是个非常棘手的问题。如果处理不当，一旦公事变成私人恩怨，恐怕日后在工作中就会成为难以解开的结。俗话说：“明枪易躲，暗箭难防。”其实在官场上，如果有人向你发一支明箭，也足以叫你头痛的了。如果对下属间的矛盾处理不当的话，极有可能埋下一颗定时炸弹。

咸丰六年（1856年），石达开攻陷江西多个城市，局势对曾国藩非常不利，爱将罗萱主动请缨，率军收复建昌，曾国藩不怀疑罗的能力，但怕他手下的将勇们不团结，所以写信说：各个营官有很多是有用的人才，然而，互相对抗、不肯听取别人的意见，是常有的现象，你应当切合事实地劝导他们。峙衡这个人的缺点是见解比较狭隘，优点是不偏袒私情。峙衡令人怨恨的地方，在于喜欢当面骂人；他令人感动的地方，在于喜欢救人危急。他的这些优缺点，我手下中、后营的各勇都知道，不是仅仅我弟弟和你知道的。你将这几个方面一一婉言告知各个将领，是想原谅他的缺点而发挥他的长处，大家自然就相互敬爱了。你要时时注意调和下属的关系。

那么，曾国藩自己是怎样调和下属间的关系的呢？我们来看一个例子：

咸丰十年（1860年），曾国藩令绿营多隆阿和湘军霆字营鲍超率部到安庆外围战场桐城截击陈玉成的部队，可是由于两个人在配合上出了一些问题，关系闹得很僵，这极不利于曾国藩的布局。有人建议换部队，曾国藩没有答应，在他看来，鲍超善于打援，而多隆阿对安庆的地形非常熟悉，截击陈玉成，这两个人是最佳组合，换部队需要时间，且牵一发而动全身，影响整个布局。怎么办呢？调和！不过，这两个人脾气都大，调和得有技巧，让他们两人的心真正合到一起才能成功。

曾国藩的军营设在安庆对岸东流镇，他先把特意来诉说委屈的鲍超稳住，夸赞他的能力高过多隆阿，这次两部配合截击陈玉成，虽然多隆阿为主，鲍超为副，成功后鲍超的功劳是多隆阿占不去的。曾国藩的几句话说得鲍超心里好受了些，他想毕竟自己是曾大人一手提拔的，多隆阿夺不走他与曾大人的交情！

曾国藩接着派人去接多隆阿过来议事。多隆阿正在为鲍超这家伙的“无理蛮横”而生气，已扬言向朝廷上折，弹劾鲍超军纪败坏、不听号令，请清廷将其革职查办。多、鲍冲突的起因是这样的：鲍超三天不打仗就手痒，一天，他找多隆阿商量，准备夜里去劫龚得树的军营。多隆阿觉得风险很大就没答应，这让鲍超非常生气，心想没有你多隆阿，我自己照样能行，于是他带着自己的人马去劫敌营，把龚得树打得丢盔弃甲，逃之大吉。可是，就在鲍超得意之时，陈玉成也乘霆字营得胜虚骄的空隙，发起一场反攻，打得霆营伤亡几百人，后退几十里。在多隆阿看来，仿佛一切都在他的预料之中，他臭骂了鲍超一番，说不把自作主张的鲍超劾倒誓不为人！鲍超毕竟吃了败仗，心里有些怕，所以立即骑快马赶到东流，向曾大人求援。

多隆阿见到曾国藩后，把鲍超狠狠指责了一番。曾国藩认真地听，然后拿出几封信交给多隆阿。多隆阿见是匿名信，好生蹊跷地看起来，越看心里越紧张，曾国藩故意问信中写了什么。原来这些信是曾国藩为了调解多、鲍而使用的工具，有的控诉多隆阿军纪松弛，杀鸡宰狗，骚扰百姓；有的赞扬他智勇双全，夜袭龚得树，赶走五万匪军……多隆阿看傻了眼，这些事明明是鲍超干的，怎么功过都记到自己头上了？他吼道："这不是我干的，平白无故地冤枉我!"

曾国藩也故意替多隆阿鸣不平，说鲍超干的好事，怎么可以栽赃栽到多将军头上呢？哦，明白了，湘勇怎么能与绿营比呢？绿营在老百姓心中的地位远远高过湘勇，难怪鲍超在桐城挂车河所做的一切好事坏事，都算到多将军的头上。

听了曾国藩的话，多隆阿陷入了沉思。这时，曾国藩接着说，多将军向皇上上奏的折子是怎么写的？会不会也像写信的人一样，把鲍超的功过是非记到自己头上？因为毕竟自己是主，而鲍超为副，绿营是正规军，朝廷对多将军抱着巨大的期望。多将军只能与部属精诚团结，上下齐心，各营互爱，才能打败太平军，不负皇上所托。一场大战即将开始，如果多将军不原谅鲍超，心思花在上奏上，必会贻误战机，后患无穷。

曾国藩的几句话，说得多隆阿心里不安起来，连忙说："听曾大人的话，以后注意即是。"曾国藩已经备好酒宴，他携起多隆阿的手，边走向宴厅边说："我和我的幕僚，都认为你多将军智勇胆识都比鲍超强。他鲍超不过是一介武夫，勇气有余，韬略全无，而多将军出身世家，身分高贵，爱兵如子。

我安排他与你一起截击陈玉成，是让他向你学习。我刚才已向他说明了这一点，他保证从此听从你的调配。”

“他也来了？”多隆阿惊问。曾国藩哈哈大笑，说：“是我请你们来的，坐坐，喝酒，你们两个杯酒释前嫌！”正在这时，鲍超出现了，开口即是：“多将军，你为什么要上奏弹劾我？”多隆阿望了一眼曾国藩，笑道：“奏稿还没写呢！我是来请你回去一同杀敌，为皇上立功，哈哈……”

曾国藩把充满爱意的倒在到两位战将的杯子里，在一片说笑声中，鲍超与多隆阿握手言和了。

从这个例子可以看出，曾国藩为了搞好下属之间的关系，其用心良苦。他看到了鲍超与多隆阿各自的长处，如果只是由于性格因素而不能整合彼此优势，那实在可惜。与其说领导识人不准，人员配置不当，不如说领导缺乏调和矛盾、团结下属的能力。老子说：“天得一以清，地得一以宁，神得一以灵，谷得一以盈，万物得一以生，侯王得一以为天下贞。”佛教经典《六祖坛经》说：“无二之性，是为实性。”为官者对待下属无差别心，才能把大家牢固地团结在自己的周围，这样，官才好当，共同的事业目标才会实现。曾国藩明白这一点，所以他说，下属有个性、有脾气、闹别扭是常态，重要的是上司要善于“剀切劝导”。

◎“用”字功夫◎

曾国藩语录

多选替手：只靠自己，再有能耐都不行

办大事者，以多选替手为第一义。满意之选不可得，故且取其次，以待徐徐教育可也。

曾国藩能建功立业，其成功的重要奥秘之一便是对人才的重视，他曾经用八个字非常精辟地总结其经验：“广揽、慎用、严绳、勤教”。这四点缺一不可，构成曾国藩的“用”字功夫。

“广揽”乃广泛招集人才之意；“慎用”即为任用要慎重，不可凭一时感觉，而要考虑所用之人的长短，并在用时取其长，避其短；“严绳”，意为要用严格的法令、制度规范管理人才；“勤教”就是经常培训的意思，通过培训使人才改正错误观念，丰富知识，提高技能，从而更加胜任或者出色地完成任务，尽其职责，实现决策者和领导者的目标。

一次，李鸿章带了三个人请曾国藩安排职位，当时曾国藩正在园子里散步，李鸿章知道曾国藩有饭后缓步三千的习惯，觉得不便打扰，就与那三个人在一旁恭候。

曾国藩散步之后，李鸿章忙走上前去，请他接见那三个人。曾国藩摇了摇头，说："不必了。"李鸿章一愣，惊讶地望着老师。曾国藩笑了笑，解释道："在散步时，那三个人我都看过了。第一个人低着头不敢仰视，是一个忠厚善良之人，可以给他保守的工作。第二个人喜欢弄虚作假，我眼光扫过他时他毕恭毕敬，等我一转身，他便左顾右盼，将来必定阳奉阴违，不能任用。第三个人气宇轩昂，双目平视，始终挺立不动，是个不可多得的人才，将来他的功名不在你我之下，可委以重任。"李鸿章按着曾国藩的吩咐办了。

后来，三个人的情景果然不出曾氏所料。被曾国藩看好的"不可多得的人才"便是台湾的首任巡抚刘铭传，他为收回台湾、治理台湾立下了汗马功劳。

当然，曾国藩并没有"神眼"，他的"识人术"之所以高明，完全在于他"积久而有经验"，善于"观人于微"，从一个人的言行举止细节看一个人的性格心理，所以很少看走眼。

蔡锷非常赞赏曾国藩的用人之道，他说："曾谓人才以陶冶而成，胡（胡林翼）亦曰人才由用才者之分量而出，可知用人不必拘定一格，而熏陶裁成之术，尤在用人者运之以精心，使人人各得其所长，去其所短而已。窃谓人才随风气为转移，居上位者有转移风气之责。因势而利导，对病而下药，风气虽败劣，自有挽回之一日。"

为了得到人才，曾国藩虚怀若谷，广泛招纳。有一次，一个头脑非常简单却自以为聪明盖世的人，来到曾国藩大营卖弄才华，并说湘军几次攻打九江不利，他非常着急，想出了一个良策：将南康城内人马全部撤出，埋伏在四面八方，派一小股人马去打九江，将太平军林启容部引进南康，然后伏兵四处出动歼灭敌军，活捉林启容，并一举攻下九江。

曾国藩身边的人听了这个计谋都忍俊不禁，哈哈大笑。曾国藩扫了大家一眼，制止他们取笑。但还是有人问，如若林启容不出九江，此计不成怎么办？献计者瞪大眼睛想了半天，忽然叫起来，说想出了一个好办法：可以在军中找一个丹凤眼、卧蚕眉、面如重枣的人，化装成关云长的模样，领着兵马去打九江。太平军最怕关帝爷，关爷一去，九江必下。

这次，曾国藩也忍不住笑起来，然后吩咐手下人拿十两银子酬谢了他。等献计者离开后，曾国藩的幕僚笑成了一团，都说这个人不是骗子，就是一个十足的傻瓜，不明白曾国藩为什么送他十两银子。曾国藩说："大家不会不知道千金买马骨的故事。燕昭王求贤，郭隗说，古代有人用五百金买千里马的马头骨，因而在一年之内得到三匹千里马。我今天对这个人以礼相待，一定会引来真正有才能的人。"情况果真如此，不久来了许多要投靠曾国藩的人，其中不乏人才。可见，曾国藩对于"用"字功夫是动了一番脑筋的。

同治元年（1862年）四月十二日，曾国藩写信给曾国荃说："水师攻打金柱关的时候，如果有陆军三千人在那里，会容易得手。保举彭杏南，是为弟弟那里统一起见，弟弟一军共一万八千人，总要另外有两人可以胜任统带的，每人统五六千人，弟弟自己统带七八千人，然后可以分可以合。杏南以外，还有谁可以分统？也要早早的提拔。办大事的人以多选接替人手为第一要义。满意的人选不到，可以姑且选其次，慢慢的教育培养。"

曾国藩"多选替手"的"用"字功夫，有"诚招天下"一招，他认为用人须以诚，做到推己及彼，将心比心，其要义是：

第一，推诚相见，不玩弄权术。

第二，使用人而不能信任人，这与不使用没有两样。不信任就不要任用，任用了就不要对之冷淡。使用人才，不要对他所做的每一件事情都怀疑，否则就是没有诚意。危险莫过于用人而又怀疑人，怀疑就不要任用，任用了就不要怀疑。

第三，任用别人要像任用自己那样了解、爱惜。

第四，任用人才不诚，那么谗言就会出现，人就会产生异心；选拔人才的路不宽，那么人才选用的正常途径就会堵塞，而优秀人才就会被埋没。

王闿运《湘军志·营利》中说，曾国藩“用将则胜，自将则败”，指出他在战役指挥方面并不高明，甚至不如其部将。对于这一点，曾国藩也不忌讳遮掩自己的“拙”，他认为自己能够团结人才获得成功，关键在于“用”字功夫。他认为一个人的能力毕竟是有限的，所以在任何一个时期都与大家一起，针对具体情况制定具体的实施方针。

曾国藩为官 40 年，幕僚共计 400 多人，大部分都被他培养、推荐为朝廷、军队和地方的高级官员，左宗棠、李鸿章、彭玉麟等众多名臣就是其中的佼佼者。曾国藩的重人、识人、取人、用人已成一体，高度体现出了他的颖悟与睿智。

曾国藩语录

不拘一格：打破框框会涌现奇特的人才

初非预定之品，要以衡才不拘一格；论事不求苛细，无因寸朽而弃达抱，无施数罟以失巨鳞。

曾国藩讲究用人谋略，他曾多次向朝廷建议：应对官吏进行严格的考察、甄别、审核；要提拔那些敢于提意见的“直臣风骨”；要破格提拔一批讲求经世致用的人才充任各级官员；人才选择的标准应是：“崇实黜浮，力杜工巧之风。”

如果这只是说说而已，还不能看出曾国藩的智慧。历史让洪秀全与曾国藩成为对手，谁是智者，在较量中体现。洪秀全是个失意的读书人，他有志向，有抱负，通过科举从底层爬上来的路被堵死后，他想出人头地只有选择非正常的手段。而曾国藩是个得意的读书人，他学识丰富，修养很高，相信传统文化对凝聚人心的作用，相信个人努力和团队力量的重要。

咸丰元年（1851 年），太平军攻城略地，曾国藩回老家湖南亲自招募兵员，办起团练，组成湘军。为了使湘军具有较高的战斗力，他采取以封建宗法关系为维系纽带，不招收游杂、城镇市民，只择青年农民；挑选同乡、同学、师生和亲友当军官，并先聘营官，由营官自己招募士兵；整个湘军只服从曾国藩一人。为了争取贵族的支持和信任，曾国藩举荐塔齐布为湘军大将。

湘军初次出师并不顺利，在江西吃了败仗，消耗了不少兵力。但开弓没有回头箭，曾国藩派人督造战船，创办水师，准备发起肃清长江水面的大战。就在这时，曾国藩听到消息，太平军攻陷了九江并打入湖北，挺进武昌，情况十分危急。曾国藩出兵迎敌，可是节节失败，损失惨重。

曾国藩改变战略路线，先取武汉，以扼上游，解决后顾之忧，而后步入江西，取九江，攻安庆，围南京，以达决战而胜。他认为："自古到江南之策，必踞上游之势，建瓴而下乃能成功……若何从东路入手，内外主客，形势全失，必至仍蹈覆辙。终无了期。"后来证明他的这种战略思想是正确的。

在与洪秀全的较量中，曾国藩十分注意网罗和培植各类人才，包括文化方面的人才。曾国藩知道安庆是金陵的屏障，夺金陵须先攻克安庆，可安庆工事牢固，湘军付出了很大的牺牲也没有攻下，曾国藩在城外怀宁乡野一边散步，一边思考攻城之法。在一座破庙里遇到了一个青年，觉得他胆子很大，不远处就是战场，他竟在这里用功读书。青年说他在这里等着一个人，三个月了，一直无缘相见。曾国藩问他想见谁，他说："湘勇吉字营统帅曾九爷曾国荃。"曾国藩觉得稀奇，便问他为什么要见曾国荃。青年对曾国藩说，他曾亲自闯进曾国荃与曾国华的帐中，告诉他们不要打三河镇，转攻庐江，他们不听，结果全军覆没。

曾国藩得知眼前的青年是曾为湘军统帅出过计谋的赵烈文，不禁上前握住他的手，介绍自己是曾国藩。见到曾国藩，赵烈文当然兴奋。曾国藩把赵烈文带回了军营，请教破安庆之策。赵烈文从从容容地说："太平军守城，有句老话叫作守险不守陴。就是说，精兵良将都放在城外的险要之处，城内的反而是老弱病残，破安庆就要从这里下手。安庆的险要首在北门外的集贤关，破了集贤关，安庆城一半就到手了。次在菱湖石垒，菱湖石垒一下，安庆就是一座孤城。不出十天半月，即使外面不攻，内乱亦必自起。"他还提出了攻集贤关的具体方法。

曾氏兄弟接受了赵烈文的建议，果然攻克了久攻难下的安庆城。

近代著名的资产阶级改良主义者容闳，留学美国归来后，曾向太平军提出新政建议，他看到了太平军内部用人机制的弊端，于是离开这里来见曾国藩，他对湘军大营的人才盛况颇有感触，他说："当时各处军官，聚于曾文正之大营中者不下两百人，大半皆怀其目的而来，总督幕府中亦百人左右。幕府外更有候补之官员，怀才之士子，法律、算学、天文、机器等专门家无不毕集，几乎举全国人才之精华汇集于此。"

同治四年（1865 年），清廷在金陵恢复了已中断 12 年的江南乡试，由初任两江总督的曾国藩亲自主持。乡试结束，曾国藩收到署名江苏无锡落榜秀才薛福成呈送的治理两江方略《上曾侯书》，很感兴趣地仔细看起来。薛福成在洋洋洒洒的万言书中，提出"养人才、广垦田、兴屯改、治捻寇、澄吏治、厚民生、筹海防、挽时变"八项建议，并在每项建议中都附有具体实施方法。全篇呈词条理清楚，文笔流畅。曾国藩阅读后大为赞赏，决定召见薛福成。

在与薛福成的交谈中，曾国藩发现薛福成虽不擅长做八股文，是一个落第秀才，但他饱读经世之作，不仅胸怀治国天下的宏伟抱负，而且具有改革内政外交的真才实学，这恰符合程朱理学之“经世致用”的思想。曾国藩当即接受了他，让其做自己的幕僚。从此，薛福成一直跟随曾国藩南征北战，深受器重，他不负所望，成为国家的栋梁之才。光绪十六年（1890年）正月，薛福成出任驻英、法、意、比四国公使，以后又越次升补为左副都御史，他写了大量的政论、奏疏，内容务实，成为资产阶级改良运动的重要理论指导。

为了打破框框，真正做到用人公道，曾国藩明确了以下准则：

1. 用人不一定非得出于自己门下，而要从实际需要出发选拔、任用人才。

2. 对内不偏袒亲属，对外不可以埋没关系疏远的人。

3. 用人不应有私心而损害湘军的利益，不把职位当人情私自送人。任用人才出于私心，重用私人，那么不亲近、没有私人关系的人就会怨恨；使用人才有嫉妒心、怀疑心，那么人才就不能安心工作。

4. 按照职位要求选择人才，因位设人，而不能因人设位。

5. 和自己意见相同的人未必可用，和自己意见不同的人也未必不可用。

6. 能使用跟自己关系并不密切的人，这才能成就大事。

7. 不要用有才能却喜欢办私事、谋私利的人。

只有用人以公，下属才能有一种平衡感，才能有一种希望，才能有一种苦干精神，领导者制定的计划和策略才能让下属一丝不苟地去完成。否则，下属就会在领导者“私欲”的支配下，成为被动的工具。

不仅曾氏重视人才，李鸿章、胡林翼、左宗棠等也有不少求才用人的方法。他们所用的人才当中有相当一部分是晚清文化界出类拔萃者，或为宿学名流，或为西学新人。相比之下，太平天国则显得人才结构单一，几乎没有什么有作为的文化人进入洪秀全的帐下，就连李秀成也认为太平军的劣势在于“官兵多读书人，而太平军中无读书人”。

在人不在器：选拔有用的人才壮大势力

曾国藩语录

英才乃制胜之本。

曾国藩的湘军最初不过一两万人，而洪秀全则雄师百万。经过 12 年的对垒，湘军由弱渐强，直至胜利；而太平军由强变弱，走向覆灭。双方在武器装备、战略战术、后勤保障等方面基本相当，可为什么曾国藩战胜了洪秀全呢？当然，因素不是单一的。我们从湘军与太平军势力强弱转换的过程中不难发现，双方对人才的重视程度有所区别。

太平军广西起事时，洪秀全有东王、南王、西王、北王、翼王，猛将特别多，咸丰元年（1856 年）“天京变乱”时互相残杀，死的死，走的走，元老丧失殆尽。洪秀全又不信任陈玉成、李秀成等第二代良将，时常拖其后腿，重用的却是他的兄长洪仁发、洪仁达，以致出现“奸巧之人发达显耀，英明之士四处散避，各方豪杰改投他门”的局面。

再看曾国藩，他在湖南操办团练时，不断受到同僚的嘲讽、排挤与打击，但他持之以恒，不达目的决不罢休，花心思培养人才，团结人才，到咸丰末期，终于形成了人才荟萃的局面，大批良将谋士聚集在他的身边。对此，曾国藩深有感触地说：“制胜之根本，在人不在器。”

一般人都知道人才的重要，但如何选人、用人，如何留人、聚人，却体现出了智慧的高低。诸葛亮在识人用人上总结出独到的方法：“烦使之而观其能，卒能问焉而观其智，急与之期而观其信，委之以财而观其仁，告之以危而观其节，醉之以酒而观其态，观其好恶而知短长，观其交友而知贤肖，杂之以处而观其色，举其所美观其所终，远使之而观其终，近使之而观其敬，屈视其所亲，富视其所与，达视其所举，穷视其所不为，贫视其所不取。”

在曾国藩眼里，办大事者，第一，必须把经营“人”作为自己的要务，即须有“识才之眼”。他告诉弟弟，统军一万八千人，需要另外有两人可以胜任统带的，每人统五六千人，你亲率七八千人，然后可分可合。

第二，办大事者要有“求才之道”。为了发掘朝中存在于各衙门的人才，曾国藩向皇帝建议，务必使内阁、六部、翰林院等八大衙门的长官经常到官署中去接触属员，以求对属员的性情、心术一一了解。而皇上则要不时询问各衙门的长官，谁有才，谁正直，谁仅有小智，谁堪当大任。再经过考察核实，八衙门的人才就全掌握在皇上的心中了。

第三，办大事者必须有“择才之明”。也就是说要善于把合适的人才放到适当的位置上，或者说在适当的时机使用适当的人才。曾国藩特别强调，用药用才均应适当。他提出，“千金之剑以之折薪，则不如斧；三代之鼎以之垦田，则不如耜。”他认为，在一定的时间办一定的事情，只要用才“适宜”，平凡之才也可以产生神奇的效果，否则，不相吻合则终会没有成就。

第四，办大事者必须有“爱才之心”。曾国藩曾提及用人的“转移法”、“培养法”。“转移法”讲的是皇上在培训人才方面应起的作用。皇上一个人在宫中做学习的典范，全天下的英才都会受到鼓舞，这就是转移风化的根本。“培养法”讲的是各衙门的长官在培养人才方面应起的作用，其培养方法包括教诲、鉴别、举荐、破格提拔等。曾国藩打了一个比喻，人才就好像庄稼一样，衙门长官的教诲就如同耕种培土，鉴别就如同剔除杂草，举荐就如同引水灌溉，破格提拔就如同甘露按时而降，庄稼即会迅速成长。而为了培养人才，长官应该经常到官署中去接触属员，就如同农夫天天在田间，才能熟悉庄稼生长情况。

曾国藩在选择武才方面，另有四条标准。第一条，要“才堪治民”，意思是说其才能要能够治理人民。第二条，不怕死，因为武臣是打仗的，不能顾及自己的身家性命，不要顾及自己的得失。文人心窍重，而武臣不一样，武臣打仗时一往无前才能号令自己的手下，部属畏惧他的将才就像畏惧法令一样，让士兵该冲锋就冲锋，该陷阵就陷阵。第三条，不要汲汲于名利，一旦汲汲于名利，往往就和自己的政绩、打仗的优劣挂起钩来，会和别人相互攀比，如果举荐他、提拔他稍微迟一些，他就会心生怨恨，遇到不如意的事时也会怨恨，还有跟别人争毫厘的人也不行。第四条，要耐受辛苦，受得冷嘲热讽。身体不好的人不能用，身体不好的人，精神越用越散。

曾国藩通过这四个方面，对武臣进行严格的考察和选拔。他对人才一旦看准，就像鹰隼猎取食物一样迅速，有不达目的不罢休的决心。他无论是办团练之初，还是人困兵危的“未发迹之时”，甚至在身居高位之后，都始终把网罗人才作为成就大事的第一要义。

在办团练的时候，曾国藩时时通知府县，托朋友“招致贤俊”。民间的有才之士为他的至诚感动，即使不亲自去拜见他，也都说曾国藩礼贤下士，可以交心。而曾国藩每逢有民间贤士前来谒见，总是态度温和，别人有话要说，一定会耐心听他把话讲完。如果其意见可以接纳，则考虑施行；如果意见不可行，也决不责备。可以想见，这样的官员居然能如此敬爱人才，无怪乎许多人才都愿意跟随他，为他效力。

曾国藩每到一地，立即广为寻访、延揽当地人才，如在江西、皖南、直隶等地他都曾这样做。他的幕僚中如王必达、程鸿诏、陈艾等人，都是通过这种方法求得的。与捻军作战期间，曾国藩在其所出“告示”中还特别列有“询访英贤”一条，诏告远近，希望人们自荐或者举荐他人。

曾国藩与人谈话、通信，总是殷勤询问其所在地方、所在军中、其部下有没有人才，一旦发现人才，即千方百计调到自己身边。他幕府中的不少幕僚都是通过朋友或幕僚推荐的，如方宗诚、陈艾都是吴廷栋推荐的，李善兰是郭嵩焘推荐入幕的，李善兰又荐张文虎入幕，容闳则是李善兰、张斯桂、赵烈文三人推荐的。这是因为人才之间往往互相吸引，得到了一位人才，就可能召集更多的人才。

为了增强对人才的吸引力，以免因自己一时言行不慎或处事不当而失去有用之才，曾国藩力克用人唯亲之弊。同时，自强自立，时时警惕，“不敢恶规谏之言，不敢怀偷安之念，不敢妒忌贤能，不敢排斥异己”。从他一生的实践看，他基本做到了这一点。曾国藩周围聚集了一大批各类人才，求才之诚，用人之实，几百年间无人可与他相提并论，证明他招揽与聚集人才的办法是正确和有效的。

曾国藩语录

不没其长：把人才的优势发挥出来

天下之事理人才，为吾辈所不深知、不及料者多矣，切弗存一自是之见。

每个人的能力是不一样的，这方面不行，也许那方面行。曾国藩说：“大约上等贤哲，当以天缘遇之，中等人才可以人力求之。”所以，网罗人才如果眼界过高，“将来恐全无中彀之人”。

韩非子在《扬权》中专门谈到用人，他说：“使鸡司夜，令狸执鼠，皆用其能，上乃无事。”意思是说一个当官的人如果做到人尽其才，那么他自己就会显得很悠闲。

每个人都有其特长，都有可用之处，曾国藩深知这一点，“用人极难，听言亦殊不易，全赖见多识广，熟思审处，方寸中有一定之权衡”。咸丰三年(1853年)，曾国藩奉命办团练时四处招揽人才，有一天，他已与不少应征的人见面说了话，感觉有些疲倦，就告诉身边人今天不想见人了。可是，就在他似睡非睡之时，突然听到外面有争吵声，他起身向窗外看了看，见是一位身材不高，只穿一件单衣的年轻人被守门护卫拦住了。年轻人声音洪亮，气质非凡，他要求见曾国藩，但守卫坚决不让他进。年轻人也不妥协，大有今日不见到曾国藩就不离开的架势。正在双方僵持不下之际，曾国藩走了出来，对守卫说："你不要拦着他，让他进来。"

守卫再不好意思拦阻，双手垂下，站到一旁。这时，年轻人向曾国藩行了一个礼，表示感谢。曾国藩打量了年轻人一眼，心想：听这小伙子说话的声音爽朗圆润，想必是内沉中气，才质非凡之人。于是，他把年轻人请到了屋内，并吩咐人沏茶款待，两个人边饮茶边聊起来。年轻人介绍自己，湖南湘潭人，名叫罗萱，听说曾大人办团练，特来加盟。经过一番交谈，曾国藩发现眼前这小伙子书读得不错，颇懂文墨，觉得是个可用之人，于是决定让他掌管书记，日常文牍往还也一并交给了他。

罗萱果然胜任，起草的文件让曾国藩很满意。可是，当曾国藩率湘军东下时，罗萱父母的年纪大了，要儿子回到身边照顾自己。罗萱便向曾国藩请辞，曾国藩不想人才流失，设法挽留罗萱，并写了一封言辞恳切的书信要他留在自己的幕府。罗萱深受感动，留了下来。

咸丰五年（1855年）至咸丰六年，是曾国藩处境最困难的时期，他驻军江西，兵源不足，粮饷也短缺，而太平军翼王石达开不时派兵攻袭，侵扰不休。曾国藩本打算多造一些战舰壮大自己的水师，可在这种情况下，三天两头就得停下造船工期，东躲西藏，性命难保。为了取得朝廷的信任，曾国藩认为必须与其保持联系，下情上达。这时罗萱成为不可多得的帮手，他是个文武全才，上马可操剑杀敌，下马可走笔疾书。曾国藩每次奏报的军中缓急都是让罗萱执笔，两个人极容易沟通，曾随便说一下思想大意，罗就清楚如何条陈上疏。在那段日子，罗萱与曾国藩共患难，生死置之度外。同时，罗萱也很有人缘，大家都喜欢他，将领们之间发生了矛盾冲突，他出面调解说和，十有八九会成功。

石达开于咸丰六年对曾国藩展开了巨大攻势，连陷瑞、临、袁、吉、抚、建诸郡，逼近湘军的总部。罗萱奉命率3000湘军攻建昌，眼看城即将攻下，突然太平军的援军到了，都司黄虎臣战死，结果城未攻下。曾国藩无奈，又命令罗萱攻抚州。罗萱撤下兵力转攻抚州，但还没到抚州城下，又接到主帅的命令要他去攻瑞州，原来曾国华、刘腾鸿等从湖北赶到江西支援曾国藩，正在攻打瑞州。罗萱积极配合，与太平军展开了殊死战，八战八捷，最后取得了瑞州战役的胜利。

曾国藩认为，求人才必须以艰危来考验他，用人才应当以实际的效用来检测他。咸丰九年十月，战事吃紧，湖北各军的兵事和粮饷一事是头等大事，所以曾国藩想安排合适人才去处理。当时人才非常稀缺，他很着急，不断向朝廷上书保荐人才。

曾国藩招聘人才是不惜重金的，同治二年（1863年）三月二十七日，他写信给郭嵩焘："容闳去年曾来过安庆，他在外国待的时间长，对洋人的情况了解，我想通过他招聘有技术的外国人来帮助我们。如果他招来的人慢慢地多了，那么就不再在浦东和湘潭设立新厂。凡是两湖近水的偏僻县城都可办厂，像湖南的常、澧，湖北的荆、襄、临江都不缺乏好的地方，这些地方的华若汀、徐雪村、龚春海等人都很有才能，为什么不与容闳好好商量，请他出洋广泛罗致人才呢？如果需要筹集很多的款项前往，请马上与少荃商量，即使是数万金也不要吝惜。那些善于制造洋火铜炮的人，尤其要多多招募，这是当前非常重要的事情。"

为了发挥人才的优势，曾国藩有一套自己的理论和方法。

第一，切忌单项因素的比较。在比较两种事情的时候，不能从每一件事情中随意抽出一些单项因素比较后就下结论，而要把有关的因素加在一起做全面综合的比较。比如，两个人才相比较，一个优秀人才会有缺点，一个较差人才也会有优点，如果看到这两个人才都有某种相同的缺点或相同的优点，就认为这两个人才都一样，甚至说这个优秀人才还不如那个较差人才，那就不对了。

第二，条件不同，基础不同，比较的方法也应不同。条件不同者，应先比条件，而后再比事物自身的情况。基础不同，比的起点也应不同。俗话说：站在梯子上的人，不能同站在地上的人比高低。如果简单地拿年轻人与干了几十年的人比较经验，越比较越觉得“生姜还是老的辣”，不敢大胆提拔年轻人才。如果把年轻人才同人才年轻时比，就有可比性了。

第三，非同类项不能相比。两种事物必须是同类、同一范畴、同一标准的，这样才有可比性，不能风马牛不相及，没有任何联系的事物不可以比较。总之，我们在运用比较鉴别法时一定要以科学的方法、科学的态度，比可以比者，比应当比者。

这些理论和方法，在今天仍有借鉴的意义。

中兴得人：用新型人才激发团队活力

曾国藩语录

中兴在乎得人，不在乎得地。

曾国藩的幕府规模恢宏，汇集了各种人才。太平天国史专家罗尔纲先生估计，当时曾国藩幕府的幕僚不下 100 人。近代著名思想家薛福成是曾国藩的四大弟子之一，他曾根据自己的回忆专门记述曾氏幕府中的人物，其中著名的就有 83 人。当代著名的曾国藩研究专家朱东安先生考证，曾氏幕府中的骨干人物多达 400 余人。

曾国藩主张经世致用，反对死读书，书读得多并不一定就是人才。

曾国藩清醒地认识到当时的中国在科学技术上的落后现状，因此主张洋务，并注意搜罗科技人才，一方面向朝廷上奏，请选派一批品学兼优的六部官吏和新科进士来安庆，他将视其才情，量才而用；另一方面广贴告示，多发书信，向全国招延人才。听说两江总督曾国藩如此爱贤如渴，爱才如命，短短的几个月里，人才涌集到安庆这一弹丸之地。容闳是新学人才的佼佼者，他就是被曾国藩求才的诚意打动留下来负责洋务的。曾国藩幕府规模的庞大给他留下了深刻的印象，他在自己所著的《西学东渐记》中说："几于举全国人才之精华，汇集于此。是皆曾文正一人之声望道德，及其所成就之功业，足以吸引罗致之也。文正对于博学多才之士，尤加敬礼，乐与交游。”

容闳7岁时便在澳门跟随英国传教士古特拉富夫人读书，19岁时到美国耶鲁大学深造，在美国学习了8年，回国后有一腔报国的热情。他先是对太平军抱有一定的期望，他在香港时向洪仁玕提出七点建议：一是组建良好军队，二是办武备学堂，三是建海军学校，四是建人才政府，五是创办银行，六是以《圣经》为主课，七是设立各种实业学校。不久，他和两个美国传教士一起到太平天国统治的地区考察，在苏州、常州等地，他亲眼见太平军军纪好，人民安居乐业。见此情景，他很激动，一到天京就与太平天国的高级官员接触，可是他失望了，他发觉那些要员们一个个观念陈腐，见识鄙陋，并且争权夺利，结党营私。容闳断定这帮人成不了气候。洪仁玕送给他一枚玉印，上刻“太平天国卫天义容闳”九个字，然后就不再理睬他。容闳觉得自己在太平天国没有什么前途，就悄悄离开了天京。

李善兰、华蘅芳、徐寿等近代中国科技史上有名的几位科学家，都久闻容闳的大名，他们就向曾国藩推荐。李善兰是近代中国的数学先驱，他在曾幕府先后工作8年，不但为曾国藩设的江南制造局解决了许多实际问题，还翻译了许多西方数学著作，为中国的近代数学发展奠定了基础。数学家华蘅芳也在曾国藩幕府中待过。徐寿被称为中国近代化学之父，他和儿子徐建寅在曾国藩府中生活过一段时间，特别是在办洋务、设立工厂方面，他起到了关键作用。由这些人推荐，曾国藩当然恨不得很快把容闳招过来，他接连向容闳写了三封邀请信，容闳才过来。

容闳初见曾国藩时脑后没有留辫子，一头黑发剪得短短的，完全一副新潮人物的派头，这样的人一般老学究是看不惯的，但曾国藩第一眼就认定他是个难得的思想开放的新型人才。容闳解释自己迟迟不来的原因是与太平天国打过交道，还向他们上过书。曾国藩看过那份上书，对七点建议中除《圣经》为主课这一条外，其他六条都接受，他说：“洋人的轮船、枪炮的确比我们厉害，我们要向洋人学习。你提出办学校，这是个好主意。你是个人才，国家正需要你这样的人才。我请求你在我手下当一名将官，你接受吗?”

容闳说自己从未经过军旅之事，也没学过军事学，所以做军官不能胜任。他的诚实更打动了曾国藩，曾国藩生怕他离开，继续请求容闳在他的幕府里做点事，容闳答应了。不久，容闳向曾国藩建议，仿照洋人的办法建一个制造机器的机器厂，有了这样一个机器厂，过个十年八年，就可在全国各地建造许许多多的工厂。曾国藩非常激动地答应了。于是，中国第一个军械所在安庆诞生了，洋务的理论主张，终于走上了实践的轨道。

外交、科技人才是一种新的人才，在曾国藩之前，清朝政府还没有和外国建立近代意义上的外交关系。从郭嵩焘担任第一任驻英公使开始，近代的外交活动才逐渐展开。这一阶段的外交家，多与曾国藩有着密切关系。曾国藩的长子曾纪泽曾任驻德、驻俄公使，在维护祖国的尊严和民族利益上做出过重要贡献。此外，著名外交家薛福成、黎庶昌、陈兰彬等，都是曾国藩的幕僚。

曾国藩虽是通过科举正途成长起来的封建大官僚，但他内心早就对科举取士的方式有些异议，随着接触的人越来越多，他发现一些真才实学者并不是埋首书本的人，而是走出书本、形成个人见识的人。于是，他毅然从八股文中走出，留心时务经济，他还把自己这种认识体会告诉家人朋友，希望晚辈不要役于科举、做官。考试能够选拔出人才，但中举、中进士的不一定都是人才，落选的也不都是庸才。

正是基于这种观点，曾国藩拓展了他的取才范围，使一些并不是科举出身的人，其才华得以施展，有幸成为国家重要的新型人才。例如薛福成就是一个落弟秀才，但他的思想前卫，把中国摆在全球的位置进行考量，提出不少真知灼见的图强主张，很合曾国藩的想法。薛福成说："我们也要造铁船，也要制利炮，非如此，则不能守御海疆，则不能保国保种!"他建议把安庆的军械所移到开放前沿城市上海，并且把它十倍百倍地扩大。曾国藩问容闳意见如何，容闳认为上海地处海隅，便于铁船试航，十分称赞薛福成的眼力。

曾国藩去世后，薛福成随李鸿章处理外交事务，光绪五年（1879 年），他作《筹洋刍议》，提出变法主张。光绪十年，中法战争期间，薛福成任浙江宁绍道台，曾在镇海参与击退法舰之战。光绪十四年，薛福成任湖南按察使，第二年以左副都御史出任英、法、比、意四公使。他称赞西方的君主立宪制度和"以工商立国"的政策，主张让私人集股成立公司，不赞成洋务派对新式工业的垄断政策。一个落弟秀才有如此作为与见地，莫不与曾国藩善于发现、敢于起用、激励培养有关。

曾国藩"中兴得人"的"用"字功夫，体现着一种全新的理念：时代在不断前进，一个团队、组织要想"与时俱进"，同时代一起发展，就得不断吸纳新型的人才，使团队保持成长的活力和竞争的实力。

曾国藩语录

褒之若甘雨：以奖励手段发掘人才潜能

人才何常，褒之则若甘雨之兴苗，贬之则若严霜之凋物。

曾国藩虽然不爱财，但他懂得孔子所说的“因民之所利而利之”的道理，所以在用兵上，他主张以“利”来获得军心，以厚赏兵将之勇。“褒之若甘雨”成为他“用”字功夫的重要招术，对此，他不惜精力，多方努力，坚持实行了一种厚饷养兵的统军措施，把湘军打造成了一支勇猛无比的军队，这是他军事上获得成功的一个重要原因。

战争期间，要让人卖命，最好的办法是重奖厚利，而奖励手段则又不外升官、发财二者。当时筹饷相当困难，不可能另外给予重金奖励，而文职人员薪水仅能维持全家生活。他们之所以到曾国藩幕府做事，主要是看好将来的命运。曾国藩利用幕府训练培养出大批人才，并委以重任、保举高官，以致“荐贤满天下”。这样，保举也就成为了曾国藩吸引人才、鼓励士气的主要手段。

曾国藩认为绿营兵腐败无能的一个主要原因，在于兵饷太低。清末政府由于长期赔银子折腾得特别穷，绿营步兵月饷银一两五钱，守兵月饷一两，马兵月饷二两，清政府都不能按时足额发放。清朝自道光以后，米价上涨，绿营兵饷无法维持五口之家的食用，加之兵饷被拖欠，一些人依靠兵饷来维持家庭生计的指望落空了，不得不经常出营寻求生计，这就造成了严重后果：忽视军营训练，最后导致战斗力下降。往往越穷越乱，越乱越腐败，军中也如此。绿营军官为了聚敛财富，常常克扣军饷或冒领军饷，使得军心极其不稳。

曾国藩在开始办团练的时候就意识到，如果像绿营那样练军，不如歇手不干。于是他规定：操演一日给予一钱；出征本省“土匪”，每月一钱四分；征外省“粤匪”，每日一钱五分。队长以次而加。养伤银上等三十两，中等二十两，下等十两。阵亡恤银六十两。征“土匪”减半。这与绿营的军饷比起来，差不多增加了一倍。

后来湘军士卒的月饷几乎是绿营兵月饷的三倍或三倍以上。统计各项总的收入，营官每月为二百两，分统、统领带兵3000人以上者每月为三百九十两，5000人以上者五百二十两，万人以上者六百五十两。大量军饷，一是靠募捐，二是靠在战争中获得。对此有人对曾国藩的做法有意见，曾国藩本人也不得不承认兵饷过于丰厚，但他有自己的想法，认为丰厚是必要的。王闿运在《湘军志》中指出：“故将五百人，则岁入三千，统万人，岁入六万金，犹廉将也。”湘军将领中除多隆阿“统万人，而身无珍裘、麻葛之奉，家无屋，子无衣履”以外，“人人足于财”。

曾国藩的奖励与激励措施不是一成不变的，他从人的品质上把人分为两类，一类是高明者，一类是卑琐者，区别对待。“高明者好顾体面，耻居人后。奖之以忠，则勉而为忠；许之以廉，则勉而为廉……薪水稍优，夸许稍过，冀有一二人才出乎其间，不妨累示假借。卑琐者本无远志，但计锱铢。驭之以严则生惮，防之稍宽则日肆……俾得循循于规矩之中。”

曾国藩通过激励措施，收到了一些成效。湘军士兵的兵饷，除个人生活外，还可贴补家用，因此能够安心操练，提高战斗力，一改绿营兵因口粮不足人心不稳、荒于训练的弊病。同时，曾国藩也希望通过给予将领以丰厚的收入，来减少克扣兵饷的事情发生，达到“养廉”的目的。曾国藩在奏疏中阐述了这一想法，“臣初定湘营饷项，稍示优裕，原冀月有赢余，以养将领之廉，而作军士之气”。

曾国藩如此厚饷养兵，自然“陇亩愚氓，人人乐从军，闻招募则急出效命，无复绿营征调别离之色”。于是，当兵为了生存、为了改变家庭经济状况，成为大多数贫苦农民的一条新的出路。高赏之下必有勇士，湘军终于被曾国藩打造成为一支骁勇善战的武装。

采用奖励的办法是激起士兵奋勇杀敌的秘诀之一。正如《孙子兵法·作战篇》中所说：“杀敌者，怒也；取敌之利者，货也。车战，得车十乘以上，赏其先得者。”意思是说，要使军队勇敢杀敌，就要激发士兵对敌人的仇恨；要使军队夺取敌人物资，就要以财货奖赏士兵；在车战中，凡缴获战车十辆以上的，要奖赏最先夺得战车的人。

一开始，曾国藩体会得并不深刻，书生气较浓，以为拿起指挥棒就可以当好一个团队的领导者，结果“不妄保举，不乱用钱，是以人心不附”。如咸丰四年（1854年），曾国藩带兵攻克武汉，“仅保三百人”，受奖人数仅占百分之三。而胡林翼攻占武汉一次即保奏3000多人，受奖人数竟达到百分之二三十。消息传开，不少人认为要想谋求官职，投曾不如投胡。于是改投奔胡林翼门下。曾国藩想，难道是自己德不足以服众？但他很快反应过来，原来是保举太少，使人感到升官发财无望就走了。于是曾国藩开始效法胡林翼，大保幕僚，激发麾下人的干劲。

咸丰十一年（1861年），曾国藩奏保左宗棠、沈葆桢、李鸿章等人，他说李“才大心细，劲气内敛”，“取势甚远，审机甚微”；说左宗棠“才可独当一面”；说沈葆桢“器识才略，实堪大用，臣目中罕见其匹”等。清廷很快准奏，左宗棠授浙江巡抚，沈葆桢授江西巡抚，李鸿章授江苏巡抚。这三人论资格都不够，沈、李是由道员直升巡抚，左宗棠只是个举人，如果不是曾国藩的力保，即使他们的才华再高，也难以升迁得如此之快。

李鸿章是在曾国藩授意下组成淮军的，他所募淮勇到安庆后，曾国藩毫不保留地把自己当年练湘的经验传授给李鸿章，“为定营伍之法，器械之用、薪粮之数，悉仿湘勇章程，亦用楚军营规以训练之”。同治元年（1862年），李鸿章移驻安庆北门城外营内，曾国藩放下工作前去祝贺。李鸿章深知淮勇实力单薄，难担重任，对曾国藩说：“敝部除张遇春一营外，其他都是新兵蛋子，战守都无经验，征战异地，如果没有精兵宿将，打起仗来很危险。”因此，他恳请曾国藩调拨数营湘勇，以加强战斗力。曾国藩不愿看到淮军在作战中不堪一击，便打算凭借湘军榜样“为皖人之倡”，以陶铸淮军风气，因而同意了李鸿章的请求，陆续调拨湘勇八营让李鸿章领导，他们成为淮军初创时期的骨干力量。

曾国藩说：“同源相生者，只能患难相助，不会同根相残。湘淮本是一家，淮军由湘军而派生，尤有水源木本之谊。”李鸿章何尝不感激，他虽然在曾国藩的鼓励下自立门户，但心始终向着曾国藩，成为不折不扣的追随者。

激励下属的方式有多种，曾国藩在实践中采取如下方法：

1. 提升他的职务。这是最明确，也是为人所认同的提携，但也要看他的才干才行，扶不起的阿斗反而会害了自己，成为负担。

2. 调整他的职务。这不一定是升官，但却可让他的才干充分发挥，而不至于“闷死”。

3. 给他助力。例如不捆绑他的手脚，让他可以独立自主地做事，以便磨练他的才干。

4. 替他解决困难。一分钱可以逼死英雄汉，如果某人真是英雄，那么就帮助他解决困难。

5. 帮他脱离危险。在悬崖前拉他一把，劝告他、点醒他或暗示他，让他免于毁灭或受伤。

6. 在他灰心的时候、遭遇逆境的时候鼓励他，让他振作起来。

这些方法使曾国藩的“用”字功夫真的如甘雨一般，滋润着人心。

曾国藩语录

求人之道，须如白圭之治生，如鹰隼之击物，不得不休。又如蚨之有母，雉之有媒，以类相求，以气相引，庶几得一而可及其余。

以类相求：闲时多为急时储备人才

曾国藩读史书发现，那些真正干大事的人，其事业尚未开端就特别留意人才，有一颗爱慕人才的心。他们结交了一些有才能的人成为好朋友，一旦干事，这些朋友就成了自己幕府的首批重要智囊精英。曾国藩告诉自己：也要做这样的爱才者。

关于曾国藩是如何结识大将彭玉麟的，有几种版本。一种是：道光二十三年（1843年）七月，曾国藩到四川任乡试正考官，途经开封，一天在街上闲逛，看见了一位守画摊的年轻人，观其气质，怎么也不像一个惯闯江湖的人。摊子上还放着一套古书，曾国藩蹲下身子，把古书打开一看，见是《公瑾水战法》，不由得又看了一眼年轻人。

曾国藩边翻边问："请问先生，《公瑾水战法》是难得的私家珍藏本，留世很少，为什么要卖呢？"

年轻人看了曾国藩一眼，叹了一口气，说："不瞒仁兄，小弟是湖南衡阳渣江人，外出访友不慎失盗，流落在此。此书乃祖传之物，有识得货的换个盘缠而已。”

果然是一位读书人，曾国藩与其谈了一会儿后，觉得对方是个人才，便打听他的姓名。年轻人做了介绍，他叫彭玉麟，字雪琴，家父曾做过怀宁三桥巡检，离任后得痨病故去，家道自此衰败，这本书是父亲传下的，他常带在身边翻看，他曾中了个秀才，可脾气不好，得罪了教谕，被革除了，于是看淡了功名。

曾国藩愈加觉得眼前这个年轻人很诚实，并认为他对兵书如此感兴趣，一定有所见地，国家正处危机时刻，饱读诗书、会作八股文的人很多，而懂兵法战略的人却难求，于是他有心与彭玉麟交个朋友，将来自己需要用人的时候就可以聘请他。

于是，曾国藩便说自己是湘乡荷叶塘人，现在京师翰林院当差。彭玉麟非常惊喜，说：“原来是曾大人，闻名久矣!”两个人就这样你谦我让，成了相见恨晚的朋友。

两个人谈了一会儿后，彭玉麟说：“大人真有用得着我的那一天，赴汤蹈火，在所不辞!”

饭后，两个人谦让着走进客房，茶也没喝一口，彭玉麟便掏出《公瑾水战法》一章一节细细地讲述起来。

曾国藩想，大清从努尔哈赤开始就一直强调马背上的功夫，皇子们来到世上认识的兵器也都是弓箭、大刀、长矛之类。他们却没有与时俱进的意识，对于水战完全是外行。曾国藩在京师的这几年，观摩过几次八旗举办的会操大典，也看过绿营的会操，却一次也没见举办过海上演习。对此，曾国藩甚是忧虑。现在，彭玉麟不仅把这部《公瑾水战法》读得熟、吃得透，而且还谈了许多曾国藩第一次听到的设想，不由得耳目一新。

这一晚，曾国藩与彭玉麟直谈到后半夜才睡觉。第二天，曾国藩与彭玉麟作别时，向彭玉麟赠银二十两。彭玉麟坚持把《公瑾水战法》留给曾国藩，曾国藩无论如何也不收。曾国藩道："雪琴，这部兵书你已参透，就算愚兄寄放到你身边好了。"彭玉麟只好和曾国藩洒泪而别。

后来，曾国藩创建水师，立刻想到了彭玉麟，召来相谈，说："这是上天所赐兄弟的水师奇才，真是朝廷之福！我请你暂时屈就水师右路指挥官。左路的指挥官，我已委任于南路团练统带杨载福。"

曾国藩用才，准备于"闲时"，可谓"功夫在诗外"。闲时识才，还体现了曾国藩独到的眼光。接下来我们不妨看看曾国藩的"识人术"，了解其"以类相求"的"用"字功夫。

江忠源第一次上门拜见曾国藩，谈话之后，曾国藩就告诉身边的人："这个人将来必定名扬天下，但因气节太强烈而不得善终。"十多年后，江忠源果然以战功名扬天下，可是在庐州与太平军发生交战时，由于弹尽粮绝而以身殉难。

曾国藩说："久注观人精神，乍见观人情态。"什么意思呢？观人先看人的情态，但更要看重人的精神。曾国藩识人，目的是为了选贤任能，为了发现人才、重用人才，他识人时摒弃了江湖上那种重形轻神、重奇轻常、重术轻理的俗习。他的识人专著《冰鉴》则是重神而兼顾形，重常而辨别奇，重理而指导术，从整体出发，就相论人，就神论人，从静态中把握人的本质，从动态中观察人的归宿，讲究均衡与对称、相称与相合、中和与适度、和谐与协调、主次与取舍等等。

他认为一个人的精神状态主要集中在眼睛；一个人的骨骼丰俊，主要集中在面孔上。像工人、农民、商人、军士等各类人员，曾国藩既要看他们的内在精神状态，又要考察他们的体势情态。作为以文为主的读书人，主要看他的精神状态和骨骼丰俊与否。精神和骨骼就像两扇大门，命运就像深藏于内心的各种宝藏物品，察看人们的精神和骨骼，就相当于去打开两扇大门。门打开之后，自然可以发现里面的宝藏，而测知人的气质了。曾国藩的《冰鉴》、刘邵的《人物志》之所以能与坊间的看相术区别开来，重要的就是这一点。

中国古代医家、文人、养生者在研究、观察人的“神”时，都把“神”分为清纯与浑浊两种类型。“神”的清纯与浑浊是比较容易区别的，但因为清纯又有奸邪与忠直之分，这奸邪与忠直则不容易分辨。要考察一个人是奸、是邪还是忠直，曾国藩看其动静两种状态下的表现。眼睛处于静态之时，目光安详、沉稳而又有神光，真情深蕴，宛如两颗晶亮的明珠，含而不露；处于动态之时，眼中精光闪烁，敏锐犀利，就如春木抽出的新芽。双眼处于静态之时，目光清明沉稳，旁若无人；处于动态时，目光暗藏杀机，锋芒毕露，宛如瞄准目标，一发中的，待弦而发。以上两种神情，澄明清澈，属于纯正的神情。

孟子说：“存乎人者，莫良于眸子。眸子不能掩其恶。胸中正，由眸子瞭焉；胸中不正，则眸子眊焉。听其言也，观其眸子，人焉廋哉!”眼睛是传神最敏锐的器官，即使人的不可名状的思想意识，也能通过它表现出来。但孔子强调，对一个人的评价和使用，第一要观察他的作为，第二要考察他的经历，第三要审度他的心志，并了解他安于什么或不安于什么。

道家则有“收拾入门”（去掉杂念，以静制动）之说，用于识人，要领是：尚未收拾入门，要着重看人的轻慢不拘；已经收拾入门，则要着重看人的精细周密。对于小心谨慎的人，要从尚未收拾入门的时候去认识他，这样就可以发现，他愈是小心谨慎，他的举动就愈是不精细，欠周密，总好像漫不经心，这种精神状态就是所谓的轻慢不拘；对于率直豪放的人，要从已经收拾入门的进修去认识他，这样就可以发现，他愈是率直豪放，他的举动就愈是慎重周密，做什么都一丝不苟，这种精神状态大都存在于内心世界，但是它们只要稍微向外流露一点，立刻就会变为情态，而情态则是比较容易看到的。

曾国藩整合各家学说，形成一套自己的识人方法。对于人才，他将其分为两种：一种是属于有官气的人，一种是属于有乡气的人。官气重的人，特点是学样子、讲官话、不实际，是心窍比较重的，而且圆滑取巧，最重要的是官气重的人关键的时候靠不住，不能深刻体会到下情。作为一个武官，在处理问题上必须做到口到眼到，尤其要做到身到，但官气重的人往往不能做到这一点。乡气重的人也有毛病，顾头不顾尾，喜欢张扬，没有把握的事情就去尝试。鉴于此，曾国藩制定了他的用人标准：操守、学识、才具，他认为“德为本质，才为功能，德如水之养育众生，才如水之载物溉田。”

曾国藩时时留意他人，从不同的角度考察人才，完全是为了增强他的“用”字功夫，实现其用人、管人的需要。曾国藩闲时储备人才的观点，更是值得为官者学习。现在提倡人才战略，可一些领导者在用人上却存在急功近利的思想，巴不得某个人上岗就能创造效益，而不愿接受所谓“没有工作经验”的年轻人，以致叫苦“人才难求”。人才就在身边，他需要真正有眼光的人、真正爱才的人去发现、去吸引、去使用。

◎“忍”字功夫◎

曾国藩语录

忍辱负重：会忍是领导者必具的特质

余自咸丰三年募勇以来，即自誓效命疆场，今老年病躯，危难之示，断不肯吝于一死，以自负其初心。

世界充满了竞争，充满了挑战，许多事难以设计出理想的结果，因为理想与现实在不断地碰撞，任何事都有很大的“变数”。人的生存是受他人以及它物的影响与制约的，曾国藩目睹着、经历着一次次的得与失、成与败、盛与衰、荣与辱，总结出了一个“忍”字功夫。

咸丰六年（1856 年），曾国藩被困江西。太平天国石达开率部节节进逼，连克重镇，最后控制了 8 府 54 州县。曾国藩困守南昌、南康两地，岌岌可危。就在救兵不到、粮饷不继、外有强敌逼近的困境中，最令他气愤的是，江西巡抚陈启迈处处与他作对，不输送粮饷。陈启迈离任后，新巡抚文俊仍是排挤曾国藩，不仅不供粮饷，还使曾国藩一支部队全军覆没，湘军骁将毕金科阵亡。官场互相倾轧、排挤，勾心斗角，这让曾国藩感到不堪忍受，他萌生了“不欲得问世事”的念头。由于刘蓉等人的劝说，他才没有死心。

除了官员之间的排挤、打击，更让曾国藩头痛的是来自皇权的压力与牵制。他编练湘军，手握一支强大的武装，虽然功勋赫赫，却犯了功高震主的忌讳。自他领兵开始，清廷便一直对他不放心，担心他做大做强威胁政权江山。咸丰帝本来下令命他署理湖南巡抚，不久后反悔，将这个衔给了原为曾国藩部下的胡林翼。直到咸丰十年，曾国藩一直带着兵部侍郎这个虚衔，用兵、用人、用饷，处处受制于人，无法全面施展。清廷统治者的招数就是，一方面让曾国藩苦苦支撑危局，保江山不失，一方面又不能让他的势力发展壮大，以免无法控制。

经过几年的宦海风浪的冲击，曾国藩分析形势，意识到自己这个角色的命运，于是对权力的运用有了清醒的认识：“晋阶端揆，任责愈重，指摘甚多。”他做起“忍”字功夫，从此他为官谋权渐至纯熟。要把“忍”功夫做好，须从精神观念上转变，也就是要由申韩之术向老庄之学转变，由刚直向阴柔转变。他悟出了处世为官的奥秘之后，开始奉行一条基本的用权之道：“大柔非柔，以屈求伸。”

在与清廷统治者的周旋中，曾国藩充分施展了“忍”字功夫，他不再抱怨世事的艰辛、权势不专，他也不再与人争功，不要官要权。咸丰帝觉得曾国藩这么谦逊、听话，反而愈加信任他，咸丰十一年授任他为两江总督，统一指挥江苏、浙江、安徽、江西四省军务，自巡抚、提督以下文武官员都受他节制。随着战功越来越大，曾国藩的权力也越来越大。但他意识到了权力达到一定高度的时候，接下来将是“赫赫之名，为天下所指目”。在太平天国被镇压下去之后，他冷静地做出了裁撤湘军的决定，他主动放弃兵权，消除了清廷对他的顾忌。

这时，湘军内部有人非常不满，甚至觉得曾国藩名为被清廷倚重，实则被压制，屈抑人才。但曾国藩认为，人做了一些成绩，没有得到自己想得到的位置和荣誉，便会产生怀才不遇的心理。怀才不遇有两种情况，一是由于自己的才华没有被人发现，所以也就不可能被任用；二是虽然胸怀大志，满腹文韬武略，但是生不逢时，像姜太公那样，不愿意把自己的聪明才智用在助纣为虐上，而要与明主相顾，像鸟要择木而栖那样，贤士要审时度势，择主而事。这样就要忍受一时的贫穷、困苦，忍受住自己的不得志，而不能为了眼前的功名利益放弃自己的追求。真正有大志的人不怕失宠，也不畏惧别人的排挤，矢志不渝地向着既定奋斗目标前进，他就能忍受一切不公正的待遇，忍受别人无法忍受的精神折磨和肉体创伤，等待时机。

同治九年（1870 年）五月二十三日，发生了“天津教案”。事情是这样的：根据《中法北京条约》，法国天主教会拆毁了建于康熙初年位于三岔河口北岸的崇禧观，要在原址上建望海楼大教堂。法国天主教会派遣传教士谢福音来天津主持教堂工程。教堂高 10 米，长 30 米，规模宏大。当地百姓反对法国建此教堂，出现不少传言。当教堂附设的育婴堂接连死亡婴儿数十人，民间又不断有拐骗婴儿的供犯招认是受教堂指使，甚至说教堂将小孩挖心剖肝制药时，舆论哗然，以讹传讹，搞得群情激愤，人们自发地组织起来把教堂围住了，要求严惩凶犯。此时，有人趁机纵火，把教堂烧毁了。

这件事很快牵动了清政府神经，其他地方的案子朝廷可以撒手不管，让当地官府去处理，而这事关洋人的大事不能不处理，可又实在不好处理。由谁去查办这件案子呢？朝廷想到了曾国藩。这时的曾国藩本在家休假养病，朝廷还硬是下谕要他去天津办案。

曾国藩被推到了风口浪尖，只得忍辱负重，受国人的唾沫了。当时，朝廷和民间有一股“主战”的力量，曾国藩反对以战争的方式解决争端，通过对案子的调查，得知过去天津境内屡有迷拐婴儿之案，并有剖心挖眼的传言，天津知府张光藻擒获张、郭两个拐子，并加以严办，后来又有民团拿获匪徒武兰珍，其供出在法国教堂做事的王三授以迷药，于是就有了津民与教民的冲突之事。曾国藩弄清了案子原由之后，更坚定了“只能和，不能战”的原则。

他从保定奔赴天津时，竟写下了遗嘱：“余即日前赴天津，查办殴毙洋人、焚毁教堂一案。外国性情凶悍，津民习气浮嚣，俱难和叶，将来构怨兴兵，恐致激成大变。余此行反复筹思，殊无良策。余自咸丰三年募勇以来，即自誓效命疆场，今老年病躯，危难之示，断不肯吝于一死，以自负其初心……”曾国藩做好了忍辱负重的准备，即以牺牲个人的名节来保全朝廷的利益。因为他清楚，那些在皇上面前慷慨激昂地要求“打天主教堂”的人，等敌人真的来了，又吓得胆战心惊，屁滚尿流。

曾国藩来到天津后，一些人向他建议，可借民愤把洋人驱逐出境，或者联俄、英以攻法国。曾国藩不主张这样做，如果因这件案子而发起战争，就会重蹈咸丰年间的覆辙。这时候，太平军和捻军刚刚覆灭，人民需要生息，国家需要建设，再不能打仗了，“主战派”便挖苦曾国藩怕死。曾国藩说，自己不是怕死，已经密调了部队布防，以防不测。他给朝廷上疏，说自己并不是像某些人诋毁的那样软弱怕事。“臣自带兵以来，早矢效命疆场之志，今事虽急，病虽深，此心毫无顾畏，不肯因外国要挟，尽变常度。”也就是说，国家的利益原则他会掌握，谈判不等于就输给洋人，而开战不一定就能赢，所以，和谈是解决问题的最好办法。何况“查津民焚毁教堂之日，众目昭彰，若有人眼人心等物，岂崇厚一人所能消灭？其为讹传，已不待辩”。崇厚是协助曾国藩办案的副手，有人说他投靠洋人，帮洋人销毁了罪证。

通过曾国藩的努力，案子终于以和解的方式了结了，避免了一场战争，但由于正法了15个滋事者，曾国藩遭到了一些人的不满，骂他杀同胞，凶狠毒辣；骂他投靠洋人，是卖国贼。曾国藩的名声一下子跌落深渊。后来人们批判曾国藩镇压太平军和捻军，只是阶级观念与意识形态使然，而他“为洋人说话”，就是叛国卖国的性质了。

曾国藩说：“众口悠悠，初不知其所自起，亦不知其所由止。有才者忿疑谤之无因，而悍然不顾，则谤且日腾；有德者畏疑谤之无因，而抑然自修，则谤亦日息。”身为大臣，他受命办案，能不承担压力忍辱负重？忍到最后才是真功夫!

干大事的人，须具备忍辱负重的心理素质。曾国藩忍受着人们对他的谩骂和羞辱，他的精神没有因此被拖垮，但也有理解和同情他的人，以及对他的处世方式表示赞赏和效仿的人。

忍，是人降生时接到的第一个生存信号，从此它顽强地伴随着人的一生，谁一旦漠视它，就会有第二声啼哭、第三声啼哭……谁重视它，接受了它的指令，就会被生命最初的呐喊所激励，即使跌倒了、失败了，也不会丧失生活的信心，努力地站起来，迎接一切艰难险阻，坦然面对失败与挫折，这样的人生是充实与厚重的，是魅力四射、光彩夺目的。

曾国藩语录

隐忍于中：忍耐中审视因果祸福

居官以坚忍为第一要义，带勇亦然。与官场交接，吾兄弟患在略识世态而又怀一肚皮不合时宜，既不能硬，又不能软，所以到处寡合。

曾国藩一生谨言慎行，奉崇一个"忍"字。他外藏内敛的百忍之道，至今为后人叹服。"吾服官多年，亦常在'耐劳忍气'四字上做功夫也。"这是他的心得。

有人做过这样的设想，假如曾国藩向清朝倒戈，那么清朝将会提前退出历史舞台。当时的确有人向曾国藩暗示过，去夺取清朝的江山。但曾国藩在他的势力最强盛的时候，也没有动过一丝反叛的念头。历史就是历史，没有假设。

有一天，一个叫阎敬铭的人送给曾国藩一封密信。曾国藩心想，这是一封什么信，如此神秘？他拿上信一看，更加惊奇，信封上写的并不是他的名字，而是胡林翼的名字。他拆开看时，才知道这是肃顺近日写给胡林翼的一封密信。信中说的是这样一件事：

江南大营溃败，皇上近来寝食不安；何桂清临阵脱逃，皇上更为愤恨。皇上打算在东南几省内选一个可靠的人代替何桂清，为此事垂询过几位亲贵大臣。皇上对肃顺说，拟授胡林翼为两江总督。肃顺说，胡林翼才学优长，足堪江督之任，但若调离，鄂抚一职则无人可代。皇上问，让曾国藩任鄂抚如何？肃顺回答说，六年前，皇上命曾国藩署鄂抚，几天后又撤销前命，曾国藩想必心中不快。事隔六年，又让他任鄂抚，显得皇上恩德不重，不如干脆让曾国藩做江督。胡与曾是好友，必定会协调合作。那时上下一气，东南局面将有转机。皇上点头答应了。

曾国藩掂量一番后，认为东南数省只有自己最有资格任江督一职，看来肃顺说的是实话。从咸丰三年带勇以来，他就希望着能有这一天的到来。现在，这一天眼看就要到了。这个时候的两江总督，其实就是与太平军作战的最高统帅，也就是全国军事力量的最高统帅，要站在这个高度上做一番统筹全局的安排。然而，过去历任两江总督怡良、何桂清等人，都没有看清自己的位置，或者看到了，但手中没有足够可直接调配的军队，也当不成真正的统帅。曾国藩是可以充当这个统帅的，他有自己的嫡系力量——湘勇，他要制定出一个深思熟虑的、切实可行的用兵计划，大大扩充湘勇，指挥两江的绿营，做一个号令威严、三军敬畏的统帅。想到这里，曾国藩再一次对肃顺充满感激之情。

他要给肃顺写一封极机密的信，派人专程送到北京去。曾国藩抽出一张纸条，又慢慢地研着墨。猛然，他记起了肃顺要胡林翼将信给他看的话，心中产生了疑问：为什么肃顺要将这种绝密的事告诉胡林翼和自己呢？按理他不应该泄漏出来。

曾国藩开始起用他的“忍”字功夫。他对于肃顺的为人是非常清楚的，肃顺精明干练，魄力宏大，敢于重用汉人，瞧不起满蒙亲贵中的昏聩者，但他为人骄横跋扈，独断专行。肃顺曾与恭亲王关系较好，后来他仗着皇上的宠幸，连恭亲王也不放在眼里。曾国藩想，今日的肃顺不就是历史上的权臣吗？恭亲王以及他身后的满蒙亲贵，在朝廷中势力很大，与他们相比，肃顺可谓势孤力单。虽说皇上年轻，但据说有痨病，万一有什么不幸，肃顺岂是恭王的对手？肃顺这样明目张胆地拉拢自己，安抚胡林翼，是不是心怀叵测？想到这里，曾国藩心中冒出一丝恐惧。凡事预则立，不预则废。面对这样的大事，还是要忍一忍，不要激动为好。

曾国藩停止研墨，将纸条收到抽屉里。他决定不给肃顺写感谢信，今后即使真的上谕来了，也只能按规矩办事，给皇上上谢恩折，不能与肃顺有私下的联系。

后来，肃顺被人弹劾下台，有人告曾国藩是肃顺的党人，但在肃顺处没有查抄到一封曾国藩与肃顺往来的书信。

我们从曾国藩“忍”字功夫上，得到的启示是：无论是人还是事物，为了更好地生存和发展，都在承受许多忍耐。暴风雨来临之际，鸟儿收起翅膀，忍耐中等待天空放晴后快乐地翱翔；树儿见不到阳光，任凭风吹雨打，但它扎根固本，接下来是更加的枝繁叶茂；种子被埋在冰天雪地里，似乎无声无息，而它的内心却是鲜活的，积极而耐心地等待着春天的到来。

忍耐的过程是调整身心、养精蓄锐的过程。

忍耐是一种理智，是一种涵养；忍耐是一种美德，是一种成熟；忍耐是一种追求的韧性，弱小的生命和事物为了避免过早地夭折和被毁灭，不得不暂时放弃自己的欲望；忍耐是一种追求的策略，一个追求更大成功的人，不得不忍受小的失败和牺牲。

忍耐者以坚强的心智和从容的步履，走过岁月的风雨、人生的坎坷。忍耐并不是软弱可欺，忍耐者正视自己的力量，在暴风雨中洗礼，在苦难中磨练，意志会越来越坚强，处世会越来越沉稳，面临厄运泰然自若，面对毁誉不卑不亢。有了忍耐，就有了成功的动力。

终日惕厉：功归于上，自己方可安享

今人心日非，吏治日坏，军兴十年，而内外臣工惕厉悔祸者，殆不多见，纵有大力匡持，尚恐澜狂莫挽，况如弟之碌碌乎？

曾国藩常常研究《易经》，观察盈虚的道理，懂得人不可以没有缺陷，太阳当顶了便会西下，月亮圆了便会阴缺，天有孤虚的地方，地有东南的缺口，没有十全而不缺的。生物剥落正是复苏的开始，所以君子看到了由枯而荣的气象便感到可喜。吉祥之象，由吝啬逐渐走向凶，凶相显露，则因悔又可化凶为吉。君子懂得"忍"字功夫，不敢求全。相反小人则时刻求全，全字既然获得，而吝啬与凶光之俱来。天道有屈有伸，世事哪能处处公平呢？

他写信给弟弟说："君子处于顺境的时候战战兢兢，觉得老天对自己太宽厚了，我应该把自己多余的，去弥补别人的不足；君子处于逆境，也战战兢兢，觉得老天对我不是真厚，但比那些还要坏的人，还算可以了，古人所说的看境遇不如自己的，就是这个说法。来信有'区区千金'四字，难道你们不知道老天已对我们兄弟过于宽厚了吗？"

咸丰六年（1856年），弟弟曾国华被皇上奖掖选用，曾国藩马上上书《谢弟国华以同知尽先选用恩摺》，说："大凡因人而成事，就胆敢贪天言功。弟弟国华得到皇恩仁泽，得宠而被赐予了头衔。任职之初，就像五马分途，恩仁深厚，尤如六鳌负重。臣只有督促训教弟弟，贡献出忠心和诚恳，要全孝一定要考虑全忠。学习古人卧薪尝胆的赤诚，一定是忍耐才能有所作为。明耻教战，用勤奋来补拙。冒着锋刃作先驱，效仿铅刀的利割，才能报效皇恩。”

曾国藩的弟弟曾国荃在“忍”字功夫上做得很是不够，这让曾国藩非常担心。曾国荃在与太平军作战中能立下赫赫战功，与曾国藩较好地控制了他的性格脾气有很大关系。太平军覆灭后，曾国荃当上了湖北巡抚，他目空一切，我行我素，不把称雄安徽、河南多年的捻军放在眼里，也没有把朝廷的宠臣官文放在眼里。官文任湖北总督，平日里很少见曾国荃过来打照面，对其傲慢作派有些不满，但看在曾国藩的面子上，也就没有想教训他。可是反过来，曾国荃却要教训官文。

事情是这样的：一个叫丁守存的官员，两年前利用职权贪污了一万两银子被人告发，官文将他臭骂了一顿，并说马上参劾他。丁守存吓得连忙磕头，并把一万两银子退了，希望官文不要参劾他，官文不答应。丁守存变卖部分家财，又给官文送了一万两银子，官文才没有参劾。事后，丁守存窝了一肚子气，他认为无官不贪，自己贪这点钱算什么，你官文不是也收了一万两银子才“手下留情”？丁守存恨死了官文，私下里找机会报复，他派人分头搜集官文这些年在湖广的劣迹，打算重重地参他一本。

一天，丁守存找到曾国荃透露了一个重要情报，说曾国荃的表弟彭毓橘在与捻军作战中被俘杀死，与官文有关。彭将军出战前，官文没有给足够的粮食。粮台本来贮存100万斤粮食，只因官文原招募的5000鄂勇被曾国荃撤了，欠饷一时无银兑现，官文命丁守存将粮台所有粮米调出来，按每勇200斤发放了。彭将军出兵前，粮台想方设法为他筹集4万斤粮，谁知粮路给捻军截断了，假若彭将军再多带2万斤粮，也不至于军心涣散而遭战败。

曾国荃听到丁守存的一番叙述，气得发抖，一剑砍掉了书案一角，高叫："我堂堂炎黄子孙，岂能仰息于傀儡膻腥之辈！"正在曾国荃身边的曾纪泽忙劝叔叔息怒，不能让别人知道这件事。曾国荃说："老子早就想和他们干一场了！"他要曾纪泽草拟一篇参折，弹劾官文。官文的做法也让年轻的曾纪泽生气，他便在叔叔的授意下写起奏折，列举了官文几大罪状，什么贪庸骄狂，什么欺罔徇私，什么宠任家丁，什么贻误军政，什么笼络军机，什么肃党遗孽。奏折写好后，他还是有些不安，劝叔叔冷静想一想再做决定，因为官文是太后、皇上的亲信，并且官居大学士，非一般人可比。突然，曾纪泽想起了父亲，为慎重起见，他决定将奏折抄一份送到济宁州给父亲看看。

曾国荃虽很敬重哥哥曾国藩，但他认为哥哥自咸丰八年复出后，胆子越来越小，什么事都谨慎有余，这篇奏折若给他看，一定会被他阻止，于是便不想让他知道，就把奏折送出去了。曾国荃弹劾大学士官文，此事立即在朝廷和各省督抚间引起了轰动。官文与京官的关系处理得非常好，朝廷派下的大小钦差来到武昌，他的礼数最周，招待得最好，所以朝廷各部大多数要员对曾国荃弹劾官文的行为表示不满。尤其是军机处的那些人，更是排斥曾国荃，因为曾国荃的奏折中有"军机处故意与鄂抚为难，凡有寄谕，从不径寄，而由督署转递"的字样，岂不是把他们一起告了吗？军机大臣胡家玉说，曾国荃将军事失利的责任推给官文，居心不良，所奏情事多有不合，建议皇上、太后驳回。慈禧太后命兵部派员到武昌密查核实。

就在这时，曾国藩得知了弟弟参劾官文的事很生气，认为弟弟办事太草率了，官文不是不能告，而是告他得有十分的把握，否则将是搬起石头砸自己的脚。曾国藩意识到此事若不尽快解决，将招致严重的后果。他写了一封信给曾国荃："弟谓命运作主，余素所深信；谓自强者每胜一筹，则余不甚深信。凡国之强，必须多得贤臣工；家之强，必须多出贤子弟；一身之强，当效曾、孟修身之法与孔子告仲由之强，可久可常。此外斗智斗力之强，则有强而大兴，亦有因强而大败。"

曾国藩写罢信，让亲信赵烈文去徐州找李鸿章商量，拿出一个救曾国荃的办法。李鸿章也觉得曾国荃太莽撞了，并以兄长的身份批评曾国荃做事草率，不会忍让。要想把巡抚的官当好，就得推功给上面，可是他反而把责任推给上面，岂不得拿鸡蛋碰石头吗?

接下来，曾国藩与李鸿章想出了一个妙策：密保官文。

慈禧太后派下的钦差从武昌回来了，将曾国荃所列官文的各条罪状一一驳回；同时，慈禧太后接到了曾国藩密保官文的奏折。慈禧不得不权衡一下利弊，只要自己一声令下，就可以叫曾国荃下台。可朝廷需要依赖曾家兄弟和湘军，既然曾国藩出面说官文如何好，什么剿捻有功，什么任官为民，其用意显然是让慈禧太后保曾国荃。慈禧太后很佩服曾国藩的聪明，她也聪明地还了人情，和了稀泥，将官文调到京师，以大学士掌管刑部，兼正白旗蒙古都统，调李鸿章为湖广总督，对曾国荃没做任何处罚。

曾国藩事后严厉批评了儿子曾纪泽，不但不去劝止叔叔，反而推波助澜，草拟言辞尖刻的奏疏，太幼稚了！世界上的事物不可能是完全均衡的，任何一种新生力量都有一个由弱及强的过程。当你处于弱势时，要忍住急于求成的心理状态，不要过于暴露自己，借着良好的外界形势壮大自己的力量，以达到强大自己的目的。相对而言，强者也不能恃强凌弱，不能因为自己力量强大就贪心不足，仗势欺人，对他人欺压、敲诈，时时处处显示自己的强大，这是不能隐忍的表现。作为强者，不能因其强就居于主位，不尊重他人的意见，事事要求别人服从自己，按照自己的意志行事，而应该注意保持和发展自己的强势，尽量掩饰自己表面的强壮，而达到真正的强大。

忍是取势：危难时巧为周旋

曾国藩语录

忍是取势，得意须想着失意，进身须掂量退步。

曾国藩在指挥打仗上非常注重“势”，他说“车战舟战，视势而定”、“用兵最重气势”、“凡事当求不违于势，不悖于理”等等，而他把“忍”当作“取势”的一种方法，就是处世的深刻体会了。

有人把曾国藩的处世哲学理解为“克服危机的智慧”。曾国藩汲取了老子“反者道之动，弱都道之用”的思想。天道运行的方向，主要是不断地向相反一面发展，譬如白天会走向黑夜，严寒却走向春暖，过度兴旺会走向沉寂；相反，萧条亦会走向复苏，经营最困难的时候正是衰退快将过去的时候。

曾国藩在处理过失和改过的关系方面，强调在忍耐中思“悔”，他把道德修养过程也看作是改过迁善的过程。

李秀成在金陵被攻克后于城外被方山居民逮住，押往曾国荃军中。部将萧孚泗立功心切，呈报说是他派兵拿获的，并且把押送李秀成的乡民们绑起来拷问，因为他怀疑他们贪污了李秀成随身携带的金银珠宝。这事闹得有些过分，传到外面，曾国藩兄弟受了不少责难。但与此事有关的将领和兵丁，大多不是曾家的亲戚就是乡里乡亲，曾国藩只好睁一只眼闭一只眼地让此事过去了。

但接下来的事情就麻烦了。朝野上下都认为李秀成是太平军的高级将领，应押到京师去审讯。可曾国藩兄弟却自作主张把李秀成杀了，然后再向清廷解释原因，这件事造成了很多非议。曾国藩是这样想的：李秀成知道的事太多，押解到北京，湘军所做的一些事就会暴露、被夸大，甚至还有可能生出无数的不测来。可是先斩后奏还是引得了流言满天飞，诸如“杀人灭口”之类的说法不绝于耳，甚至有人认为李秀成没死，曾国藩杀的只是一个替身。清廷还特意派大员到金陵来进行过调查，曾氏兄弟没有办法，也只有硬挺着。

把李秀成押往京师，是各方面达成的共同意见，他本人在日记中也记叙：“日来在事文武，皆请将李秀成槛送京师，即洋人戈登、雅妥玛等来贺者，亦以忠逆解京为快。”曾国藩在捷报中说：李秀成“应否槛送京师，抑或即在金陵正法，咨请定夺”。按理曾国藩当然应在朝廷“定夺”之后才能做出行动，但没过几天，曾国藩就放出李秀成饮宴一番后凌迟处死的消息。

责问下来后，曾国藩这样解释：“臣窃以圣朝天威灭此小丑，除号之洪秀全外，其余皆可不必献俘。陈玉成、石达开即有成例可援。且自来元恶解京，必须诱以甘言，许以不死。李秀成自知万无要逭，在途或不食而死，或窜夺而逃，藩恐逃显戮而贻巨患。与臣弟国荃熟商，意见相同……初十日始奉将二酋解京之旨。扣算日期，臣处应于初六日接到旨意，乃驿由安庆转递江宁，致尽四日之久。臣查军机处封面及兵部火标皆注明递江宁字样，不知驿站何处错误。应即行文，挨站查办。”曾国藩以驿站误递为借口，想将事情掩饰过去，但一些人就是抓住不放。

这时，曾国藩身边的人很愤怒，尤其是曾国荃，说城是他攻破的，他想杀谁就杀谁。甚至有人恨不得操起刀枪，把坐在清廷的那帮指手画脚的家伙赶下台。对此，曾国藩只是一忍再忍，并且他悔之不已，说："知天之长，而吾所历者短，则遇忧患横逆之来，当少忍以待其定。"人非圣贤，孰能无过？他说："默存一悔字，无事不可挽回也。""悔字与谦字相因，即以虚怀若谷的姿态视察纠正自己的不足。"

慈禧太后觉得李秀成既然已被杀死，老是追究这件事也没什么意义，何况太平军还没剿尽，捻匪继之闹事，还是让曾家兄弟去打仗吧，于是就不再责问曾国藩了。曾国藩是个过于爱惜清廉名声的人，湘军掳财杀俘的事一了结，他长嘘了一口气。

其实，曾国藩面对这件事，是利用了"忍"字功夫，所谓"忍是取势"，即他清楚自己目前在朝野的分量与作用，他杀李秀成灭人之口，然后与朝廷周旋；当内部群情激愤，他检讨自己的过失，控制住"作乱"的苗头。这都是对形势的充分把握，忍有所属，忍有所成。

既然"忍是取势"，那么曾国藩自然知道忍与不忍之间，有个拿捏的分寸和机关。如果什么事都忍，功夫就不到家了。有时，忍是为了不忍，不忍是为了忍，只有参透"忍"字功夫的人才能明白其中的道理。如果忍是懦弱无能的表现，曾国藩也就不是曾国藩，也就称不上"中兴之臣"了。下面，我们来看一个曾国藩"不忍"的故事：

从咸丰三年（1853 年）初夏开始，曾国藩命湘勇与绿营兵一起操练，还时常举行会操。绿营兵多是八旗子弟，过惯了闲适散漫的生活，觉得自己作为正规军，月饷反不如湘勇多，还要与这帮来自乡村的农夫们成天在烈日下共同操练，简直是一种侮辱，于是他们对曾国藩很不满，有人还找到长沙协副将德清诉苦告状，添油加醋地说曾国藩手下的人欺侮人。

德清听到这话，本位思想占据了心理，他拍桌子打板凳，声言要与曾国藩理论理论，他公开反对曾国藩，处处与他为难作对。曾国藩忍气吞声没有理会，照常安排操练。可是湖南的地方官员认为曾国藩在编练军队中有侵权越权行为，心里非常不满，只是敢怒不敢言，这时听说德清与曾国藩作对，不仅不出面调解，反而幸灾乐祸地从中挑拨，希望把事情搞大，自己好在一旁看热闹。德清和绿营兵因此有恃无恐，与曾国藩及他的湘勇的矛盾进一步恶化。

曾国藩目睹这一情况，觉得若不把事情摆平，兵勇无法操练，战斗力难以提高。曾国藩遇事重“忍”字功夫，所以不轻易弹劾人，但这次他下定了决心，不把德清除掉誓不为人。于是，他上疏皇上，弹劾德清不到操练场督促练兵，时常在署里偷闲玩要，并且心术不正，总想升官发财，对百姓盘剥勒索，破坏军民关系，情节十分严重，不将其革职查处不能合民心，不能团结绿营兵与湘勇，士兵不经训练而技艺生疏，是清军溃败的根源。

曾国藩上疏之后，觉得将德清革职还不够，打蛇要打七寸，便紧接着又上折，弹劾德清在长沙城遭太平军围攻时，“自行摘去顶戴，藏匿在民房里；所带兵丁也脱去号褂，抛弃满街，至今传为笑柄”。毕竟德清是朝廷要员，这样言词犀利地弹劾，易使皇上产生逆反心理，于是在弹劾德清的同时，他上奏折密保塔齐布等人。咸丰看了奏折后，依允曾国藩，颁上谕将德清革职，赏塔齐布为副将衔。

这里，曾国藩为什么不忍呢？“忍是取势”，如果对德清一味地忍，形势会对自己非常不利。德清不同于官文等人，这个角色可以碰。而碰德清还可以达到告知朝廷权贵这样一个信息的目的：曾国藩过去对他们是忍让，而不是可欺。如果谁欺人太甚，他也会不客气的！

曾国藩的气质偏重于理性，喜欢“思”，且认为思和学、行应该是相互促进、不能偏废的。他曾经整日整夜不睡觉去苦思冥想，但结果没有多大收益，还不如起来去学习古来的文献和前人的研究成果。的确，苦思冥想不是不可以，但必须有个前提，那就是你对知识的积累。知识积累越多，到达了一定的临界点，然后进行思索，便会有突破。如果根本就没有任何知识的积累，思索没有材料，那怎么能够进行下去呢？再说，文献资料是前人通过努力所观察觉悟到的真理，多看多读可以得到借鉴，使自己少走许多弯路。所以，绝对不能够忽视知识。

思、学、行三者构建了曾国藩的人格心理，何事、何时该忍，何事、何时不能忍，有一定的经验，体现了高明的处世智慧。

打脱牙和血吞：在委屈中挺住腰杆

申甫所谓“好汉打脱牙和血吞”，星冈公所谓“有福之人善退财”，真处逆境者之良法也。

自古以来，人们把忍小节称为担当大任的美德。纵观古今中外成功人士，他们无一不是善于容忍而成就事业的。曾国藩在自己的成功道路上，每前进一步都要忍受莫大耻辱。例如，他初办团练时，一日，绿营兵与湘勇哄闹，至黑夜闯入行台。曾国藩亲自告知巡抚，巡抚不理，曾国藩叹息道：“大难未已，吾人敢以私愤渎君父乎？”意思是说，大敌当前，我怎能为个人的利益泄私愤呢？

绿营兵与湘军常常发生武装冲突，可绿营毕竟是朝廷的正规军，与其冲突再大也是“内部矛盾”，这是性质问题，所以曾国藩只能在忍气吞声中寻找解决问题的办法，甚至视忍耐本身就是一种解决问题的办法。一次，一群绿营兵与塔齐布所辖湘军士兵打群架，绿营兵鸣号列队，想要以正面对阵的办法报复湘军。曾国藩为抑制打仗胆小如鼠、窝里斗却气壮如牛的绿营风气，郑重发公文给提督鲍起豹，明确要求逮捕肇事士兵。鲍起豹是个居心不良的人，他不仅不化解矛盾，反而促使矛盾进一步恶化，他派人将肇事士兵五花大绑捆起来，押解到曾公馆，同时派人四处散布曾国藩要严惩绿营兵消息。消息像风一样吹散开了，不一会儿，绿营兵聚集起来一起冲向塔齐布的住所，将其居室砸得千疮百孔，塔齐布藏入草中才保住了一条命。

砸了塔齐布的房子后，这群绿营兵又冲向曾国藩团练大臣公馆，挥舞刀枪找曾国藩算账，甚至有人咆哮要杀死曾国藩。曾国藩没料到绿营兵会如此丧心病狂，他连忙向巡抚骆秉章求救，才算没有伤害到自己。最后，那些肇事的绿营兵不仅没有受惩罚，骆秉章还向他们赔不是。曾国藩受到了巨大的羞辱，多年之后，在湘军威名远播之时，他还对这一事件记忆犹新，大发感慨。

咸丰七年（1857 年），47 岁的曾国藩因父亲去世，第二次回荷花塘守制，这正是他兵事不利、处境尴尬的时候，但也是他反思自忖最深刻，对“忍”字功夫琢磨最多的时候，为他的再次复出，一崛而起奠定了扎实的心理基础。

曾国藩指挥湘勇一举攻克武昌、汉阳，这是太平天国军队从广西北上以来，朝廷的一次大胜仗。咸丰帝自然高兴，一道圣旨任命曾国藩为署理湖北巡抚。可是，十天后，咸丰帝又下第二道圣旨，免去了曾国藩湖北巡抚的职务，赏给他一个兵部侍郎衔。咸丰帝为什么这样对待战功赫赫的湘勇统帅？

曾国藩的心腹康福领曾国藩之命，秘密进京探听消息。天真的康福一路上还在想，曾国藩拼死拼活组建湘勇，又攻克了武昌、汉阳，朝廷上下一定会是一片赞扬声。可是曾国藩的赫赫战功获得的不是赞扬，不是奖赏，而是猜疑和不信任。

大学士祁隽藻对咸丰帝说：“曾国藩不过是一在籍侍郎，犹匹夫耳。匹夫居闾里，一呼百应，恐非朝廷之福。现曾国藩的勇丁已达二万，勇由将募，将听曾国藩之令。这两万人马，已变成听令于曾国藩一人之令的军队，皇上想过没有，现在再授曾国藩巡抚之职，握有地方实权，后果将会如何?”

咸丰皇帝愣住了，他觉得祁隽藻说得有理，于是就有了前后两道圣旨，把曾国藩举起来又砸下去。

曾国藩当然痛苦，但他只得进行心理调节，在“忍”字上下功夫，告诫自己不要把一时的荣辱放在心上。他的老师穆彰阿送给他一条横幅：“好汉打脱牙和血吞。”后来，曾国藩这样总结其“忍”字功夫：“好汉打脱牙和血吞。这句话是我生平咬牙立志的秘诀，自出仕以来，无不遭到屈辱。我在庚午、辛亥年间被京城的权贵们所唾骂，以后已有岳州、靖江、湖口三次打败仗，没有一次不是打脱牙和着鲜血往肚里咽。”正是靠这种“忍”字功夫，曾国藩终于踏上了很高的权力台阶，成为清朝朝廷倚重的一位重要的人物。

俗话说，人生不如意事常八九。想要生存在这个反复无常的世界上，最重要的就是要学会“忍”字功夫。

曾国藩认为“傲为凶德”，特别是文人做官大多为所谓的自好之士，多讲气节，讲也讲不精，却自负傲慢，眼中无人。风节本来是守于己的，可傲气则容易在别人面前显露。由于过于骄傲，造成君臣不和，朝廷纷乱必为祸害。曾国藩在检讨自己的缺点时，认为自己是“忍”得不够，说自己有三大过错：平日不取信、不尊敬别人，傲慢太甚，这是一；平时一句话不对劲，就怨恨无礼，这是二；抵触分歧之后，别人反而恢复了平静，自己却悍然不近人情，这是三。意识到这三点后，曾国藩更注重“忍”字功夫，注意自己的心态修养，时时为自己敲起警钟。

曾国藩这样做是有其深刻考虑的，因为历史上因不能忍而导致危险的事例太多了，他经常向他的弟兄和子孙讲古代“忍德”的故事。有一次，曾家人在一起吃饭的时候，他又即兴讲了一个故事。

唐朝时，唐太宗在庆善宫举行宴会，同州刺史尉迟敬德被邀请参加。但他一看自己的上座有人，便很生气地质问道：“你有什么功劳，竟坐在我的上首?”任城王李道宗的席位安排在他的下首，就来劝解他。尉迟敬德不但不听，反而举起拳头殴打李道宗，李道宗的眼睛几乎被打瞎。

唐太宗很不高兴地宣布停止宴会，然后对尉迟敬德说：“我本想和你共富贵，然而你做官后好几次犯法。我这才明白像韩信、彭越那样被剁成肉酱，并不一定是汉高祖刘邦的错啊!”尉迟敬德听到这种极其严厉的警告后害怕了，以后就比较学会忍让、克制自己了……

曾国藩读《史记》，与司马迁有共鸣之言：“我看汉高祖之所以胜利，楚霸王之所以失败，就在一个能够忍耐，一个不能忍耐而已。楚霸王因为不能忍耐，所以百战百胜而轻易地消耗他的兵力。汉高祖能够忍耐，保养自己全部的兵力，等待敌方现出弊端。这是张良教他这样做的。当淮阴侯韩信破齐后想要称王时，高祖发怒，在言词和脸色上都表现出来了。从这件事看来，他还有刚强不能忍耐的脾气，如果不是张良及时提醒，还有谁能成就事业呢?”

他继而引用南宋吕本中的话说：“忍之一事，众妙之门。当官处事，尤其先务。若能清、慎、勤之外，更行一忍，何事不办!《书》：‘曰必有忍，其乃有济。’此处事之本也。谚曰：‘忍者敌灾星。’少陵诗云：‘忍过事堪喜。’此皆切于事理，为世大法，非空言也。王沂公尝说：‘吃得三斗酽醋方做得宰相。’盖言忍受得事。”

在我们看来，忍耐是通过一定的修养获得的一种美好品格，也只有具备这种品格的人才能把“忍”字功夫做好。世事纷繁、人心复杂，充满着偏见，也存在着误解，“惟不能少自忍者必败，此实未知利害之分、贤愚之别也”。

曾国藩语录

小忍待定：忍小事以保大事

知天之长而吾所历者短，则遇忧患横逆之来，当小忍以待其定。知地之大而吾所居者小，则遇荣利争夺之境，当退让以守其雌。

一个人不能事事操心，平分精力。人的精力是有限的，如果处事不分轻重主次，必然徒劳无功，弄不好纠缠于小事之上，反而耽误了大事。

清代野史记载：金陵刚被收复时，有个人冒充校官来拜见曾国藩。这个人和曾国藩谈话时高谈雄辩，有不可一世的气慨，曾国藩心中深感惊奇。当二人谈到“用人必须杜绝欺骗”这个话题时，这个假校官一脸严肃地说：“是否受到欺骗，主要还在于个人自己！我试谈谈自己的看法，像中堂大人至诚盛德，人们不忍欺；左公（指左宗棠）一身正气，人们不敢欺。但别人不欺而怀疑别人欺他，或者已经被欺却不知被欺的人，也大有人在。”

曾国藩喜欢上了这个人，于是对他说：“你可到军营中看看我所用的人。”这个人领命而去。第二天，他见过营中大部分的官员后，煞有介事地对曾国藩说：“军中的英雄豪杰很多，但有两位君子式的人才特别难得。”曾国藩一愣，然后问是谁，他说是涂宗瀛和郭远堂。这恰与曾国藩的察人看法一致，更让曾国藩高兴不已。曾国藩因一时找不到合适的位子安置他，便让他先去督造船炮。

几天后，曾国藩正在看文件，一个造船的兵卒急慌慌地跑来汇报，说前天来的那个能说会道的家伙，携带着不少造船的费用跑了，请曾国藩赶快发兵追拿。曾国藩先是心里一震，接着沉默了一会儿，然后说："算了。""为什么算了？那家伙太可恨了！"身边人说。曾国藩喃喃地念叨起那个人说过的话："人不忍欺，人不忍欺。"手一挥，让大家都离开他继续看文件。

后来，往事重提，有人问曾国藩为什么不去追那携款而逃的家伙？曾国藩淡然地笑道："当时太平军、捻军猖獗，此人只以骗财欺我，我如果逼之过急，恐怕他会入敌营，为害甚大。再说区区数金，与本人受欺之名皆不足道。"

曾国藩在日记中写道："静中细思，古今亿万年，无有穷期，人生其间数十寒暑，仅须臾耳！大地数万里，不可纪极，人于其中，寝处游息，昼仅一室耳，夜仅一榻耳！古人书籍近人著述，浩如烟海，人生目光之所能及者，不过九牛之一毛耳！事变万端，美名百途，人生才力之所能办者，不过太仓之一粟耳！知天之长而吾所历者短，则遇忧患横逆之来，当小忍以待其定。知地之大而吾所居者小，则遇荣利争夺之境，当退让以守其雌。知书籍之多而吾所见者寡，则不敢以一得自喜，而当思择善而约守之。知事变之多而吾所办者少，则不敢以功名自矜，而当思举贤而共图之。夫如是，则自私自满之见，可渐渐蠲除矣。"

这不是悲观，而是对人事兴衰的参透。想当年，长沙办团练，"筹兵，则恐以败挫而致谤；筹饷，则恐以搜刮而致怨"。湘勇是杂牌军，常遭受正规军之绿营方面的歧视和欺凌，双方狠狠地打了几次，仇怨越积越深，大有火并的危险。曾国藩知道，此时小不忍则乱大谋，遂移节衡阳。这一忍，不是退一步天地宽了吗？

为了筹粮饷，曾国藩搞得焦头烂额。一天，彭玉麟兴冲冲地跑到正在赵家祠堂办公的曾国藩身边，对他说，捐饷一事有了点儿进展。曾国藩忙请彭玉麟坐下来谈。原来，户部员外郎杨江，两个月前丧母回衡州，杨家是衡州城里绅士中的首富。十多年前，彭玉麟和杨江在东洲书院同窗，彼此相处得还不错，彭玉麟听到杨江回来了，立即便过河到了江东岸杨府，一边吊唁，一边会见同学，想让他向湘勇捐饷。杨江是个爽快人，他对曾国藩忍辱负重移师衡州训练湘勇，表示理解和同情，所以愿意尽力襄助。

听说杨员外郎急公好义，曾国藩很高兴，认为杨家是衡州城最有影响的士绅，只要杨家带头，几万饷银不成问题。可是，杨江却有个条件，他要曾国藩代他上奏皇上，准许其祖父杨健在原籍建乡贤祠。听见这话，曾国藩很生气，练勇训师是为了打太平军，难道是我曾国藩一人的事？身为员外郎的杨江难道没有捐饷的义务？杨健是何种角色？他是嘉庆年间的进士，授户部主事，累官郎中，外任府、道、运司、藩司等职。道光初，升湖北巡抚，道光二十五年在衡州病逝。衡州籍京官欧阳光曾奏请道光皇上让杨健入祀乡贤祠，道光得知杨健在湖北巡抚任上贪污受贿，官声恶劣，所以批了个“不允”！关于这件事，曾国藩当年任詹事府右庶子，还讥嘲过欧阳光的糊涂无知。

可是，现在杨江却要自己出面奏请皇上，让贪官入乡贤祠，这不是自己打自己的耳光吗？何况欧阳光的覆辙在前，难道要重蹈不成？曾国藩气愤地说：“不行，坚决不答应，他不捐饷就算了！”

军粮越来越少，一日三餐改成了一日两餐，接着由两餐硬饭改成了一硬一稀，兵勇们牢骚满腹，甚至有人开小差逃跑。曾国藩深知，兵士在战场上与敌人拼红了眼并不怕死，但几餐不吃，肚子饿了就会瓦解意志，心生异志。

曾国藩心想，眼下军情紧急，饷银难得，我奏请贪官入乡贤祠，或许皇上会体谅自己的做法。想到这里，他急忙喊来彭玉麟说：“杨健入祀乡贤祠，欧阳光曾奏请过，受得驳斥，你知不知道这件事？”

彭玉麟明白曾国藩的心思，说杨健为官的确不清廉，但他已过世八九年了，一个死人也不忍心多指责。现在我们顾及他的子孙有心捐饷的心意，就原谅他吧。我们目前急需银子，只要杨江肯拿出来，就满足他的要求，为他写份奏折，准不准是皇上的事。如果现今的皇上像道光一样不允，杨江也怪不得谁了。

曾国藩叹息了一声，然后问彭玉麟，杨江大概能捐多少，彭说二万两。曾国藩生气地说，杨家储藏的银子少说也有二十万两，捐二万两，他也太小气了！不行，得多捐一些。彭玉麟把杨江喊来了，杨江见到曾国藩，一边悄悄地打量，一边说些恭维曾国藩的话。曾国藩不想听他的奉承，问对方到底愿捐多少银子。杨江说，二万两是少了点，不过，他这一捐作用可大了，别的绅商都会跟着捐。没办法，曾国藩只得答应了杨江。

送走杨江，曾国藩陷入痛苦之中，自己素来憎恨贪官，现在却要为一个贪官请奏入祀乡贤祠！在写奏折前，他写下了这段话：

“凡民有血气之性，则翘然而思有以上人。恶卑而就高，恶贫而觊富，恶寂寂而思赫赫之名，此世人之恒情。而凡民之中有君子人者，率常终身幽默，暗然退藏。彼岂异性？诚见乎其大，而知众人所争者之不足深较也。自秦汉以来，迄于今日，达官贵人，何可胜数？当其高据势要，雍容进止，自以为才智加人万万。及夫身没观之，彼与当日这厮役贱卒，污行贾竖，营营而生，草草而死者，无以异也。而其间又有功业文学猎浮名者，自以为材智加人万万。及夫身没观之，彼与当日之厮役贱卒，污行贾竖，营营而生，草草而死者，亦无以甚异也。然则今日之处高位而获浮名者，自谓辞晦而居显，泰然自处于高明。曾不如其与眼前之厮役贱卒，污行贾竖之营营者行将同归于澌尽，而毫毛无以少异，岂不哀哉!”

曾国藩写这些话，只是发一发心中的不平之气，但眼前的事还得“忍”，因为大事在等着他去完成。如果小事上不能忍，就会成为大事的绊脚石，与其受困于小事，不如低低头、弯弯腰，把绊脚石移开，或者使其成为铺路石。

浑含应之：得饶人处且饶人

纵人以巧诈来，我仍以浑含应之，以诚愚应之；久之，则人之意也消。若勾心斗角，相迎相距，则报复无已时耳。

《劝忍百箴》说：顾全大局的人，不拘泥于区区小节；要做大事的人，不追究一些细碎小事；观赏大玉圭的人，不细考察它的小疵；想得到良材的人，不在乎其上的蠹蛀。只为一点瑕疵就扔掉玉圭，就永远也得不到完美的宝玉；只为一点蠹蛀就扔掉木材，天下就没有完美的良材。

湘军成立水师时，当地一些江盗不时进行偷袭，一天夜里，曾国藩正在与人下棋，有人来报说江上水盗又来了，曾国藩扔下棋子与彭玉麟一起来到江边，他要看个究竟。只见江面上灯火闪烁，七八条水师长龙围住一条民船。曾国藩隐约看见民船上装着垒得高高的麻袋，他知道那麻袋里装的是湘勇的军粮，心里恨透了江盗！此时，湘勇们正提着刀、举着火把，要把江盗拦住。只见一些湘勇纵身跳到了民船上，与船上的江盗打了起来。

这时，曾国藩发出命令增派五条长龙舰，务必将民船上的人全部抓起来。大约过了半个时辰，湘勇水师统带杨载福抓到了一个江盗，把他拖上了岸。这时是寒冬季节，只见那人脸色青灰，就像死人一般。接着其他湘勇也纷纷抓到了江盗，共计 16 人。曾国藩让杨载福进舱换衣，这时湘勇们高喊杀死江盗。

曾国藩没有理会，他叫人拿来一些干衣服给江盗们换上，接着曾国藩亲自审讯这批江盗。江盗招供是因生活所逼，前来盗窃军粮，为首的就是杨载福从水中拖出的那人，名叫申名标。申名标年近四十，长得五大三粗，一副凶恶的面孔，他见到曾国藩后双膝跪下，说自己有眼不识泰山，冒犯大人，甘受大人处罚。

曾国藩问他除了会偷盗外，还有什么本事？申名标说，偷盗并不是他的本事，只是这些天来弟兄们揽不到事干，家里老少都在挨饿，迫不得已才跑来偷湘军的军粮。原来申名标曾在关天培手下干过把总，对水战略知一二。在这上下百余里水面上，提起申名标的名字是无人不知。

曾国藩本来想狠狠地治一治这帮江盗，但他忍住了心中的怒气，打消了处罚他们的念头，起了留用的心思。彭玉麟看出了曾国藩的心思，说申名标无品行操守，若让他当头目，会坏了军风军纪；若只让他当个普通勇丁，谁又管得了他？曾国藩觉得申名标虽是湘江上的水盗，但确实是“饥寒起盗心”，他像梁山泊阮氏三雄一样勇敢，并有些功夫，目前水师正需要人手，留下他可以发挥他的长技。

彭玉麟阻止道：“这等鼠盗之辈纵有某些长处，也还是以不用为好，将来败坏了军营风气，为害更大。”

曾国藩摇了摇头，他觉得一定要忍住，打消了杀人的念头。他认为用人如用器，用其所长，避其所短，主要看驾驭得不得法。如果不能忍受他的盗窃行为，那么或许就会埋没掉一个人才。这时，杨载福说申名标的确有两下子，与他在水下交手半个时辰才制服了他，这样有本领的人在湘勇中还不多见，用人之际，君子应忍人之过。曾国藩觉得杨载福的话说到了点子上，不由得微笑着看了一眼自己的爱将，心想，莫看杨载福年纪轻轻，真有大将气度！

“申名标，你带头偷盗我湘勇军粮犯了死罪，你知不知道？”曾国藩转过身来对申名标说。

申名标不停地磕头，说自己知罪，望大人饶恕。曾国藩喝道：“你这等偷鸡摸狗之辈，本不应收留，以败坏我的营规。本部堂怜你有一技之长，目前国家正是用人之际，我为国家着想，又看在杨总爷的面上收下你，就派你在杨总爷营中听命。立了功，我照样褒奖你。如果旧病重犯，两罪并罚，本部堂军法不容！”

忍需要如海的气量，超人的大度，这对于为官处世有着十分重要的作用。因为对他人若能够有较大的气量，就会在时间的推移过程中逐渐改变对方的态度，唤起“知恩图报”的心念。就这样，曾国藩忍人之过，为湘勇水师招来了一名骨干。申名标在杨载福的二营中充当了一名水勇，他十分感激曾国藩和杨载福的恩德，训练时非常卖力，加上他对水战有一定的经验，不久就被提拔为什长，接着又当上哨长。他将在关天培水师中所学得的布阵操练的功夫全部献了出来，协助杨载福训练。因申名标的到来，杨载福的水师二营进步非常快，在三个水师营中出类拔萃。

在攻打武昌时，标字营在长江水面上纵火焚烧敌船近百艘，为攻破武昌立了大功，曾国藩不能不佩服已升为营官的申名标指挥有方。

可是接下来，申名标还是把曾国藩惹恼了。他竟然跑来向曾国藩行贿，送上一只紫檀木盒子，盒内装着一颗一寸见方的淡黄色玛瑙，玛瑙中有一朵红牡丹。申名标说是在敌首韦俊的卧室中发现的，特拿来送给大人，殊不知曾国藩最不能容忍的就是贪污现象。打武昌前，他听说申名标在湘潭船厂监工时冒领工钱三千两，恨不得把申名标抓起来审讯，但考虑因急于出征就没有细查。战后，曾国藩把申名标营中开支账目仔细查了一遍，发现多开了五千两银子，气得曾国藩浑身发抖，骂道："贼心难改!"

怎么办呢？杀申名标？就在这时，朝廷担心攻破了武昌的湘军反戈，便派多隆阿带一支部队赶赴武昌，名为加强东进兵力，实际上是充当朝廷的监视人。曾国藩正在为申名标的事生气，他突然想出了一个"一箭双雕"的主意。曾国藩携湘勇将官设宴招款多隆阿，曾国藩知道多隆阿最是贪财爱宝，于是趁大家喝得正欢的时候，他说："为促多将军和诸位的酒兴，我请大家看一件稀世珍宝。"

话音一落，所有的目光都地投向曾国藩，多隆阿忙放下酒杯，问曾国藩是什么宝贝，快拿出来一饱眼福。曾国藩笑了笑，拿出申名标送给他的紫檀木盒子，从中取出玛瑙。多隆阿拿过玛瑙端详了起来，见玛瑙里有一朵好看的红牡丹，觉得很稀奇，越看越喜欢，越喜欢越舍不得放手。就在这时，申名标脸上出现了得意的神色。曾国藩扫了他一眼，然后说："请各位将桌上的蜡烛吹熄。"众人不知何故，遵令吹熄了蜡烛，只留屋角一只蜡烛闪着微弱的光。这时，多隆阿发现手上玛瑙出现了奇异现象，那朵红牡丹凋谢了。曾国藩没等多隆阿开口，让侍者点亮了所有的蜡烛，只见玛瑙中的红牡丹紧接着开放了。

多隆阿藏宝无数，但平生还是第一次看见这个盖世奇物，抑制不住兴奋的心情问曾国藩，宝物是从哪里来的。曾国藩等的就是这一句话，他故意抬高声音大声说："这宝物是我手下的一个营官从太平军那里获得的，他转送给了我。"多隆阿立即说："难得这样有孝心的部下，而我的部下……"

曾国藩看了一眼申名标，与他的目光相遇，曾国藩说："多将军，这说明你是廉洁无私，一身正气，部下不敢冒犯，我在你的面前感到非常惭愧。多将军，我向你请教，这玛瑙我是收还是不能收呢？”

多隆阿说可以收下。曾国藩突然严肃起来，他说：“各位不知，他这颗玛瑙要换我八千两银子呢！”

大家不知道什么意思，等曾国藩说下去。申名标紧张起来，羞得恨不得钻进地缝，只听曾国藩接着说：“如果送礼物的人为感激知遇之恩，真心实意地敬重上司，也可说在情理之中，收不收是我的事，可是此人不然，他去年利用监造战船之机谎报工价，多领三千两银子，这次报开支单又多报五千两。他想用这颗玛瑙来堵住我的嘴，不说出这八千两银子的贪污，又想以这颗玛瑙为钓饵，以后好不断地从我这里把银子钓走。骗我私人的银子可恕，骗皇上的银子国法难容！”

听了这话，申名标害怕曾国藩会拿他开刀，吓得透不过气来。曾国藩从多隆阿手上接过玛瑙举了起来，说：“现在多将军坐镇武昌，我当众砸碎玛瑙，以表示国法军纪不可亵渎！”多隆阿忙拦住，说这样的稀世珍宝砸了可惜，将送玛瑙的人撤职查办就得了。

曾国藩放下了玛瑙，说：“我湘勇全体将官听着，刚才多将军说了，今后若再有人学这个送玛瑙的人，私下向将领送礼，一概撤职查办；在坐各位若有索贿受贿之事，一经查出就严惩不贷。这次，我听多将军的，为国惜宝，不砸了，请多将军代我将这颗玛瑙转给大内珍藏。”

宴会散后，申名标跪到了曾国藩的面前请求处罚。曾国藩没有一棍子将他打死，而做了撤销营官之职，留在亲兵营以观后效。他说，“小怨不放弃，大怨必然会产生。”“必有忍，其乃有济；有容，德乃大。”

当然，在我们看来，容忍决不是无原则的宽大无边，而是建立在自信、助人和有益于事业基础上的适度宽大，必须遵循法制和道德规范。对于绝大多数可以教育好的人，宜采取宽恕和约束相结合的方法；而对那些蛮横无理和屡教不改的人，则不应手软。